男性育休の社会学

——

目次

はじめに　11

第1章　問題の所在と理論枠組み　19
1　日本社会における男性育休への着目と研究の進展　20
2　父親の子育ての分析と理論枠組み――文化・政策・実践の相互作用　27
3　ワーク・ライフ・バランスの捉え方　32

第2章　父親の子育てをめぐる言説・政策・実践　41
1　一九八〇年代における専門家の言説の変化　42
2　関連法制の導入と政府のキャンペーン　49
3　一九八〇年代以降の意識と実践の変化　54
4　文化・政策・実践の相互作用　59

第3章　母親の育児休業と父親の育児休業――量的データから　63
1　育児休業制度の発展と母親の就業継続可能性の変化　64
2　父親の育児休業に関する先行研究　72

3　父親の育児休業取得の現状――取得期間別の特徴に注目して　76
4　「企業の人材活用と男女正社員の働き方に関する調査」から　77
5　「職業キャリアと生活に関する調査」から　82
6　父親の育児休業取得の要因と意義　90

第4章　ひとりで育休を取った日本の父親たち
――インタビュー調査から　93

1　日本の父親の育休取得状況の変化　94
2　父親の単独育休取得の分析枠組み　96
3　調査の概要と対象者　99
4　育休取得の理由　105
5　父親の育休取得の障壁への対処　122
6　父親の単独育休の生きられた経験　136
7　単独育休取得の効果　156
8　父親の育休取得は夫婦間のキャリアの平等を促進しているか？　162
9　父親の単独育休取得から見えるもの　166

第5章　日本の育児休業制度の特徴
——ノルウェー・スウェーデン・ドイツとの比較をとおして　173
1　日本の育児休業制度　174
2　ノルウェー、スウェーデンおよびドイツにおける「パパ・クオータ」の意義　176
3　日本にパパ・クオータはないのか？　186

第6章　父親の子育てが当たり前の社会とそれを支える仕組み
——スウェーデンとドイツの事例から　189
1　父親の取得日数が三割を占めるスウェーデン　190
2　父親の育児参加急上昇のドイツ——ベルリンとハンブルクの街角　192
3　ベルリン父親センターの活動と意義　199
4　ハンブルク父親センターの活動と今後の展望　212
5　民間企業による男性育休取得支援　224
6　ドイツの父親の育休取得の実際　229
7　男性の育休取得が当たり前の社会とはどのようなものか　247

第7章　日本の育児休業制度の成立・変遷と父親の取得率向上への取り組み　249
1　育児休業導入の背景と前史　251
2　現行育児休業制度の導入　254
3　制度改正と目的の変化　260
4　パパ・ママ育休プラス――日本版パパ・クォータになりえたか？　267
5　育休制度の導入と改正はどこへ向かったか　273
第8章　男性育休促進のポリティクス――課題はなぜ解消されないのか？　275
1　日本の社会政策決定のプロセス　276
2　育児休業制度の改正プロセスの分析枠組み　279
3　二〇一七年改正のプロセスとアクター　282
4　二〇二一年改正のプロセスとアクター　288
5　政策決定プロセスの複雑化と中長期的な視点の喪失　296

第9章　男性育休の構造転換をめざして　301

おわりに　315

文　献　333
初出一覧　337
著者紹介　338

はじめに

本書のタイトルは『男性育休の社会学』である。男性である（と名前から推測される）著者がこのようなタイトルの本を出すわけだから、自身も育児休業を取得したのだろうと思われるのが自然だろう。

しかし、最初に告白してしまうが、次のような経緯で私は育休を取得していない。一九九八年に長男が生まれたときは、大学に初めて職を得たばかりの五月だったこともあり、制度があるかどうかを調べた記憶すらない。次男は二〇〇一年生まれだが、そのときも、育児休業を取得する可能性についてまったく考えなかった。当時妻が専業主婦だったことも大きかったと思われる。

二〇〇三年に三男が生まれたときは、勤務先が変わって一年半ほど経ったところで、そのときは育児休業に関する就業規則を調べた記憶がある。当時の法律の休業給付の基準は休業前賃金の四〇パーセントだったが、新しい勤め先の大学では独自に休業前の八〇パーセントの賃金を補償していた。しかし、家計を考えると講義等で出勤する必要のない曜日や長期休暇中にできるだけ家にいることで子育てに関わる方が得策だと考え、育児休業取得を具体的に検討することはしなかった。

当時の私は、育児休業の取得という子どもが生まれた直後の一時期のことよりも、普段の関わりや働き方の方が重要だと考えていた。もともと家族社会学が自分の専門分野だったので、子育てに関する本なども積極的に読んでいたし、実際、長男が生まれたときから、授乳以外は何でもするつもりで関わっていた。日付が変わってもなかなか寝てくれない子どもを抱いて、揺らし続け、夜中二、三時間おきの授乳の後も、同じように揺らさないと寝てくれないため、眠るまで立って揺らし続けていたし、三男のときには、一日交替で夜中のミルク当番をしたりもしていた。

長男が生まれたのと同じ頃に子どもが生まれた、東京の大手企業に勤める友人から、子どもが生まれた後も、夜の一〇－一一時頃に帰宅する生活は変わらず、お連れ合いがひとりで子育てを切り盛りしているという話を聞いた。その頃、私自身は、さきにも書いたようにできるだけ家にいるように心がけていて、一八時台には帰宅していたが、それでもやはり日中は妻がワンオペ状態で、彼女が相当に行き詰まった様子を目の当たりにして、ショックを受けていたところだった。

そんなことから、子育てのことを考えるためには、そもそも男性の働き方について考えないといけないという思いが強くなり、二〇〇〇年前後から「ワーク・ライフ・バランス」を自分の研究テーマとするようになった。だが、それでもなお、自分が育児休業を取得するという選択をすることはなく、研究テーマとしても男性の育児休業が重要だとは考えていなかった。

転機となったのは、二〇一二年に、オーストラリアでの長期研究中に育児休業に関する国際研究ネットワークを紹介され、毎年ウェブ上で公開される報告書の執筆メンバー［現在の日本チームは筆者と西村純子・竹沢純子（Nakazato ほか 2022）］に加わり、毎年開催される研究セミナーに参加するようになったことだ（中里 2019）。年報には、育児休業や関連の制度の最新情報が直接その国の（あるいはその国について研究する）研究者によって英語で提供されており、二〇二二年の版（Koslowski ほか 2022）では、対象は全OECD諸国を含む四九の国におよぶ。その利便性と速報性から、OECDやILOの刊行物の同様のデータの出典としてしばしば利用されている。

セミナーでは、スウェーデンやノルウェーなど北欧諸国を含むヨーロッパを中心とする国の研究者たちが、男性の育児休業の取得やそれを促進させるための政策について各国の状況を報告し、今後の方策についてディスカッションしていた。その様子を見て、私は、男性の育児休業が世界の家族政策・ジェンダー政策の重要なテーマであることに、ようやく気づいていった。

本書で詳しく見ていくように、日本においても、二〇〇〇年代には、男性の育児休業取得率向上の必要性は、育児・介護休業法の改正に関する国会審議の論点の中心になっていった。しかし、二〇〇〇年代前半の男性の取得率は一パーセントにも満たず、二〇一〇年代に入っても初めは二パーセント前後であり、メディアでの注目度もさほど高くなかった。

それゆえ、二〇一〇年代後半以降、男性の育児休業取得率の調査結果（厚生労働省「雇用均等基本調査」）が発表されるたびに新聞・テレビ・ウェブメディアで話題となり、二〇二〇年にその率が実際に一〇パーセントを超えるまでになったことは、大きな変化である（図0－1）。

二〇一九年に刊行されたユニセフによるOECDとEU諸国の政策のファミリーフレンドリー度に関するレポート（Chzhen ほか 2019）において、日本の育児休業制度が世界で最も父親に手厚い給付のある制度でありながら、取得率が低迷していることが指摘された。このことは、日本でもさまざまなメディアで紹介されて広く知られることになった。そのことも、社会での関心を後押ししただろう。

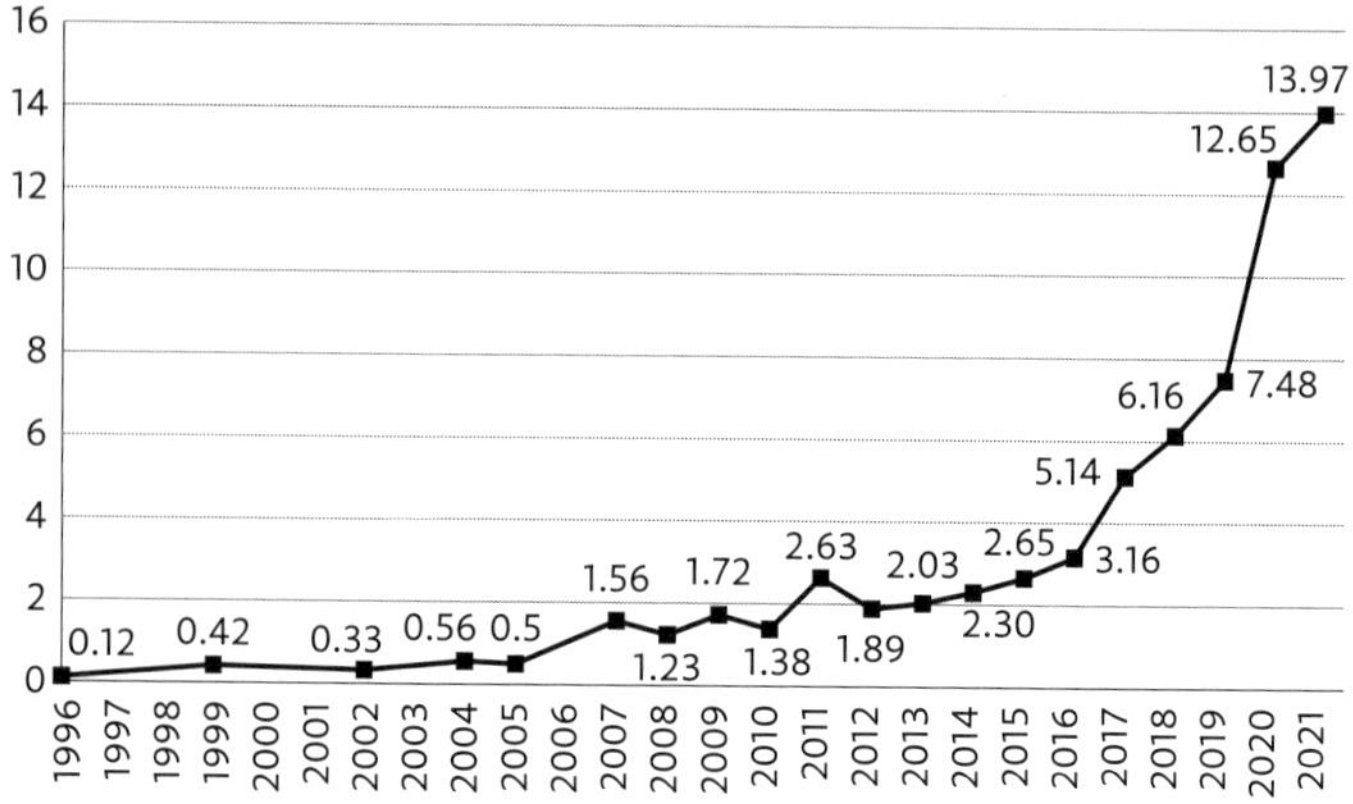

図０－１　男性の育児休業取得率（%）の推移

注）取得率は、調査前１年以内に妻が出産した男性社員に占める休業取得者の割合を指す。
出典：厚生労働省「雇用均等基本調査」2021 年

そもそも、「男性育休」すなわち父親である男性の育児休業取得というテーマは、非常に限定されたものである。けれども、その促進は、社会におけるジェンダー構造の転換、より端的に言えばジェンダー平等の推進、さらにはワーク・ライフ・バランスの向上や個人の多様な生き方の選択につながる可能性を持っている。そのことは、本書の中で紹介する父親のインタビューやその他の研究を通じて、よりはっきりと見えてきたと思われる。

しかし、北欧やドイツなど諸外国における男性育休の制度や取得の仕方についての研究を踏まえると、現在の日本の状況はなにか違う方向に行っているように思う。その違和感の理由がどこにあるのか。また、その背景にある問題の解消のために、どのような方策が必要なのか。本書全体を通じて考えていきたい。

男性の育児休業の取得は、あくまでも子育てに関わる中での一時の経験に過ぎず、ジェンダー平等の実現というさらに大きなテーマに取り組むためには、より長い期間を含めた男性の子育てや家事についての具体的な検討が必要である。さらに、そこで求められる変化がどのようなものであるか、その変化のために何をすべきなのかについて考えるためには、言説や思想、規範や意識など「文化」について、制度設計など「政策」について、現実社会での「実践」についてなど、幅広い角度からのアプローチが必要である。

本書においては、テーマを「男性育休」に限定することによって、方法やデータに関しては、かなり欲張りなアプローチを行うことが可能になったと自負している。

本書は、自身も父親であるひとりの研究者が、男性の育児休業をテーマにさまざまなデータと研究手法を活用し、日本だけでなく国際比較も行うことで、社会の変化の仕組みを捉えようとする、「社会学」の試みである。そのことが、このシンプルなタイトルに込められた意図である。では、それをどのような内容によって実現していくのか。

本書の構成は以下のようになっている。

第1章では、日本社会での男性の育児休業への着目の経緯と研究の動向を概観し、男性育休の研究に必要な多面的な分析のための枠組みを提示する。

第2章では、男性も対象となる育児休業制度が導入される以前の一九八〇年代からの父親の子育てをめぐる文化・政策・実践の変化について検討する。それらが生じたタイミングを大きな流れの中で捉えて、それぞれが異なるペースで変化しつつ相互に影響し合い、実際に父親の育児参加の拡大をもたらして来たことと、さらにその限界について概観する。

第3章では、全国サンプルの量的データを用いて、母親の育児休業取得と父親の育児休業取得の実態について検討する。本書のテーマは「男性育休」であるが、日本では子育て役割の女性への偏りとそれと表裏一体の出産後の女性の就業率の低さ（つまり専業主婦割合の高さ）が、男性の育児休業取得率の低さの大きな原因の一つと考えられてきた。一方で、北欧などの育児休業制度は夫婦がともに就業することを前提に、子育てと有償労働とのバランスをいかに平等にするかという観点で制度改正が進められてきている。そのため、女性の就業継続と育児休業取得は、日本における男性の育児休業取得のありかたを大きく左右するものと考えられる。そこで、まず前半では、女性の出産前後の就業と育児休業取得の状況がどのように変化してきたかを確認していく。さらに後半では、まだ割合の少ない男性の育児休業取得者の特徴について複数の質問紙調査のデータをもちいて分析し、職場や家庭の状況と男性の育児休業取得の関係を確認していく。

第4章は、実際に日本で育児休業を取得した男性のインタビューに基づいている。本書のインタビューの特徴は、妻の職場復帰によって単独での育児休業を長期に（一ヶ月以上）取得した経験に着目しているところにある。現段階での日本の男性育休の状況については、取得率の低さとその期間の短さに注目が集まり、妻の職場復帰後に単独で育児休業を取得している事例の少なさは見落とされがちである。本章ではまだ非常にレアケースであるこのような取得の仕方に着目し、どのような状況がそれを可能にしているのか、またそのような単独での育休取得がどのような意味を持つのかを明らかにしていく。

第5章では、男性育休に関する先駆的な取り組みによって多くの国のお手本となってきたノルウェーおよびスウェーデンの制度、さらに二〇〇七年の制度改革以降の急速な男性育休取得促進によって注目を集めているドイツの制度と、日本のそれとの比較を詳しく行うことで、日本の制度の課題を明らかにする。特に、しばしば北欧の制度の特徴的な事例として取り上げられるものの、日本の制度との違いについては十分理解されていないように思われる「パパ・クオータ」に焦点を当てる。

第6章は、スウェーデンおよびドイツでの観察およびインタビュー調査を元に、第5章で紹介した制度のもとで男性の取得が当たり前になった社会での育休利用の実情と子育ての可視化、それらを可能にしている支援の実例について紹介する。

第7章および第8章では、日本における育児休業制度の成立と改正のプロセスを、審議会や国会の議事録等の資料に基づいて、詳細に跡づけていく。そのことによって、男性の取得促進のための制度改正がどのように進んできたのか、さらに第5章で確認するような制度上の課題をなぜ克服できていないのかという問題について明らかにしていく。

第9章では、第8章までの議論を文化・政策・実践の観点から整理したうえで、今後求められる方策を提示する。

謝　辞

本書の刊行にあたっては、伊藤忠兵衛基金出版助成を受けた。また、本書はＪＳＰＳ科研費（基盤研究C：JP 18K02019）の研究成果の一部である。

第1章　問題の所在と理論枠組み

本章では、第1節で、男性の育休についてのこれまでの書籍等の刊行状況を中心に、日本社会での男性の育児休業への着目の経緯と研究の動向を概観する。第2節では、より広い視点から、父親役割の変化に関する文化・政策・実践の相互作用についての国際的な研究動向を、特に理論枠組みに注目して概観する。またそのような視点から日本の男性の子育て参加がどのように捉えられてきたかについても確認する。第3節では、父親の家事・育児への関わりの増大と密接に関連するものとして注目されてきたワーク・ライフ・バランスの概念について整理する。

1　日本社会における男性育休への着目と研究の進展

育児休業法施行と体験記の登場

日本で男性の育児休業をテーマにして刊行された最初の著作は、太田睦著『男も育児休職』（太田 1992）であろう。同書は筆者自身が最初に入手した男性育児休業に関する本であるが、全国一三〇〇以上の大学図書館などが所蔵する図書・雑誌等のデータベースである CiNii Books で、「男または父」と「育児休業、育児休職、育児休暇、育休のいずれか」を組み合わせた計八通りの検索をして得られた結果からも、そのように推定できる。

同書が刊行された一九九二年は育児休業法が施行された年であるが、著者は同法が施行された四月より二ヶ月前にあたる同年の二月から子どもが保育園に入る四月までの間に育休を取得する必要があった。彼が勤務していた会社にはすでに女性社員にのみ適用される育児休職制度があったことから、上司に了承を得た上で会社の人事部に働きかけて、特例として男性の取得が可能になった。太田は民間企業に勤める研究者であり、妻も同僚の研究者だった。彼は、子どもが生まれる前から家事などは対等に分担し、子どもを持つかどうかを相談した際にも、「自分が育てる」と宣言したという。そのような経緯で、出産後四ヶ月で妻が職場復帰するのと交代する形で、四ヶ月半の「育児休職」を取得した。同書は、その取得までのプロセス、子どもの出産後の妻の休業期間、自身の育児休業期間、職場への復帰後の一日の時間の使い方、夫婦それぞれの役割について、さらに当時のメディアでどのように扱われたか、それらの経験から自らが考えたことなどを詳細に描き出したものであり、現時点においても大いに参考になる父親の単独育児休業の先駆的事例の記録である。

『男も育児休職』が出版された一九九二年に成立した育児休業法は、男性の育児休業を初めて制度的に保証するものであり、新聞をはじめ当時のメディアは男性の育休を頻繁に取り上げていた。その中で、太田も新聞・雑誌・テレビなどで多くの取材を受けているが（太田 1992）、現実には男性の育児休業取得が進まないこともあってか、男性の育児休業が見出しに含まれる新聞記事の数を調べると、「読売新聞」「朝日新聞」のそれぞれで取得者の連載記事がある以外は、年に数件あるかといった状況だった（「朝日新聞クロスサーチ」「ヨミダス文書館」による）。関連の著作物も、一九八〇年代から育児時間取得など男性の子育てを可能にする職場環境作りの働きかけを行ってきた「男も女も育児時間を！連絡会」（通称育時連）が編集した『育児で会社を休むような男たち』（男も女も育児時間を！連絡会 1995）や、朝日新聞の一九九七年から連載された記事をまとめた『「育休父さん」の成長日誌――育児休業を取った6人の男たち』（朝日新聞社 2000）など、太田氏を含む当時の先駆的な育休取得者の体験記やインタビュー、対談をまとめた書籍が散発的に刊行されるのみであった。

男性育休研究のさきがけ

一方、日本の男性の育児休業についての研究を土台にした書籍の嚆矢《こうし》は、二〇〇四年に刊行された佐藤博樹・武石恵美子編『男性の育児休業――社員のニーズ、会社のメリット』（佐藤・武石 2004）だろう。本書第7章で見るように、日本でも、二〇〇〇年代に入ると、男性の育児休業取得率の向上が国の政策のなかの重要課題と認識されるようになり、育児休業法の改正についても男性取得率を高めることが主要な目的となり、新聞にもしばしば取り上げられるようになる。

そのような流れを受けて、厚生労働省の委託を受けて二〇〇二年に男性育児休業に関する調査（ニッセイ基礎研究所「男性育児休業取得に関する研究」）が行われ、それが同書刊行の端緒となっている（佐藤・武石 2004: 175）。調査当時でも男性の育児休業取得率が〇・三三パーセントと極めて低い状態で、同書ではまず男性が取得しない理由が分析されている。取得しない理由として「自分以外に育児をする人がいたため」が最も多く、「業務が繁忙であったため」「職場への迷惑がかかるため」「家計が苦しくなるため」と続いている（佐藤・武石 2004: 27）。既存の調査の結果なども踏まえて、子育ては女性の役割という意識、所得補償の少なさと夫婦の所得格差、職場への迷惑や、復帰後の業務評価、取得しにくい職場の雰囲気が男性の育児休業取得の難しさの理由として分析される。また当時の育児休業制度の制約としては、分割ができず、妻の産休中に取得するとその後取得できないなどという柔軟性の低さが男性にとっての使いにくさを生んでいる点も指摘される。

同書では一方で、サンプル数は少ないが、育児休業取得者を対象とした分析も行われている。質問紙調査の回答者五五五人のうちの取得者一六名の回答から、取得した理由を明らかにしている。最も多いのが「配偶者や家族から希望があった」であり、「自分の勤務先の方が育児休業制度の内容が充実していた」「自分が育児休業を取得した方が家計にメリットがあった」「職場が育児休業を取得しやすい雰囲気であった」が続く。また取得者五名のインタビューからは、育児休業中の生活の大変さや子どもと一緒に過ごすことの大切さなどの語りが紹介されている（佐藤・武石 2004: 第3章）。

さらに、海外との比較も行われ、父親の取得が進んでいる国の例としてノルウェー、スウェーデンが紹介され、ドイツ（二〇〇七年の制度変更［本書第5章参照］以前）は日本と同様にまだ取得が進んでいない国であり、アメリカは国としての制度は実施されていないが、企業が独自に休業を設け、利用されている国として紹介されている（佐藤・武石 2004: 第4章）。

一冊の著作としては前記の『男性の育児休業』が最初といえるが、この頃には子育てに関するその他の研究の中でも、男性の育児休業を主題とした検討が行われるようになっている。例えば宮坂・森田の研究（宮坂・森田 2003）では、保健所に一歳児半検診と三歳児検診に来た母親に、母親分と父親分の調査票を配布する方法によって、父親の育児休業についての意識と経験について尋ねている。取得した父親は対象となった二七四名のうちわずか二人で、取得しなかった理由として多く見られたのが「勤め先に育児休業制度がないから」「育児休業をとると、職場の人に迷惑をかけるから」「育児は母親がするものだから」であったという。一方で、育児休業をとりたい条件としては「職場が育児休業をとりたい雰囲気であれば、とりたい」「休業中の給与が保証されるのであれば、とりたい」が上位にあった一方で、それについで「育児休業は、とりたくない」という回答も一割あった。これ以降、父親が育児休業を取得しない理由についての調査・研究が重ねられていく。同様の理由は、他の研究でも示されてきた（森田 2008; 松田 2012; 厚生労働省 2012）。

男性育休研究の進展

近年の研究では、さらにその困難の理由の分析が深められている。例えば、齋藤早苗は、性別役割分業意識よりも深層にある「仕事優先」の時間意識が、「どちらか一つを選択しなければいけない」と思わせる「しかけ」によって、仕事か育児かという二者択一の選択を迫る点に注目する（齋藤 2020: 179）。またメアリー・C・ブリントン（ブリントン 2022）は、「男性は育児休業を取得すべきではない」という「規則性に関わる規範」を強化する要因として、取得男性が不利益な扱いを受けことについての裁判のニュースや、反対が多数派だという思いこみに注目する（ブリントン 2022: 94-95）。

日本において育児休業を取得した父親自体が少ないことから、主に取得しなかった要因の分析が中心になるが、育児休業取得者を対象にしたインタビューを通じて、取得を可能にした要因や取得までのプロセス、育児休業中及び復帰後の経験を分析した研究も次第に重ねられてきている（藤野 2006; 森田 2011; 武石 2011; 石井クンツほか 2016; 齋藤 2020）。

こうした研究の成果として提示される解決の方策は、以下のようなものがある。

・育児休業を取得する男性に八週間まで給料の一〇〇パーセントを保証する。（ブリントン 2022: 230-231）

・本人または配偶者の妊娠・出産を申し出た社員のどのくらいの割合が育児休業の取得を望んでいるかについて、社内で周知することも求める。（ブリントン 2022: 237-238）

・産後八週間以内に、少なくとも四週間の育児休業を取得するよう男性たちに義務づける。(ブリントン 2022: 240-246)
・同じ立場に置かれる同僚を増やす。
・その方策として、妻と夫が交代で取得することが世帯収入に最も有利な制度設計にすることで、男性が育休をとる必然性を高める。
・育児に限らず、すべての働く人たちに、私生活の時間の保障を拡大する。
(以上　齋藤 2020: 198-203)

妻と夫が交代で取得することが世帯収入に最も有利な制度設計にする、というのは本書第5章の論点とも重なる方策である。

男性学の立場から日本社会の課題を指摘する研究の中でも、育児休業に関連する提言がなされている。それは、申請の複雑な育児休業と別に、子どもが一歳までに二〇日程度の、比較的申請も取得も簡単な有給休暇特別枠を追加するというものだ(伊藤 2022: 189-190)。

育休体験記と父親の子育てガイド

こうした研究とは別に、政府と連携して企業やNPOにおいて男性の育児休業の取得の推進に取り組む実践家による著作の中でも、男性の取得を進める方策が提言されている(小室・天野 2020)。その内容は育休の申請時期の柔軟化や男性産休の新設、半育休制度の柔軟な活用など、二〇二一年改正で実現している内容が多いことが注目される。この点については、本書第8章で詳しく取り上げる。一方で、男性産休期間の給付の増額（実質一〇〇パーセントへ）や有価証券報告書への「男性育休取得率」記載、「父親学級」支援策など、さらに実践的な提案もなされている。

さらに、社会における男性育児休業のへの関心を反映して、育休取得者の体験記（羽田 2021; 魚返 2019; 池田 2014）も途切れず出版されている。父親の子育てに関する社会学者による著作の中でも、育児休業の体験について言及するものが現れている（工藤ほか編 2016）。また父親の子育てのための実践的なガイド（ファザーリング・ジャパン 2013, 2018）の中でも、育児休業の取得の意義や取得までのプロセスとともに、バトンタッチ型、引き継ぎ型、産後サポート型、産後サポート併用型（引き継ぎ型との組み合わせ）、期間内取得型（同時取得）、妻サポート型育休取得タイプといった、育休取得タイプが紹介されている。同書ではさまざまなタイプが並列に紹介されているが、このうちバトンタッチ型や引き継ぎ型は、本書第4章以降で中心的に見ていくことになる単独での育児休業取得を含むタイプである。

2 父親の子育ての分析と理論枠組み——文化・政策・実践の相互作用

家庭や職場でのジェンダー平等、特に母親の就労や父親の育児への関与に関連する文化、政策、実践の相互関係を検討するために、これまでさまざまなタイプのアプローチが用いられてきた。

父親役割レジームと遅延適応

欧州社会調査（ESS）のうち南欧・北欧の一部の国のデータを用いて、ジェンダー政策のレジーム、子育てや家事に関する意識、そして家庭生活への父親の実際の関与という三つの要素の関係を検証した研究がある（Nordenmark 2016）。そこでは、子育てや家事に関する意識をモデルの中で統制することで、ジェンダー政策の違いが父親の育児よりも家事への関与に影響することが示された。

ホブソンらの父親役割レジーム（fatherhood regime）の概念は、しばしば活用される重要なものである。父親役割レジームとは、ホブソンらが、監護・養育の権利および義務（養育費や離婚慰謝料などの経済的責任）という二つの一般的な次元に沿った父親役割の非常に単純なモデルを提供するために用いた、制度的枠組みである（Hobson & Morgan 2002）。例えばグレゴリーとミルナー（Gregory & Milner 2008）は、母親の正規雇用率と父親の育児関与率をイギリスとフランスで比較する際に、国の家族政策や雇用政策、労働時間レジームを含む形で父親役割レジームの概念を拡張した。

その際、彼らはジェンダー・アレンジメント（gender arrangement）の理論化（Pfau-Effinger 1998）に倣っている。ジェンダー・アレンジメントとは「ジェンダー秩序（家族、労働市場、福祉国家などの制度で構成される）、ジェンダー構造（権力、分業、人と人との間の感情的な結びつき）、ジェンダー文化（男女の役割や分業に関する規範を男女に付与し、特定の領域に価値を与える）の関係」である（Gregory & Milner 2008: 64）。

イギリスとフランスの比較の結果は「遅延適応」の理論（Gershuny ほか 1994）を適用した場合に予想されるものとは異なるものであり、文化的価値観や制度的取り決めに着目したジェンダーレジーム・モデルを引き合いに出して、文化的差異の重要性を強調している。「遅延適応理論」によれば、その変化はゆっくりと、おそらく何世代にもわたって起こることになるが、女性がフルタイムで働くようになれば、男性は家事・育児により多くの時間を割くようになる。ところが、フルタイムで働いている母親はフランスのほうがイギリスよりも多いにもかかわらず、フランスの父親はイギリスの父親よりも育児に参加していない。この結果は、フランスの労働レジームが育児責任のより公平な分担に有利であるにもかかわらず、ジェンダー的な分業に関する深く根付いた規範によってその効果が損なわれているという事実によって説明される（Gregory & Milner 2008: 64）。

文化、政策、実践の相互作用に関する研究の多くでは、ジェンダー文化は、ジェンダー的な分業に対する人々の意識を通して測定される。そして、意識に影響を与える重要な情報源として専門家の言説やメディアが取り上げられる。たとえば、一般向け雑誌の記事、主要な育児マニュアル、ゴールデンタイムのテレビ番組で描かれた父親役割文化の変化を精査することによって、一九五〇年代のアメリカにおいて、より伝統的／家父長的な父親役割文化への転換があったことが、明らかにされている（LaRossa 2004）。

日本の父親の子育てと文化・政策・実践

日本における父親の育児参加についても、こうした三つの要素の関連についての研究が蓄積されてきている。

父親の育児参加に関するミクロレベルの質的・量的分析では、育児休業の取得をはじめとする父親の育児参加に関する実践に、政策や態度が与える影響について検証がなされてきた（Brinton& Mun 2016; Ishii-Kuntz 2013; Nakazato 2017; 中川 2010）。これらの研究は、ある一時点での定量的または定性的なデータに基づくものや、短期間のものがほとんどであり、それぞれの社会が政策、文化、慣行の相互作用によって時間的にどのように変化したのかという問題を十分には検討していない。

父親の育児参加に関連するいくつかの要素の内容を詳細に分析した研究は多くなされてきている。例えば石井クンツ（2013）は、談話や政策に関連する様々な資料を用いて、歴史的・比較的な観点から、日本における父親役割文化と政策に関する文献を精査している。

言説分析は、日本における父親に関する研究のなかでも特に蓄積の多い領域である（高橋 2004; 石井クンツ 2013; 巽 2013; 天童ほか 2016）。一方、男女共同参画、特に父親の育児への関与に関連する政策の変化については、一九九〇年代から、その内容や政策決定プロセスを集中的に検討する研究が進められた（Boling 2015）。

これらの研究は、父親役割（父親であること）や性別役割分業に関する様々な側面を分析しているが、マクロレベルの変化を引き起こす政策、文化、実践の相互作用については十分に検討されていないようである。

このような日本の父親に関する研究の蓄積を踏まえて、既存の文献を用いた理論的考察も行われるようになってきている。

スウェーデン、アメリカ、中国、日本の父親研究のレビューによって、日本は父親役割の変容の困難事例となっていることが指摘されている（Tan 2016）。日本の政府は、父親を育児に参加させることを目指し、また若い世代は個人の幸せを追求する傾向にあって、会社に人生のすべてを捧げるべきだという意見に反対している。それにもかかわらず、日本の父親が、上下の差を重んじる日本の企業文化や、公的領域では「権力ブロック（power-bloc）における男性の既得権益」、私的領域では日本の強力で広く行き渡った慣習である「妻が専業主婦になること」などの障壁に直面しているというのである（Tan 2016）。

ラッシュ（Rush 2015b）は、父親の子育て研究、ジェンダー研究、家族政策、政治経済、比較社会政策の分野にわたる文献レビューをもとに、第二次世界大戦後から現代までの父親の役割とワークライフバランスに関する社会政策の展開の認識論的理解について一〇年ごとの特徴を概観している。そこから導かれる結論は、次のようなものである。男女平等や父親フレンドリーなワーク・ライフ・バランスの推進を目的とした社会政策の中での規範的な言説は、認識論的なフェミニズムや父親研究の視点に支えられている。そして、それらは、日本で定着している「男は仕事、女は家庭」という強固な社会的規範を終わらせることを目的としているというのだ。また、ラッシュは、スウェーデンを対象とした研究との比較から、日本がその状況に接近していく可能性を見出している。

本書が注目するもの

以上のように、様々な研究が文化、政策、実践の相互作用を検証し、用いる概念の相違はあっても、家庭や仕事における男女平等、特に父親の育児参加がどのように促進されるかを明らかにしてきた。例えば、「父親役割レジーム」という概念は、「ジェンダー秩序」の中の、父親役割に特有な一側面を表すものとして用いることができ、社会の制度的構成要素への注目をうながす。本書が焦点を当てるのは、日本における父親役割とくに父親の育児休業取得に関連する文化、政策、実践の重要な要素が、どのように関連しながら変化してきているか、である。「遅延適応」は、変化のペースを解釈するための重要な理論的ツールでもある。グレゴリーとミルナーは、「遅延適応」理論は文化的・制度的要素を考慮していないという批判をしており、ガーシュニーら（Gershuny ほか 1994）は、環境［制度］的要素を適切に議論していないことを認めているが、「遅延適応」の理論的枠組み自体には、規範、社会政策、子どもの社会化などが含まれており、したがって、日本の父親役割の変化の過程を検討するのに役立つはずだ。

3 ワーク・ライフ・バランスの捉え方

ここからは、近年「ワーク・ライフ・バランス」という言葉で社会的な注目を集めるようになった、仕事と生活に関する枠組みを詳しく検討することを通して、父親の子育てへの関わりを促進することの意義を考える視座を提供したい。

「ワーク・ライフ・バランス」という問題関心に基づいた子育てや働き方の実証研究は次第に蓄積されてきたが、この概念自体やその要素の相互関連については、十分な検討がなされていない。そこでここでは、全体的な枠組みについて考察していく。

仕事と生活の分離モデル

個人と社会全体を包含する社会システム論を構想したアメリカの社会学者パーソンズは、一九五〇年代の著作（Parsons & Bales 1956）の中で、家族と仕事の関係を次のようにとらえた（図1－1）。

職業体系および家族体系という領域が社会の中にある。この二つは、異なる価値意識に基づいており、このような価値観の異なる世界が混ざってしまうと、社会としては効率がよくない。そこでなるべく少数の人、具体的には夫であり父である男性が家庭から出ていき、職業体系の価値の中で活動し家庭に戻って、その労働力を再生産させる。こういう仕組みで夫は何かを取ってくる、家族を維持するためにお金

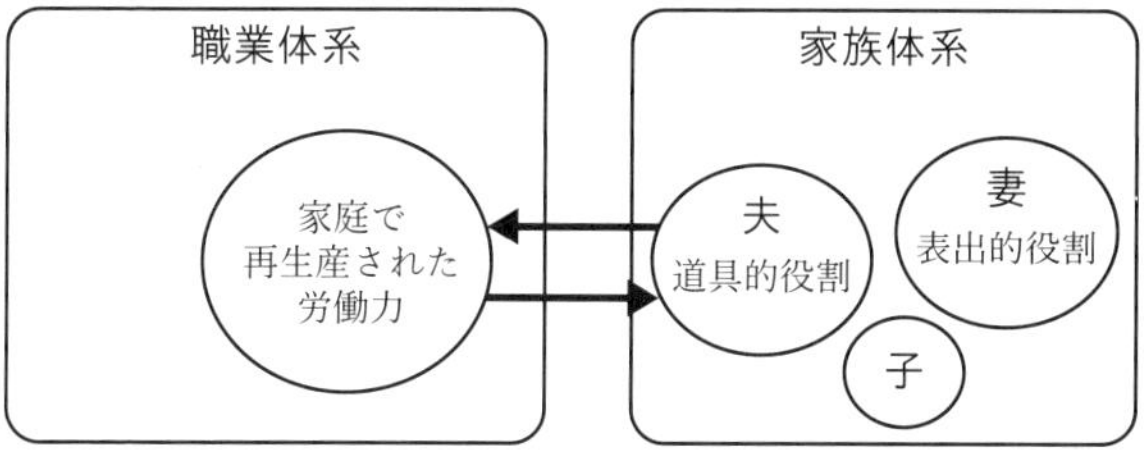

出典：Parsons(1956)の内容を元に中里が作図

図1－1　仕事と家族の分離モデル

を持ってきたりするという道具的（手段的）役割を持ち、妻はこの中を安定化させたり、温かい家庭を作るという表出的役割を果たすという社会システムの説明をした。それがその時代のアメリカのような近代に適合的で、形としては核家族であるというのだ。

これと同様の核家族が、日本の高度成長期の中でも大量に作られた。長男（他のきょうだいの場合もあるが）は、両親と同居しているかもしれないが、きょうだい数が多かったため、残りのきょうだいが都市に出て核家族を作り、産業社会の中で重要な役割を果たしていく。このような仕組みが高度成長期の中で作られ、性別役割分業を前提としたモデルが作られた（落合 2019）。こうして、仕事と家庭の間に明確に線を引く社会が生まれた。

その結果、何が起こるか。大半の男性は専業主婦の家事・育児に支えられて、仕事に没頭することができる。職場においては、そのことを前提とした仕事の進め方や評価のしかたが成立する。

このような社会は、仕事の世界と家庭の世界を切り離し、仕事の世界の中だけでの効率を追求することによって成立したといえる。こうした性別分業で日本のモデルとなった欧米諸国では、ひと足早くこの役割の違いを埋める方向に動いてきているが、日本では根強くそれが継続しているのである。

仕事と生活の統合モデル

ここまで見てきたように、近代化以降の社会、日本でいえば高度経済成長期以降の社会は、パーソンズのモデルが示すような、公私は分けられるという前提に立って運営されてきた。現在でもそうだといえるだろう。現実はもう変わりつつあるが、うまく移行できていないためにいろいろな悩みが生じているという面もある。

では、どういうモデルに変えていったらよいのか。ここでは、その新しいモデルを「仕事と生活の統合モデル」（図1－2）と呼ぼう。先ほどのモデルとは、家庭の中での夫と妻の役割が変わっている。子育てや家事だけではなく、地域活動もあり、勉強したいことや趣味に時間を使いたい人もいる。夫であっても妻であっても、それぞれ違う世界で活動している。その人たちが職場に出掛けていく。職場から見ると、仕事だけにすべてを捧げられる人ではなくて、家庭のニーズもあり、地域などの私生活のニーズもある立場に変わっていく。男性だけではなく、女性も同じような社員になっていく。

ここで筆者がワーク・ライフ・バランスではなく「仕事と生活の統合」

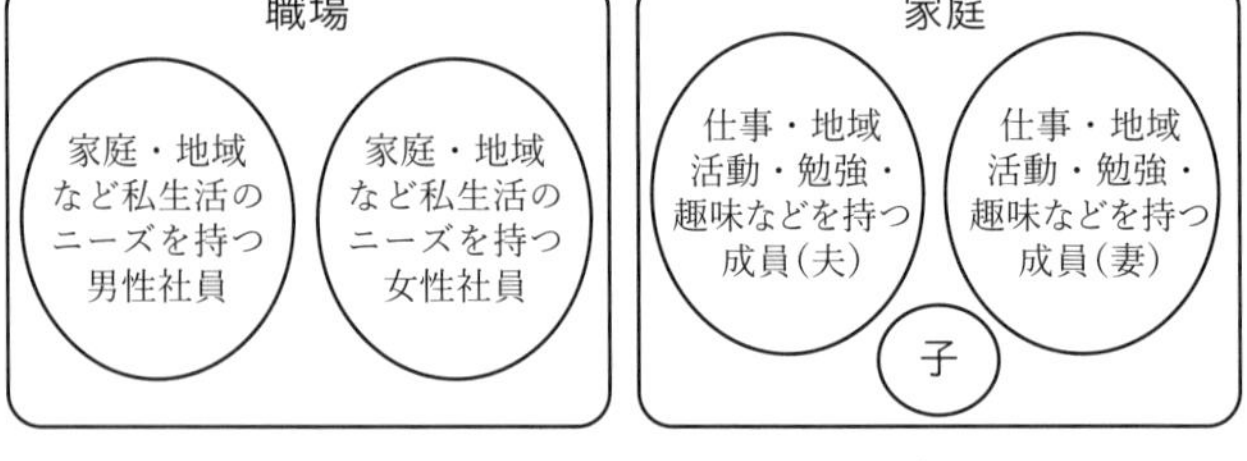

図1－2　仕事と生活の統合モデル

という言葉を用いたことには理由がある。

内閣府の「仕事と生活の調和推進室」の表記では、仕事と生活の調和（ワーク・ライフ・バランス）というように英語に基づいたカタカナ表記と日本語表記で異なる表現をしている。実は、仕事と家族の関連についての研究の中では、「調和」の英語表記であるharmonizationという表現は、ワーク・ライフ・バランスという概念を再考する中で浮かび上がってきたものである。

次のようなことに注意を促す研究者たちが現れたのだ（Rapoport 2002; Lewis & Cooper 2005）。ワーク・ライフ・バランスという表現には、仕事と生活の分離を前提にして、その両者の優先度合いを調節するというニュアンスがつきまとうということ。また、その概念を用いることで、仕事が生活の重要な要素であることを見逃しがちになることである。さらには、いわゆる「仕事」（有償労働）と生活のその他の要素が、互いに衝突するだけでなく、片方にかかわることが、他方でのパフォーマンスを高める可能性があるというようなプラスの相乗効果を持つことも見落とされがちであるという。彼らは、「仕事と個人の生活の統合（work-personal life integration）」、あるいは単に「仕事と生活の統合」という言葉を用いた。ルイスらは、「統合」という言葉が持ち帰り仕事など好ましくない相互浸透を想起しかねないということで、統合の代わりに調和という言葉も併用した。したがって内閣府の表現は、この最初と最後の概念を併記していることになる。こうした議論を踏まえて、本節で子育て期の課題の社会的背景を考える視点としては、好ましくない相互浸透も含みうる、「仕事と生活の統合」という用語を採用する。

諸要素の関連

図1－2は、「家族と仕事の統合モデル」をこれまでのモデルとの対比が明確になるように簡略化して描いたものだが、具体的な方策を考えるための枠組みとしては、この中にはさまざまな要素の区別が不十分だ。そこで、次に、子育て期の母親・父親の困難という課題を解決するさまざまな方法を考察するための枠組みを提示したい。

まず、見失いがちなことであるが、いわゆる「ワーク・ライフ・バランス」であれ、「仕事と生活の調和」であれ、これらは最終的な目標ではない。本来解決すべき（したい）多様な課題があり、その方策として浮かび上がってきたものである。まず男女平等社会への方策、続いて少子化対策というのが、この概念が注目された社会的背景として挙げられる。また、近年では企業のビジネス戦略やメンタルヘルス悪化への対策としての意味づけもなされてきている。究極的な目的としては個人の幸福があるだろうし、子育て期の課題の克服、あるいは子どもの「望ましい」成長も、「ワーク・ライフ・バランス」の先にある目標の一つとして位置づけてよいだろう。

図1－3は、このようにワーク・ライフ・バランスを媒介的な要素として位置づけたヴォイダノフという心理学者の枠組み（Voydanoff 2007）に基づいている。ただし、厳密にいうと、彼女のモデルは家族と仕事の関連にウエイトを置いているので、ワーク・ファミリー・バランスという用語を用いている。このワーク・ファミリー・バランスは、仕事と家族に関して「求められるもの（要求）」と「得られるもの（資源）」の総体についての、個人の主観的な評価であって、それが職場や家族やコミュニティでの役割

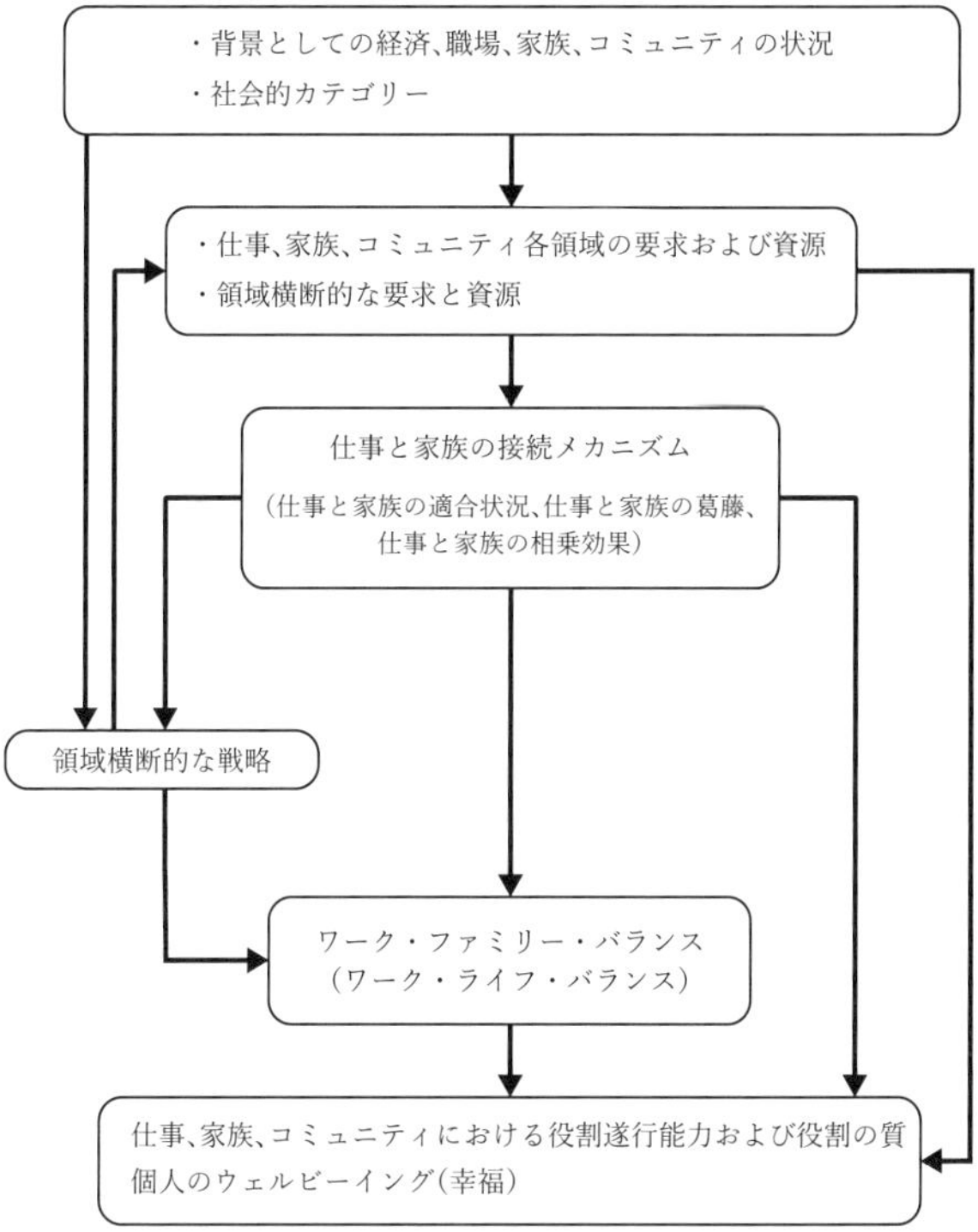

図１－３　仕事と生活の統合モデルの諸要素とその関連

の遂行能力や個人のウェルビーイング（幸福）に影響を与えるというモデルである。このモデルを、より詳細に見ていこう。

この図の一番上には、背景としての経済、職場、家族、コミュニティ、社会的カテゴリー（性別や家族構成や家族の中での位置、社会経済的水準など）がおかれている。このような背景や社会的カテゴリーの中で、各個人の仕事と家族あるいはその他の生活の要素が関連しあい、その個人の役割遂行やウェルビーイングに影響を及ぼすというのが全体の枠組みである。

仕事（職場）と家族とコミュニティ（地域的なものだけでなく、友人関係や学校によるつながりなども含む）という各領域の中に、求められるもの（要求）と得られるもの（資源）があり、またこのような要求と資源には各領域を横断するものもある。領域内の要求とは、例えば仕事に関しては労働時間、家族に関しては子育てに費やす時間があげられ、領域横断的なものとしては通勤時間が分かりやすい例である。一方、領域内の資源とは仕事上の自律性の高さや家事遂行における配偶者のサポート、領域横断的な資源とは、仕事の遂行に役立つ配偶者や親族の家事・育児サポートなどが例としてあげられる。

このような要求と資源が、仕事と家族の接続メカニズムを通じて、本人の仕事と家族に関する全体的な統合についての認識に影響を与える。その統合がうまくいっていると感じている状態を、「ワーク・ファミリー・バランス」がとれている状態と見なすのである。そして、この影響を仲介するものとして、「領域横断的な戦略」が位置づけられている。個人は、要求・資源と接続メカニズムの影響をそのまま受け入れるのではなく、戦略によって、影響を調整するということだ。接続メカニズムには複数の形があり、要求・資源との関係によって図1－4のように区別されている。

適合とは要求と資源の関連にかかわるメカニズムである。求められる要求に応えるために必要な資源が仕事の領域内や家族の中で得られる度合いが高ければ、

	仕事内の要求	仕事内の資源	家族内の要求	家族内の資源
仕事内の要求				
仕事内の資源	適合			
家族内の要求	葛藤	適合		
家族内の資源	適合	相乗効果	適合	

図1－4　各領域内の要求・資源と各接続メカニズムの関係

適合度が高いということになる。ヴォイダノフは領域をまたいだ関係を中心に図式化しているが、資源は領域内で得られることも考慮に入れられているので、ここではその点を示すために独自にこのような図を作成した。

仕事と家族の葛藤（conflict）とは、仕事上の要求が家族にかかわる要求と対立することで全体的なワーク・ファミリー・バランスにマイナスの影響を及ぼすメカニズムをさす。

仕事と家族の相乗効果（facilitation）とは、これとは逆に、仕事上の資源と家族に関する資源とが相乗効果を生んで、全体的なワーク・ファミリー・バランスにプラスの影響を及ぼすメカニズムのことである。

ここで重要なのは、これら三種のメカニズムと、全体的な統合状態（ワーク・ファミリー・バランス）を分けることの意味、特に、葛藤と相乗効果は両方同時に存在することがありえるという点の認識である。つまり、本人の意識する統合状態が、要求と資源の対応、さらには葛藤と相乗効果までのトータルな結果として意識された状態である、ということに注目させる枠組みなのだ。

さらにこのモデルの中には「領域横断的な戦略」が含まれている。これは、要求や資源、接続メカニズムに対して個人が働きかけ、対処するという、個人の主体的かつ動的な要素である。この部分に注目することで、現在の仕事と生活の統合状態の課題を解決する戦略を考察することが可能になる。

図1－3の一番上に示されているように、このモデルの具体的な内容は社会的カテゴリーによって異なる。したがって、この一般的な図式を具体的な戦略の考察に結びつけるためには、性別や就労の有無などの状況によってわけて考える必要があるだろう。

仕事と生活の統合モデルの活かし方

ワーク・ライフ・バランスという言葉の広がりとともに注目を集めている、仕事と生活のありかたは、子育て期の課題を考えるうえで、重要な意味を持っている。本節では「仕事と生活の統合」という視点にたったモデルを採用することで、仕事と生活というものが、相乗効果を含めた統合的な関わりを通じて、母親と父親の子育てに影響を与える可能性について考察してきた。

しかし具体的な課題の内容やとりうる対応は、個々人の置かれた状況によって異なる。自分自身が、自分の家族が、さらには自分の周囲の人たち、部下や同僚が、各領域において、あるいは領域横断的に、どのような要求にさらされて、どのような資源を持っているか。またそこでとりうる戦略はどのようなものなのか。本節で示した仕事と生活の統合モデルに基づいて、これらを見つめ直すことが、子育てをめぐる課題を解決する重要なステップになるだろう。本書全体で考察する男性の育児休業は、このモデルの中でワーク・ライフ・バランスを高める資源を増大する重要なツールとなると考えられる。

第2章
父親の子育てをめぐる言説・政策・実践

前章で確認した理論的枠組みを踏まえて、本章では、父親の子育てをめぐる文化（特に言説）・政策・実践がどのように関連しながら変化してきたのかを分析していく。第1節で、日本の一九六〇年代末から一九九〇年代にかけて、一般的な育児マニュアルやその他の関連出版物に示された育児専門家の言説の変化を辿っていく。第2節では、一九八〇年以降、性別による分業の解消、特に父親の育児参加の促進を目的とする一連の法律や政府のキャンペーンについて検討する。第3節では、性別分業や父親の育児参加に関する意識や実践についての全国的な時系列統計を示すことで、それぞれの指標の変化のタイミングを比較する。第4節では、これらの意識と実践の傾向と時期を、専門家の言説、法律、政府のキャンペーンの変化と関連させて議論し、時間の経過とともに社会に変化をもたらす文化、政策、実践の相互関係を検証する。

1　一九八〇年代における専門家の言説の変化

『育児の百科』と『スポック博士の育児書』にみる母親と父親の役割

ここでは、日本社会の中で影響力を持った、子育てに関する専門家の言説とその変遷を見ていきたい。一九六〇年代に日本で出版され広く読まれた小児科医による育児書が二冊ある（品田 2004）。松田道雄の『育児の百科』（松田 1967）と、ベンジャミン・スポックの *The Common Sense Book of Baby and Child Care* の邦訳である『スポック博士の育児書』（スポック 1966）である。

松田の『育児の百科』は、二〇〇七年の文庫版まで、五つの版が出版された。初版（松田 1967）では、松田は明確に母親だけを想定読者としており、父親についてはごくたまにしか触れなかった。しかし、第2版（松田 1980）では、父親向けの項目が複数追加された。たとえば、子どもの発達段階に応じて、「父親の役割」「父親になった人に」「父親がすること」などの小項目が追加されたのである。

生まれる前の父親の役割について、松田は次のように書いている。

つわりが苦しくて、それまでのように家事ができないときは、父親になるべき人が手をかすしかない。流産の恐れがあって入院せねばならぬこともある。そういうとき簡単な家事は男でもできるようになっていないといけない。洗濯機で洗ったものを干したりするのは、最初はてれくさいが、核家族ではどこもそうやっているのだから、近所の人もなんとも思わない。（松田 1980: 21）

「洗濯機で洗ったものを干したりするのは、最初はてれくさい」という前置きはあるものの、重要なのは、一九八〇年版では、初版で言及されていなかった父親の家事参加の必要性を松田が強調している点である。

さらに松田は、「父になった人に」という小項目では、「男性稼ぎ手」の前提を見直し、父親の育児参加が必要であるという主張もしている。

以前の大家族の時代には、古い世代がそばにいてくれた。いまは若い母親が一人でせおわねばならぬ。父親が手伝わなかったら母親はせおいきれない。子殺しをした母親のおおくが、育児に協力しない夫をもっていた。

自分は外で働く、君は家で育児をする、これが男女分業だと、きめてしまえない場合がある。（松田 1980: 34）

出産後一週間から半月までの間に父親がすることについての小項目で、松田はこうアドバイスしている。

夫が台所の仕事をしたり、赤ちゃんのおむつをとりかえたりする風習は日本になかった。日本の家で産後の妻がひとりで家事と育児とを引き受ける風習がなかったのとおなじだ。家にはおばあちゃんがいて赤ちゃんの世話をした。手伝う人がいて台所の仕事をした。産婦はからだの調子がもとにもどるまで、赤ちゃんに乳を飲ませることにかかっていさえすればよかった。

だが高度成長のために、おおくの家庭が核家族になった。からだのしっかりしない妻が、家事をしながら赤ちゃんの世話をせねばならないという新しい事態になった。二一世紀に近づいた時期に父親になった人は、この新しい事態に夫として対応しなければならない。

（中略）

時代が父親に家事と育児とへの参加を要求しているのである。男はそういうことはしないものだというのは、古い時代の風習にもとづいてできた古い思想にすぎない。

昼間の仕事で父親も疲労していることだろう。だが産婦が専業主婦であるならば、一ヶ月父親が手伝うだけで、体力をはやく回復し、父親の労力をいつまでも借りるにおよばなくなるだろう。もっとも共働きの家庭では、そのあとも家事と育児とを手伝わないわけにはいかぬ。共働きの核家族というのも新しい事態だからである。（松田 1980: 93-94）

松田は、母親が育児の主たる担い手であり、父親はそれを手伝うという書き方ではあるものの、父親が家事・育児をしないものだという古い考えを払拭する必要性を繰り返し強調していたのである。

一九五七年版の原書をもとにした『スポック博士の育児書』（スポック 1966）には、松田の『育児の百科』の初版とは異なり、父親の役割を記した小項目がある。スポックは、父親の役割を母親の役割と区別しているようだが、父親の手助け、特に母親への精神的サポートの重要性を強調している。一九五〇年代のアメリカの父親文化についてのラロッサの分析によると、一九四〇年代に比べて父親の関与のレベルが低いことや、より伝統的な種類の父親の関与が一九五〇年代の版の特徴であると述べられている(LaRossa 2004)。

『スポック博士の育児書』(訳書)の改訂版は一九七六年に出版されるが、子どもの発達の専門家としてのスポックの人気を背景に、「スポック博士」をタイトルに冠した関連書籍が複数出版された。スポックが一九七三年から一九七五年にかけて雑誌『レッド・ブック』に連載したコラムを編集した『スポック博士の父親学』(スポック 1979)では、初版の『スポック博士の育児書』に比べて、より積極的に父親になることを推奨し、より平等な男女の役割を強調している。

> 子どもが生まれたときから、父親と母親は一緒に育児のエキスパートになるべきです。赤ん坊にミルクを与え、オムツを替え、洋服を着せ、抱き、話しかける。このような基本的な育児を父親も母親とともにすべきです。そうであってはじめて父親は、自然に子どもをしつけることができるのです。(スポック 1979: 52)

このように、小児科医による人気の育児書では、父親の育児や家事への参加を推奨するなど、一九八〇年頃には、父親に関する言説はかなりの程度ジェンダー中立的なものになっていた。

専門家の言説のもう一つの重要な側面は、母親の有償労働への参加と子どもの集団保育に関してである。松田の『育児の百科』には、一九六七年の初版から集団保育と母親の復職に関する項目がある。松田は、八週間の産休（初版では労働基準法の改正前のため六週間）後すぐに職場復帰するのではなく、子どもが生後三ヶ月になるまで家庭で過ごすことを勧めているが、一歳前に母親が職場復帰することや集団保育についてはむしろ肯定的に論じている。

> 集団保育が、そとではたらく母親だけに必要な時代は去った。幼児は、いままでも、集団のなかで成長したのだ。自動車の氾濫と住宅の密集とが、幼児からあそび場と仲間とをうばったので、幼児たちは家庭に軟禁されることになった。すべての幼児に集団保育の場をあたえて、軟禁の孤独から解放するのはすべての母親の願いである。集団保育の場の労働条件をよくすることに、すべての母親が協力を惜しまないでほしい。（松田 1980: 121）

このように、小児科医による二種類の人気の育児書は、少なくとも一九八〇年頃から共働き夫婦の平等な子育てを肯定的に捉えていた。一方で同じ時期、反対の言説も存在していた。

「母性本能」の強調を乗り越える

小児科医で心身症の専門家である久徳重盛は、『母原病』（久徳 1979）という本を出版している。彼は、他人に頼って子育てをする母親が増えていることを批判し、「〇歳児や一～三歳児は、家庭内で親や家族によって育てられなければ、基本的な人間形成に障害が現れやすいことが分かってきた」と主張した（久徳 1979: 197-198）。また、『スポック博士の育児書』が日本の母親たちの間で人気を博していることにも明確に警告を発している。

最後に、わが国のお母さん方にもてはやされている『スポック博士の育児書』について、一言述べておきましょう。

（中略）

アメリカではじめて出版されて、たちまちベストセラーとなったこの『スポック博士の育児書』は、日本でも翻訳書が昭和四一年に発売され、以来その部数が八〇万部を越えたということです。原著は昭和二二年（一九四七年）に出版されていますが、これは、アメリカの文明化が進み、経済が豊かになるにつれて社会が崩壊し、家庭・親の育児が荒廃してきたことを背景にして書かれた育児書です。そこでは、人間としての親子が本来の自然な親子にもどるべきだという点が説かれてはいますが、これがわが国に無条件で取り入れられてしまったのは、失敗でした。（久徳 1979: 201-202）

一九八六年の「男女雇用機会均等法」、一九九二年の「育児休業法」の施行後も、性別による子育て役割の違いを強調する書籍が人気を博した。ユング派の心理学者である林道義氏の『父性の復権』（林 1996）がメディアで大きな注目を集めたのである。林は、家族には中心が必要であり、その役割には父親が最もふさわしいと書いた。それは、生物学的に男性は女性よりも体力があり、抽象的な能力が優れているからだという。また、林は「母性本能」という言葉を用いて、母と子の「心理的な結びつき」の必要性を強調した。また、母親と父親の役割の違いについての林の認識は、「母親の役割が子どもの世話にあるとすれば、父親の役割は子どもと遊ぶことである」（林 1996: 35）という一文によく表れている。同書への賛否両論を受けて、林は続いて『主婦の復権』を出版した（林 1998）。この本の中で、彼は母親の有償労働への参加と「託児所」のリスクについて繰り返し注意を喚起している。

「三歳までは母親のもとで育てるのが望ましい」という学説を、フェミニズムはいわゆる「三歳児神話」だとして攻撃し、そんなことは気にしなくていいと言っているが、それもまた学問的な根拠があるわけではない。（林 1998: 98）

一般的に言うと、乳幼児のときに、急に母親から分離をさせると、いわゆる分離不安を感じ、人間不信のもとになったり、何回か繰り返すと心理的抑鬱状態になって感情的反応がにぶったり、怒りや憎しみや反抗的な態度などの攻撃性を持ちやすくなると言うのが、これまでの心理学の常識である。（林 1998: 100）

しかし、一部の専門家による根強い反論にもかかわらず、母親の有償労働への参加が子どもの発達に与える悪影響を否定し、父親が育児のあらゆる面（母乳育児を除く）に関与することを推奨する見解は、性別分業にもとづく家族を相対化する「近代家族論」の研究の進展も後押しとなり（中里 2023）、一九九八年に発表された厚生白書によって「公認」されることになる（厚生省 1998）。

2 関連法制の導入と政府のキャンペーン

ここでは、一九八〇年以降、性別分業の解消、特に父親の育児参加の拡大を目的として制定された法律や政府が展開した一連のキャンペーンの概要を紹介する。

男女の均等処遇と女性の就業継続に向けた動き

男女雇用機会均等法（以下、均等法）は、女性差別撤廃条約の批准の必要性を受けて一九八五年に制定され、一九八六年に施行された。この法律は、募集、採用、昇進において雇用主が女性を差別することを禁止した。しかし、この法律に対する雇用主の反応はコース別雇用管理制度の導入であった。この制度では、新たに雇用された労働者は二つのカテゴリーのいずれかに分類される。新入社員は①基幹業務に従事して管理職・経営層へと昇進していく可能性のある総合職、②一般事務に従事し、賃金体系が異なり、昇進も限られている一般職、の二つに分けられる。この二つのコースは採用枠が異なり、他のコースへの転換の可能性は非常に限られていた。それぞれのコースは特定の性別に指定されていなかったが、二〇〇三年には、総合職の従業員のうち女性はわずか三パーセントであった（Hayashi 2005）。このように、男女雇用機会均等法は、性別による採用等を明確に禁止しているが、その結果として生じるコース別雇用管理制度でのジェンダーバイアスを完全に排除することはできなかった。

このような実質的なジェンダーバイアスは、一九九二年に育児休業法が施行され、性別に関係のない育児休業制度が導入された際にも生じていた。当初の育児休業制度では、両親は子どもが一歳になるまで、産後八週間の産後休業期間を含む一年間の休業を申請する権利を持っていた。しかし、雇用主は従業員との労使協定に基づき、出産直後の八週間（産休期間）を除いて、パートナーが無職または育児休業中の従業員からの申請を拒否することが認められていた。新たに導入された育児休業制度には、法定の休業給付金はなかった。新生児の母親は就労していない割合が高く、また、（明示的にも暗黙的にも）ジェンダー化されたキャリアトラックによって男女間の賃金格差が大きいため、一九九六年には配偶者が出産した従業員に占める育児休業取得者の割合は〇・一二パーセントにとどまっていた（「雇用均等基本調査」）。このような状況の中で厚生省は父親の育児参加を促すために「育児をしない男を父とは呼ばない」というポスターを作成・配布して物議を醸した（石黒 2004; 巽 2018）。

男性の働き方の変化と子育てへの関わりの促進に向けた動き

上記の二つの法律は、職場での実践に最も直接的に関連する法律だが、職場だけでなく幅広い社会的領域に関連する法律が一九九九年に制定された。男女共同参画社会基本法である。同法は、男女共同参画社会を「男女が、社会の対等な構成員として、自らの意思によって社会のあらゆる分野における活動に参画する機会が確保され、もって男女が均等に政治的、経済的、社会的及び文化的利益を享受することができ、かつ、共に責任を担うべき社会」と定義し、その実現に向けた国、地方公共団体、国民の責務を示した。この法律の重要な特徴は、男性が子の養育、家族の介護その他の家庭生活における活動について家族の一員としての役割を円滑に果たすための取り組みを行う国や地方自治体の義務を規定していることである。

さらに、二〇〇三年には「次世代育成支援対策推進法」が制定された。この法律により、事業主は仕事と子育ての両立を支援するための雇用環境の改善について、二〇〇五年から二〇一五年までの行動計画を策定する（または策定する努力をする）ことが義務付けられた。推奨されるアクションプランには、法定の育児休業に加えて父親となった男性に対して配偶者出産休暇を提供すること、育児休業を取得しやすい職場環境を整えること、三歳以上の子どもを養育する従業員に残業免除や短時間勤務の権利を与えること（育児・介護休業法に基づく乳幼児の親の権利に加えて）などが含まれており、数値目標の設定や。従業員数一〇〇人以上の事業主には行動計画の策定が義務付けられ、それ以下の事業主には計画策定の努力義務が課せられた。政府は、行動計画と実績についての条件を満たした事業主に認定証を交付し、「くるみん」という認定マークを使用できるようにするとともに、税制面でも優遇措置を講じている。認定開始当初は、計画期間中に男性社員が一名以上育児休業を取得すること、計画期間中の女性社員の育児休業取得率が七五パーセント以上であること、小学校入学前の三歳以上の子どもを養育する社員に残業免除や短時間勤務の権利を与えることなどが条件となっていた。これらの条件は、中小企業では緩和されている。

また、父親の育児・家事への参加を促進するために、政府や関係者は、関係閣僚、雇用者団体、労働組合、地方自治体などで構成される官民合同会議での議論を経て、二〇〇七年に「仕事と生活の調和憲章」と「仕事と生活の調和推進のための行動指針」を策定した。行動指針では、二〇二〇年を期限として、男性の育児休業取得率（一三パーセント）、第一子出産後も働き続ける女性の割合（五五パーセント）など、ワーク・ライフ・バランスの推進に関するさまざまな目標が設定されている（この目標値は、後からアップデートされたもの。当初は二〇一七年までに一〇パーセントであった）。

育児休業制度と「次世代育成支援対策推進法」の発展

育児休業制度については、一九九五年に休業前の賃金の二五パーセントに相当する休業給付金が導入され、二〇〇七年には五〇パーセントまでの引き上げが行われるなど、改正後に顕著な進展が見られた。二〇一〇年には、父親の取得率を高めることを明確に目的とした改正案が可決された。育児休業の取得は労働者個人の権利となった。すなわち、新しい制度では、母親の就労状況にかかわらず、父親が休業を取得することができるようになったのである。これは、多くの女性が出産に伴って離職し、子どもが幼稚園に入るまで再就業しない当時の日本の社会には必要な改正だと考えられた。また、「パパ・ママ育休プラス」という父親が取得した際のメリットも導入された。この制度では、それぞれの親には産後休業期間を含めて一二ヶ月しか権利がない点は同じであるが、両親がともに育児休業を取得した場合に、子どもが一歳ではなく最長一歳二ヶ月になるまで取得することができるようになった。

この改正育児休業制度が施行された同じ月に、「イクメンプロジェクト」という政府のプロジェクトが発足した。このプロジェクトは、父親が育児に積極的に参加する動きを促すことを目的としている。このプロジェクトでは、ウェブサイトを立ち上げ、職場での実践例や父親のロールモデル、父親の育児参加を促すイベントやキャンペーンの情報を発信した。

二〇〇六年には「ファザーリング・ジャパン」という父親の育児参加を促進するための団体（後に非営利活動法人）が設立され、父親向けのさまざまなイベントやセミナーを開催した（石井クンツ 2013: 96-99）。

二〇一四年四月には、育児休業制度がさらに改正された。それは主に育児休業給付金に関する改正で、父母それぞれについて最初の六ヶ月間のみ六七パーセントに引き上げられ、その後は改正前と同じ割合（五〇パーセント）に戻るという仕組みになった。この新しい休業給付制度は、母親が六ヶ月間の休業を取った後に父親が交代で休業を取ることをうながすことを目的として導入された。母親が六ヶ月の育児休業後に職場復帰し、父親が休業を取得して育児の主たる役割を引き継いだ場合、母親が権利として保有する期間中（子どもが生後一二ヶ月になるまで）ずっと休業を取得した場合に比べて、世帯収入の損失は最小限に抑えられるのだ。

時限立法だった「次世代育成支援対策推進法」は二〇一四年に改正・施行され、さらに一〇年期限が延長されたのに続き、二〇一五年に「女性活躍推進法」が制定され、二〇一六年に施行された。この法律では、国、地方自治体、従業員三〇〇人以上の民間事業主は、①自社の女性の活躍状況の把握・課題分析、②行動計画の策定・届出、③自社の女性の活躍に関する情報を公表が義務付けられ、中小企業については、上記の点についての努力義務があるとされていた。

3　一九八〇年代以降の意識と実践の変化

前節で述べたように、男女間の機会と責任の平等、父親の育児参加を実現するために、新しい法律が頻繁に導入されたり、頻繁に改正されたりしているにもかかわらず、性別による分業が続いていること（特に、育児期間中に就業しない女性の割合が多いことや、育児休業を取得する父親の割合が少ないこと）は、政策が十分な効果を発揮していない証拠だと批判されてきた。果たしてこれらの政策は効果がなかったのだろうか。

ここでは、比較的長い期間にわたって入手可能な、性別役割分業や父親の育児参加に関する意識や実践に関する各種の政府統計を紹介する。これらの傾向を、父親の役割に関する専門家の言説や政策、運動の変化と照らし合わせて検討することで、文化や政策、実践が時系列でどのように相互に関連しているかを確認することができる。

性別分業に対する意識の変化

最初の指標は、性別による分業に対する意識に関するものだ（図2－1）。丸いマーカーが付いた波線は、「夫は外で働き、妻は家庭を守るべきである」という意見に反対した回答者の割合を示している（「反対」と「どちらかといえば反対」の合計）。四角いマーカーのついた実線は、女性が職業をもつことに対す

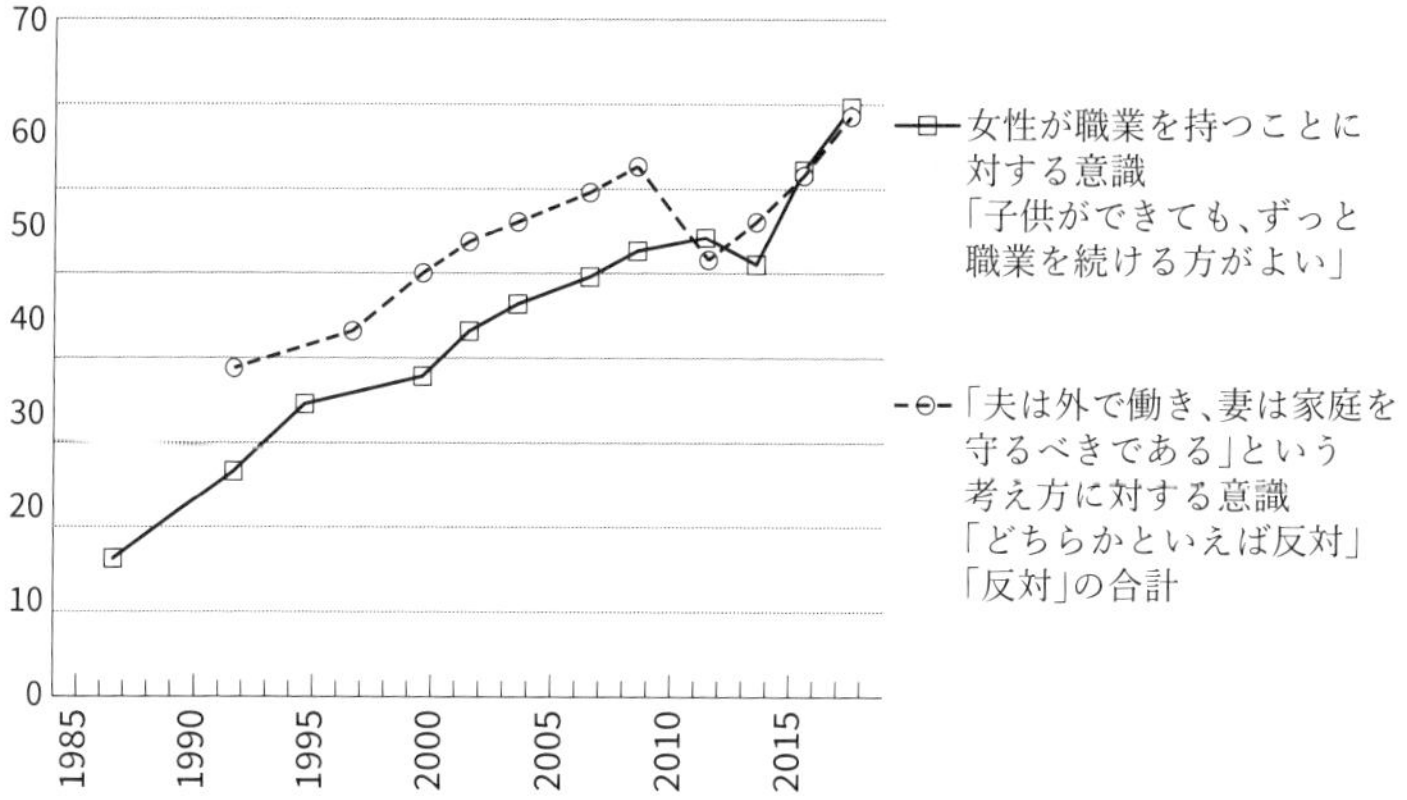

図2－1　性別による分業に対する意識の変化

出典：内閣府「女性に関する調査」(1987年)、「男女共同参画に関する調査」(1992年、1995年、2000年、2002年、2004年、2007年、2009年、2012年、2014年、2016年、2018年)。

る意識に関する問いで「子どもができても、ずっと職業を続ける方がよい」を選択した回答者の割合を示している。いずれの指標も、調査開始時(それぞれの設問につき一九八七年と一九九二年)から二〇〇〇年代の最初の一〇年間まで、一貫して増加している。ただし、二〇〇九年までは、より具体的な母親の就労に就いての意識、すなわち出産後の就業継続を望ましいとする割合は、一般的な性別分業に反対する割合と比べると低い値であった。二〇一二年および二〇一四年調査で性別役割分担に対する反対意見の割合がいったん下がったものの、再び増加し、二〇一六年の調査以降、一般的な性別分業観に反対する意見も、母親の就業継続に賛成する意見も急増し、二〇一八年調査ではいずれもほぼ六割に達している。

母親の就業と父親の家事・育児に関する実践の変化

次に、意識ではなく実践を表す指標の変化をみてみよう。出産後の母親の継続的なキャリアを望ましいとする意見は着実に増加していた一方で、この点に関する母親の実践は変化が遅かった。第一子の一歳の誕生日に就業している母親の割合（図2－2の一番下の二つのカテゴリーの合計）は、一九九〇年代後半までは四人に一人の割合で横ばいであり、二〇〇〇年代に入っても最初の一〇年間ではわずかに増加しただけであった。しかし、二〇一〇年代に第一子を出産した母親では、その割合が急速に上昇している。これは主に、育児休業を取得して就業を継続した母親が増えたことによる。このことは、日本における性別役割分業の変化

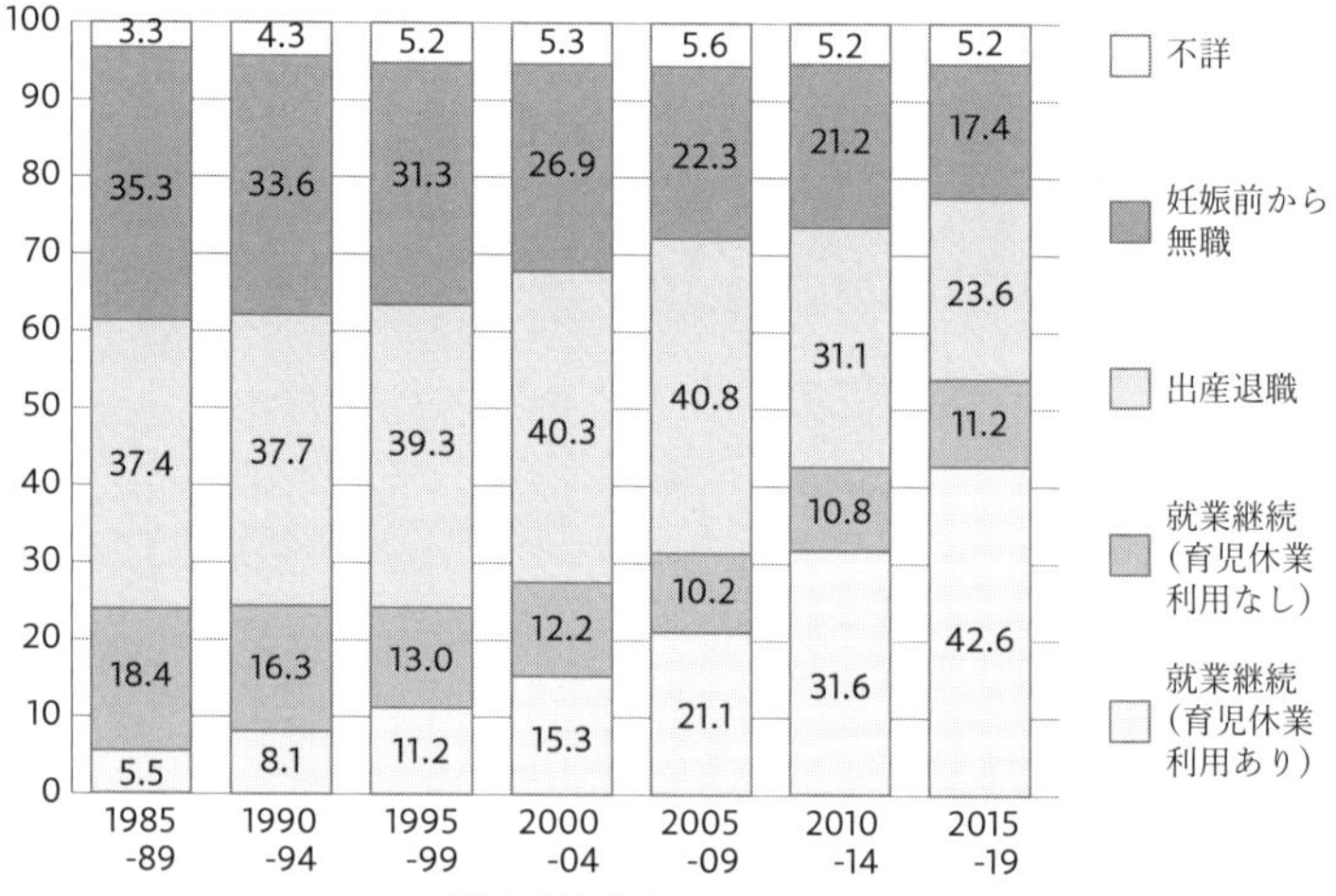

図2－2　第1子出産前後の妻の就業状況（子どもの誕生年別）

注）就業変化は、妻の妊娠判明時と子ども1歳時の従業上の地位の変化を見たもの
出典：2021年第16回出生動向基本調査。夫婦に関する調査結果の概要（2022年9月9日公表）」（国立社会保障・人口問題研究所）

を示す重要な兆候である可能性がある。この点については、次の節で考察したい。

次に六歳未満の子を持つ母親と父親について活動時間のデータ（社会生活基本調査）をみていこう。データは、一九九六年以降五年ごとにしか入手できない（図2－3）。夫の子育てや家事の時間は、データを入手できる一九九〇年代後半以降、着実に増加しているものの、仕事等（通勤を含む）の時間も二〇一一年調査まではわずかに増加していた。ところが、二〇一一年から二〇一六年にかけて、妻の仕事等の時間が急増すると、夫の仕事等の時間も少し遅れるようにして、減少している。家事関連時間についても、二〇一一年以降増加の度合いが大きくなり、一〇年でほぼ倍の二時間になっている。二〇二一年調査に関しては、新型コロナ感染症の広がりによる働き方の変化の影響も考えられるが、仕事関連時間が減少し、家事関連時間が増加したことは確かである。とはいえ、現在でも父親と母親の時間の使い方の違いは大きい。

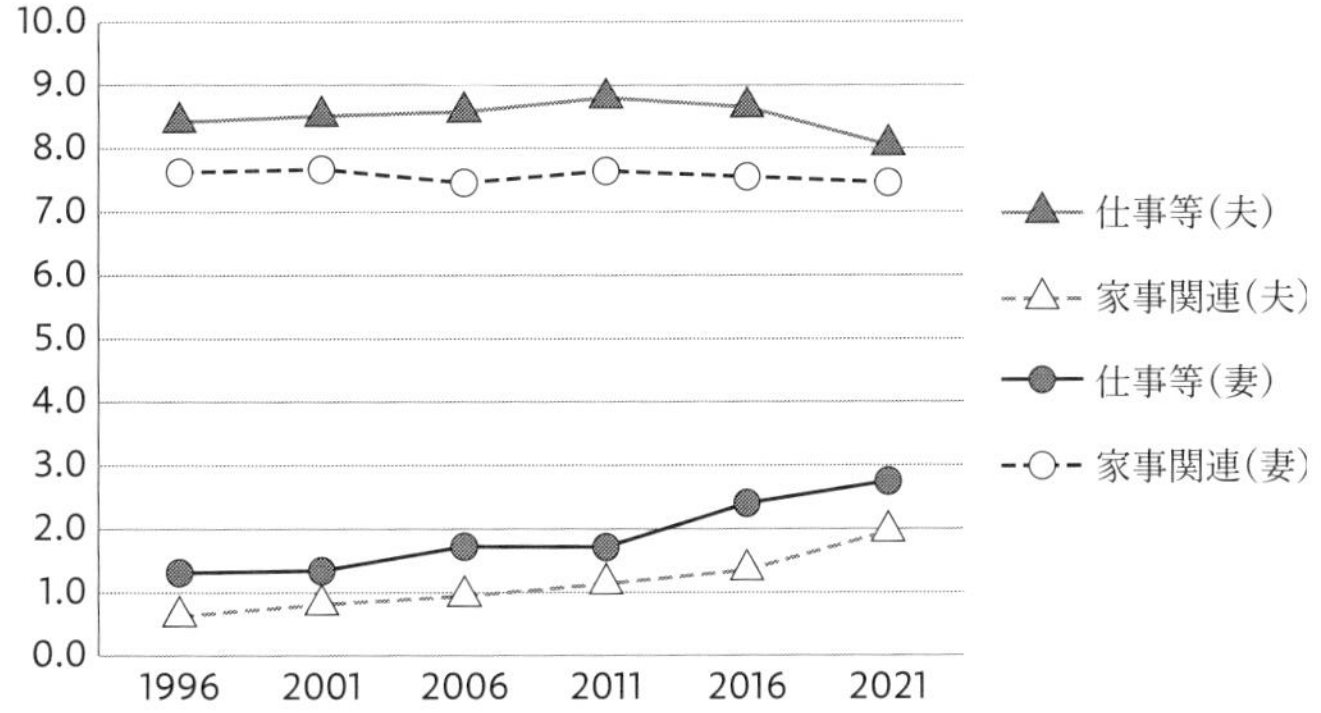

図2－3　末子が6歳未満の夫婦の行動の種類別総平均時間の推移

出典：「社会生活基本調査」結果の概要（総務省）

最後に、本書の主要なテーマである父親の育児休業取得率の変化を確認してみよう。二〇〇五年までは一パーセントに満たない取得率であったが、その後二〇〇七年に初めて一パーセントを超えた後、二〇一〇年までは一パーセント台で上下する。その後、二〇一二年からは上昇を続け、特に二〇一六年からは変化が大きくなる。

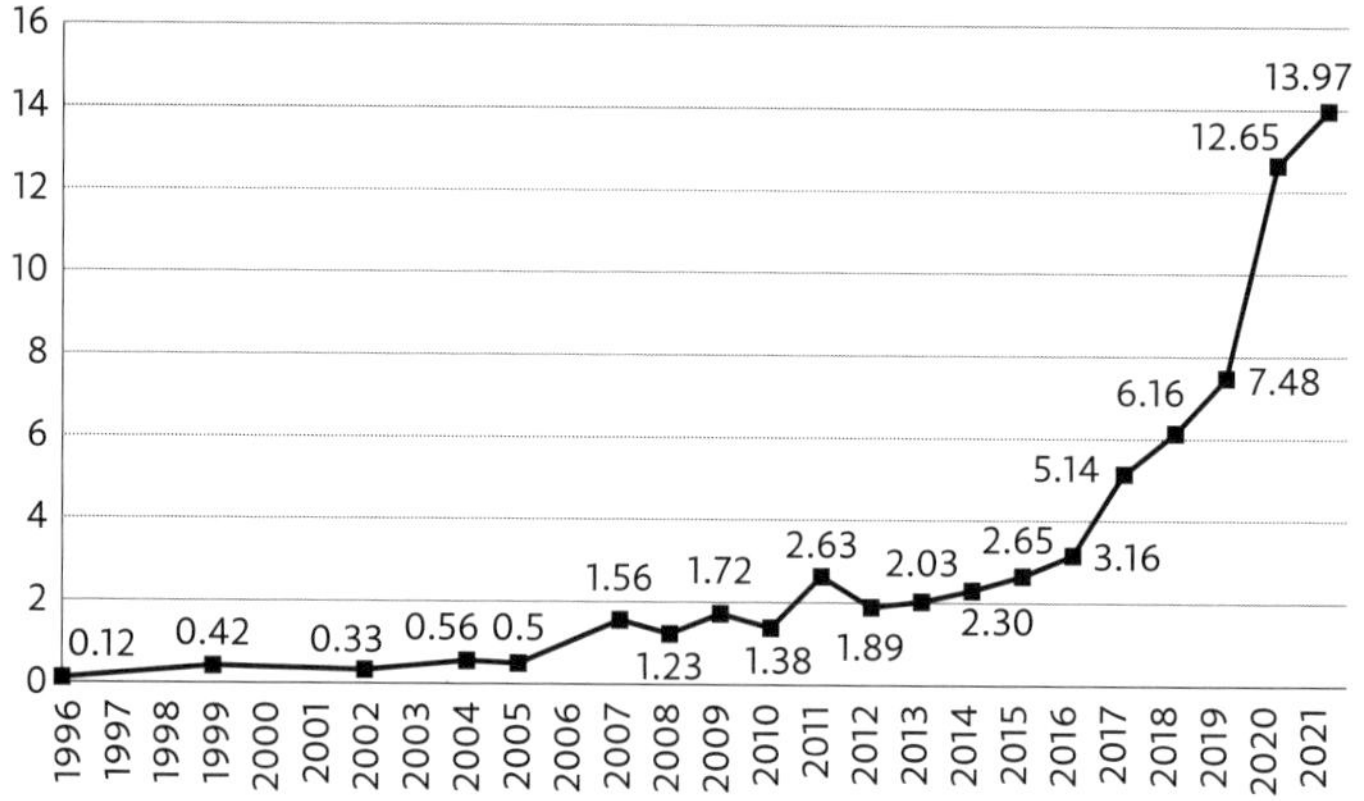

図２－４　男性の育児休業取得率（%）の推移

注）取得率は、調査前１年以内に妻が出産した男性社員に占める休業取得者の割合を指す。
出典：厚生労働省「雇用均等基本調査」2021 年

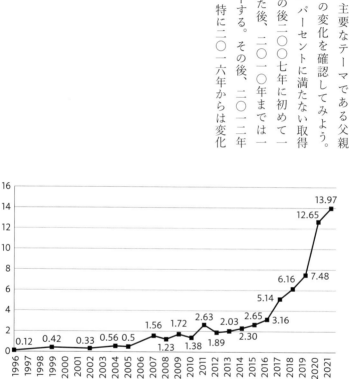

4　文化・政策・実践の相互作用

本節では、言説・意識を含む父親役割文化、政策や制度（ジェンダー秩序と父親役割レジーム）、実践の間の相互作用を、ここまで見てきた発展の時系列に沿ってマクロレベルで議論する。

一九七〇年頃、日本で出版されていた一般的な育児書において育児の専門家が父親の役割について言及することはほとんどなく、母親と父親の役割の違いを示すこともなかった。しかし、一九八〇年頃に出版された同じ著者によるこれらの本の改訂版や他の本では、内容が非常にジェンダー中立的になり、特に母親が働いている場合に父親の育児や家事への参加を推奨するようになっていた。母親と父親の役割の違いを強調し、子どもが三歳になるまで母親が家にいて育児をすることを推奨する対抗的な言説もあったが、一九九〇年代後半の厚生白書では、ジェンダー中立的な育児観を支持する姿勢が示されていた。

一方、政策の変化も同じ時期に起こっている。一九八〇年代後半から、男女平等を実現するためのさまざまな法律が制定・改正されてきた。しかし、ジェンダー文化、父親役割文化、および政策の変化は、二〇世紀の間は、実践ではなく、意識にのみ影響を与えていたようだ。

一九九〇年代末から二〇〇〇年代最初の一〇年間は、父親が育児や家事に費やす時間の増加と、出産後も就業する母親の割合のわずかな増加が同時に起こっていた。二〇〇五年から事業主に子育て支援策の策定を義務付ける「次世代育成支援対策推進法」が施行されたことで、多少のタイムラグはあるものの、二〇一〇年代以降、母親の就業継続率が上昇する傾向に拍車がかかったと思われる。このような就業継続する母親の増加、育児休業制度の改正、イクメンプロジェクトなどの父親の関与に関する社会的な動きが、父親の育児休業取得率を上昇させていると考えられる。

本章で検討した変化は、理論的枠組みの中でどのように説明されるだろうか。専門家の言説や性別分業に関する意識調査への回答を見ると、父親役割やジェンダーに関する文化は、男女共同参画、特に父親の育児参加に有利な方向に着実に変化していることがわかる。しかし、母親のフルタイム労働への参加や父親の育児・家事への参加などの実践面での変化は、文化面での変化にすぐには追随していない。一九九〇年代に入ってからの育児休業制度の導入や男女共同参画社会基本法の制定などの制度的な変化が、その一〇年間で、まず家庭内（父親の育児・家事）での、次に職場でのジェンダー構造（実践）の変化を促した。このようなジェンダーアレンジメントの構成要素それぞれの変化のタイミングは、遅延適応理論やさまざまな国の実証研究で述べられているものとは異なっていた。しかし、このように日本の変化を概観すると、父親の育児参加に関連する文化、制度、実践が異なるペースで相互に影響し合い、父親の育児参加の拡大をもたらしていることがわかる。

とはいえ、このように父親の育児・家事時間が増加しても、ヨーロッパ諸国の父親の育児・家事時間よりもはるかに短いものにとどまっている。父親の育児・家事時間は増加したものの、労働関連時間も二〇一〇年代までは増加傾向にあり、その後はいくぶん減少したものの土日を含んだ平均で一日八時間ほど、と引き続き長時間である。父親の労働時間が減らない限り、父親の育児・家事時間をさらに増やすことはできない。二〇一〇年以降、出産後も働き続ける母親の割合が急増したことは、日本に根強く残る性別分業を打破するきっかけになる可能性があり、実際それを追うように、父親の仕事関連時間は減少し、家事育児時間はそれまで以上のペースで増加している。しかし、それでも男女の差は大きく、根本的なジェンダー構造の転換にむけての大きなきっかけが必要に思われる。第3章以降は、それを考えるために、「育児休業」に焦点を絞って、その鍵となるものが何なのかを確認していきたい。

第3章

母親の育児休業と父親の育児休業

——量的データから

本章では、育児休業に関する質問を含む質問紙調査のデータを用いて、母親と父親の育児休業取得の状況を詳細に確認していく。本書のテーマは男性の育児休業であるが、子どもの出産後の女性が就業の有無や就業形態の違いは、そのパートナーである男性の育休取得の機会を大きく左右する可能性がある。そこで、まず女性の出産後の就業パターンがどのように変わってきたかを、雇用形態の違いに注目して見ていく。

1　育児休業制度の発展と母親の就業継続可能性の変化

出産後に働き続ける女性の増加

一九八六年の男女雇用均等法施行、一九九二年の育児休業制度の導入を経ても、長らく出産後の女性の就業継続率は大きく変化していないといわれてきた。しかし、前章で確認したように二〇〇〇年代半ば以降、出産後に就業継続をする女性の割合が大きく高まったことが明らかになってきている。

この変化の背景として、育児休業制度の継続的な改正と二〇〇五年からの計画策定を企業に要請した次世代育成支援対策推進法の施行など、就業継続の促進を意図した制度改正とそれに伴う企業の取組みの変化があげられるだろう。

育児休業制度の改正については、特に二〇〇〇年代に入ってから男性の取得率上昇を目標とし、改正の効果が議論されることが多いが（本書第7章）、休業給付金の休業前賃金に対する割合の上昇、非正規雇用の場合の取得制限の緩和、保育所に入れなかった場合の延長期間の継続など、女性の就業継続の可能性を高める改正も継続的になされてきている。

一方で、妊娠・出産を期に退職する女性の割合も依然として高く、それ以前に結婚等で退職するケースと合わせると、現在でも半数近くを占めることになる。それは、女性の出産後の就業継続を可能にする制度が整っていく反面で、安定した就業継続の困難な雇用形態が増加するという変化が進んできたことを反映している可能性がある。非正規雇用の際の育児休業取得可能性を高める改正がなされたとはいえ、長期的な雇用が見込めない状況でその活用が進むかどうかが問題となり得るのである。

雇用形態と就業継続率

すでに見た出生動向基本調査でも示されているように、二〇〇〇年代までは第一子出産後に就業を継続している母親の割合は三割に満たず、この傾向は正規雇用と非正規雇用で大きな違いはなかった。例えば、今田・池田（2006）は、労働政策研究・研修機構が二〇〇五年に実施した「仕事と生活調査」のデータから、「均等法前世代」と一九七一－一九七五年生まれまでの「均等法後世代」を比較して、「均等法後世代」は出産一年前から出産までの間の退職が多く、出産まで雇用継続する女性は「均等法前世代」より増えておらず、妊娠期の退職はむしろ若い世代の方が増えていること、またこの低い就業率は出産二年後になっても上昇しないことを明らかにしている。そして、その背景として、有期雇用労働者の雇用継続が難しくなっていることと併せて、正規雇用労働者においても女性の職域拡大によって長時間労働や深夜業の負担による退職が増えている可能性を指摘している。

一方、二〇一〇年以降の状況については、出生動向基本調査から、二〇一〇－二〇一四年に第一子を出産した女性について、従業上の地位別（正規職員とパート／派遣など）の育休利用率や子が一歳までの就業状態を知ることができる（国立社会保障・人口問題研究所 2017: 54-55）。正規職員では、二〇〇〇年代以降継続率が大きく上昇し、二〇一〇－二〇一四年出生の第一子の一歳時点で、六割ほどが地位継続で就業している。だが、パート・派遣の場合、就業継続の上昇はわずかで地位継続で就業しているのは二割ほどに過ぎない。

このように、正規雇用の女性で就業継続割合が高まっていることを示す調査がある一方で、正規雇用で育休を取得していても、多くがその後（調査時点までに）離職しているとする研究もある。三具（2015: 79）は、二〇一一年に首都圏の短大高専卒以上の女性に対して実施された調査を用いて、このような可能性を指摘している。

初職が正規雇用であって育児休業を取得した三三二人のうち、調査時点まで初職を継続しているのは一二一人で、六割以上にあたる残りの二一一人は正規の初職で育休を取得したあと辞めてしまったと考えられる、というのである。これは、第一子が一歳の時点では就業継続していてもその後の継続が難しいことを意味するのだろうか。

女性の非正規雇用の増大

出産後の女性の就業継続の状況の変化を捉えるうえで、雇用形態別の就業継続率とあわせて重要なのは、女性全体の中で雇用形態別の割合の推移である。

初職が非正規である女性の割合が一九九〇年代に増加していったことは、多くの調査で明らかにされている（鈴木 2015: 123-124）。そのことは、正規雇用の女性の就業継続の可能性が高まったとしても、その恩恵に受けられない女性の割合も増加し、女性の中での格差が広がることを意味するのである。

問題設定と調査の概要

以上のような先行研究からは、二〇〇〇年代に入って、正規雇用の女性に関しては育児休業を取得して就業継続できる可能性が高まったことがうかがえる一方で、増大する非正規雇用の女性については、二〇一〇年代に入っても出産後の就業継続が難しいこと、また正規雇用についても、育児休業を取得後、長期的に見ると正規雇用を継続していない可能性が示されていた。

ここからは、二〇一八年に実施された「第5回子育て世帯全国調査」(労働政策研究・研修機構 2021: 1-2)の母親サンプルを用いて、第一子の妊娠時から出産三年後までという比較的長期にわたる、女性の就業状況の移行について、雇用形態の違いにも注意しながら、時代による違いを確認していく。時期区分は、育児休業制度の改正内容に着目して、育児休業給付導入初期まで(~二〇〇〇年)、給付金増加期(二〇〇一~二〇〇九年)、パパ・ママ育休プラス導入以降(二〇一〇~二〇一八年)の三つに分けている。

先行研究では初職による継続可能性の違いを分析していたが、この節で用いているデータを見ると初職が正規雇用でありながら、妊娠判明直後の時点で無職あるいは非正規雇用になっている割合が三割を超えることが分かる(中里 2021: 46-48)。したがって、初職時点以上に第一子妊娠時の雇用形態に注目する必要があると考え、第一子妊娠判明直後の雇用形態の違い毎に、出産後の就業パターンを比較していく。

第一子妊娠判明直後の雇用形態とその後の就業継続

ここでは、対象者を第一子妊娠判明直後の雇用形態によって「正社員・正規職員」「嘱託・契約・派遣社員」「パート」という三つのグループに分け、それぞれの就業形態が出産三年後までの間にどのように変化していくかを見ていく。近年の状況がこれまでと比較してどのような特徴を持つかを把握するために、二〇〇〇年までに第一子を出産した女性たちとの対比で、二〇一〇年以降に第一子を出産した女性たちの状況を詳しく見ていく。ただし、二〇〇〇年までのグループでは、妊娠判明時に嘱託・契約・派遣の人数が二〇人と少ないため、参考程度にとどめる必要がある。また、初職が正社員であっても、妊娠時までにすでに退職しているケースが二〇〇〇年までの方でより多く見られるため、第一子妊娠時に正社員であったケースはより選別された存在であることにも注意が必要だ。

こうした点を意識しつつ、妊娠判明時に正社員・正規職員であった女性についてのグラフを二つの時期で比較してみると、出産三ヶ月前の段階、出産三ヶ月後の段階それぞれで、無職に移行する割合が二〇一〇年以降では少ないことが分かる（図3－1）。二〇〇〇年までのグラフでは、妊娠判明時に正規雇用であっても、出産三ヶ月前、出産三ヶ月後までにそれぞれ二五ポイントずつ無職の割合が増え半数が無職となっている。一方、二〇一〇年以降では出産三ヶ月前で二割弱が無職に移行するものの、出産三ヶ月後の時点になっても無職は三割程度である。出産後一年には育休を終えて正社員・正規職員として就業している割合が高くなり、無職割合の増加はなく、逆に幾分低下している。ただしパートの割合が一割ほどあり、出産三ヶ月後から一年の間に、出産時無職であった女性のパートとしての復職、また

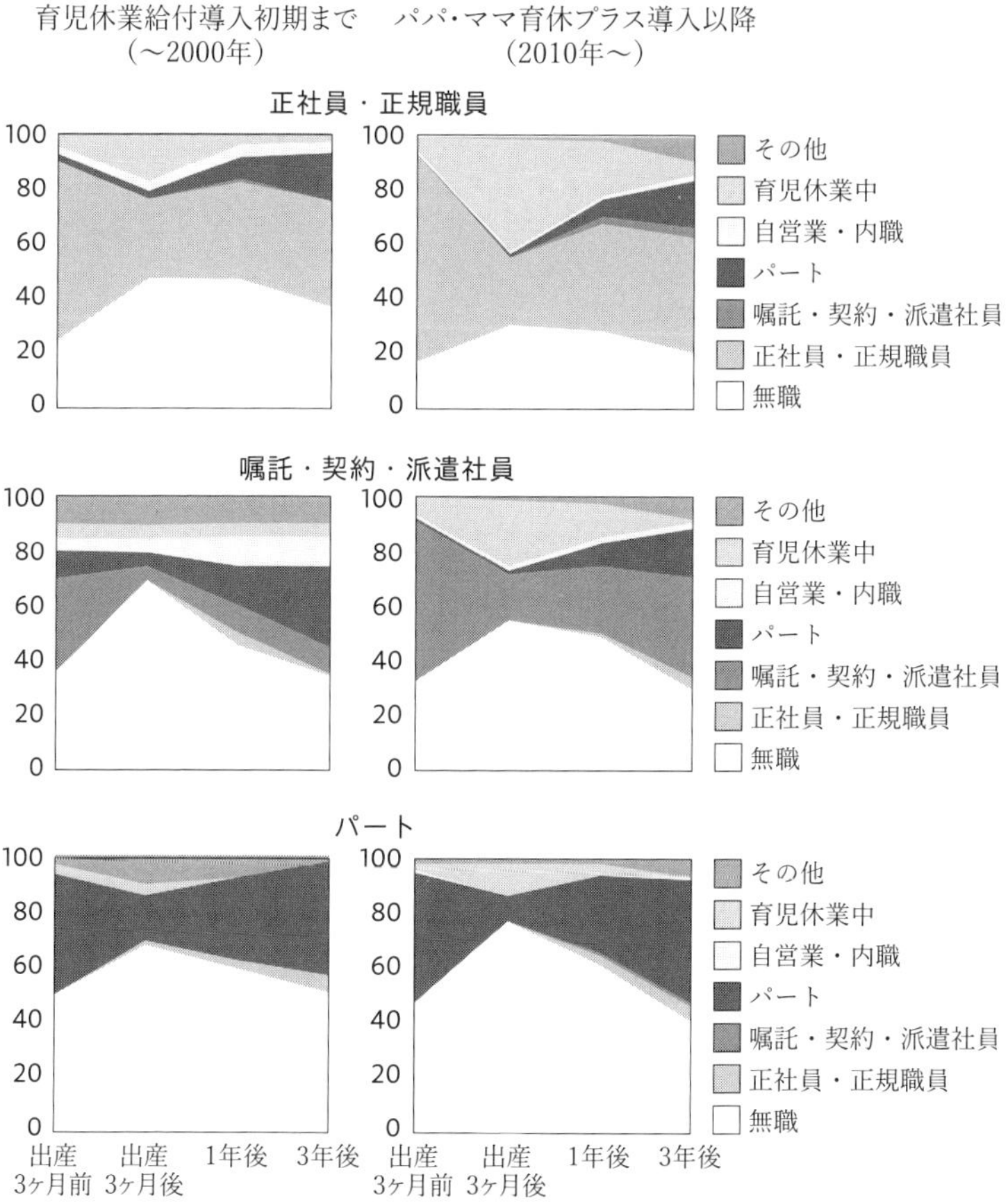

図３－１　第一子出生コーホート別、妊娠判明直後の雇用形態と出産三年後までの就業状況

は正社員からの転職・雇用形態の切り替えがあったことをうかがわせる。三年後までの間には、育児休業取得者の割合が減る一方で正社員として就業中の割合の増加はほとんど見られない。正社員が育児休業から復帰せずパートに転職していった可能性も考えられるが、「その他」の中の多くは、まだ第一子出産後三年が経過しておらず、その時点の情報がない対象者であるため、正社員として継続している割合はこの結果よりも多い可能性がある。

次に、妊娠判明時に非正規雇用であった女性たちのその後の就業パターンを確認していく。すでに言及したように二〇〇〇年までに第一子を出産した女性では、嘱託・契約・派遣のサンプルが二〇人と少ないが、出産を挟んで無職となる割合が七割ほどと多く、パートも同様に出産三ヶ月後には七割程度が無職となっている。

二〇一〇年代では、嘱託・契約・派遣社員で出産三ヶ月後に無職である割合が六割を切っており、残りの大半は同じ嘱託・契約・派遣社員として就業中または育児休業中となっている。とはいえ、妊娠判明時に正規雇用であった人と比較すると、無職になっている比率は遙かに高い。また、出産一年後、三年後には、嘱託・契約・派遣社員からパートに変わっている場合も多く、正社員となる人はほとんどいない。パートの場合は出産後を挟んで無職になる割合がさらに高く、出産三ヶ月後には八割に達する。育児休業中は一割程度に過ぎない。その後、一年後、三年後と、育児休業から復帰、あるいはパートとして復職する人は増えていくが、正社員となるのはごくわずかである。

このように見てくると、二〇一〇年以降、妊娠判明時に正規雇用されていれば、就業を継続できる人が多数派になっているのに対し、非正規雇用、特にパートの場合は、なお継続は難しいということがうかがえる。嘱託・契約・派遣の場合は、パートと比べると継続の割合が高いが、正社員とは格差がある。

正社員の母親の就業継続可能性の増大と格差の拡大

先行研究に対して、どのような知見を付け加えることができただろうか。

二〇〇〇年代以降、正社員の就業継続の可能性が高まったとするデータがある一方で、初職で正規雇用の職に就いて育児休業を取得しても過半数がその後離職していた可能性を示唆する先行研究（三具 2015）もあった。

そこで、本節で二〇一〇年以降に第一子を出産した女性の出産後三年までの就業状況の移行を分析した結果、次のことが明らかになった。

妊娠判明時に正規雇用であった女性たちは、出産を経ても七割が就業を継続しており、三年後を見ても、パートに移行する人たちは一部いるものの、過半数は正社員・正規職員としての就業を継続している。正規雇用の場合の継続率の上昇は、出生動向基本調査からうかがえたが、本節の分析では、三年後まで見ても就業が継続されていることが明らかになった。このことは、初職での雇用形態以上に、妊娠時の雇用形態が就業継続に重要であることをうかがわせる知見である。ただし、筆者が共同で行ったインタビュー調査で個々の女性の出産後のキャリアを丁寧に見ていくと、正規雇用で育児休業取得が可能であった場合でも、その後、納得のいくキャリアを続けるためには、いくつもの条件があることがうかがえた（前田・中里 2022）。それは、子育てをしながら働くことをネガティブに捉えない職場環境、復帰に際して保育所に入所できること、さらに夫が家事育児の責任をともに担う状況、それらを実現するための夫への働きかけを含む本人の強い意志と行動などが、すべてそろうことである。

本節で見てきたような、出産前後の女性の就業をめぐる状況の変化が今後どのように進むかは、育児休業の取得を含む男性の働き方と家事・育児への関わり方と密接に関連すると考えられる。次に、男性側の育児休業取得を量的データから捉えていくが、まず、父親の育児休業に関する研究の知見を整理しておこう。

2　父親の育児休業に関する先行研究

育児休業を取得しない原因

日本において育児休業を取得する父親の少なさを反映して、父親の育児休業取得に関する多くの実証研究は、取得できない理由についての分析が中心になっている。

「21世紀出生児縦断調査（平成22年出生児）」（厚生労働省 2012）によれば、調査対象となった二〇一〇年に生まれた子ども三万八五五四人の父親のうち、「育児休業を取得済み・取得中・取得予定」であるのは二・〇パーセントに過ぎず、「制度はあるが取得しない」が四五・二パーセント、「制度がない」が二〇・五パーセント、「制度があるかどうかわからない」が二一・八パーセントと答えている。父親が育児休業を取得しない理由としてあげたものの最上位が「職場に制度がない」であるという調査結果もある（森田2008）。育児・介護休業法の規定により、二〇一〇年の改正法以降は妻の就業状況にかかわらず、父親である労働者が育児休業の取得を希望した場合、原則として事業主は断ることはできない。それ以前でも妻の産後八週の期間については、同様であった。したがって四割ほどの父親は自分自身の権利について認識していないことが、父親の育児休業取得の大きな障害になっていることがうかがえる。同様の理由は、他の研究でも見られた（佐藤・武石2004; 松田2012; 森田2008）。

このほかに、これまでの研究で父親が育児休業を取得しない原因・理由として指摘されているのは、以下のようなものである（佐藤・武石2004; 松田2012; 森田2008; 齋藤2020）。

経済的な理由は、特に家計への影響への不安と関連している。これは、父親と母親の賃金格差が大きいことや、休業給付が十分でないことなどで説明できる（松田2012）。父親の育休取得を阻む職場要因としては、①職場の雰囲気、②同僚の仕事量を増やすことへの不安、③自身のキャリアへの影響への不安の三つに分類される（佐藤・武石2004; 森田2008; 齋藤2020）。

なお、「21世紀出生児縦断調査（平成22年出生児）」（厚生労働省2012）で「制度はあるが取得しなかった」父親の二割ほどがあげた理由として、「妻が育児休業をとっている」というものがある。母親が育休を取ったからといって、必ずしも父親が育休を取れないわけではない。また、二〇一〇年まで同時取得が難しかったとしても、妻が職場復帰し、夫が休業を取る（あるいは同時に取得する）という選択肢もありうる。これ自体が、ジェンダー化された育児観の反映だといえる。育児は母親の役割であるという認識は、別の研究でも多くの父親が選んだ理由である（森田 2008）。

育児休業を取得した男性たち

すでに述べように、日本における父親の育児休業の研究は取得しない理由・原因の分析が中心になることが多いが、取得した父親を対象にした研究も少ないながら存在している。育児休業を取得した男性を対象にした研究からは、上記の取得できない理由とは逆に、取得を可能にした、あるいは促した要因を知ることができる。

動機としては、夫婦共稼ぎの場合、妻の職場復帰をサポートするために取得していること（藤野 2006）があげられている。さらに、より近年の調査からは、企業の育休取得推進施策があったこと、企業内外のワーク・ライフ・バランスや父親の育児に関する講習を受けたこと、NPOやサークルなどで知り合ったイクメンのロールモデルがいること、など、社会全体での関心の高まりの影響を感じさせる理由も語られている（石井クンツほか 2016: 103）。

取得できない理由としてあげられてきた家計への影響に関しては、共稼ぎであることから、休業による家計所得低下による経済的不安は少ないこと（藤野 2006）や、休業中に収入が低下することを予想して貯蓄などの準備を計画的にする（武石 2011）などによって、対応できていた。

また、代替要員や在宅ワーク、職場においてメンバー間で情報の共有が進んでいるなど職場に工夫が見られることや、上司の理解ある態度など、職場の恵まれた条件も、父親が育児休業を取得することを可能にする要因としてあげられている（森田 2011; 武石 2011; 石井クンツほか 2016）。

一方で、職場環境以上に、本人の強い意志や覚悟が重要な要素であるという指摘もある（森田 2011; 武石 2011）。

さらに、育児休業を取得した父親に関する研究からは、父親自身や家族関係、職場への影響などが明らかになっている（藤野 2006; 森田 2011; 石井クンツほか 2016）。これらの研究によれば、父親たちは育児休業中の経験について肯定的な見解を示している。働く母親の苦労を知り、仕事観や人生観、性別役割分担の変化を経験し、限られた時間の中で効果的な働き方（残業を避け、育児や家事に専念する）を身につけることができたという。中には、職場以外の社会とのつながりを深めた人もいた。

ここからは、このような事例調査で示された父親の育児休業取得を可能にする条件および取得の意義を、サンプリング調査に基づいて検証する。事例調査は、育児休業を取得した人のみを対象としてその特徴を捉えるということになるが、大規模なサンプル調査を用いることで、育児休業を取得した父親と取得していない父親、さらに取得した父親の中でもその期間による違いに注目することで、長期に育児休業を取得した父親の特徴をより明確に浮かび上がらせることが可能になる。

3　父親の育児休業取得の現状――取得期間別の特徴に注目して

日本における父親の育児休業取得状況については、「雇用均等基本調査」によって毎年把握されているが、そこで得られる情報は、取得率、取得期間についてのマクロな指標であり、取得者や配偶者の属性・状況・意識などとの関連といった、ミクロレベルの分析はなされていない。そこで、ここからはこのような分析が可能な二つの調査を用いて、以下のような課題を設定する。すなわち、日本における父親の育児休業取得の実態を把握したうえで、取得期間別に取得者達（特に長期取得者）の特徴を明らかにすることで取得を可能にする条件と取得の意義について考察する。

そのために、独立行政法人労働政策研究・研修機構（ＪＩＬＰＴ）のプロジェクト研究の中で実施した二つの調査、①企業の人材活用と男女正社員の働き方に関する調査（二〇一六年）、②職業キャリアと生活に関する調査（二〇一五年）の両方（労働政策研究・研修機構 2017）を用いて分析と考察を進めていく。日本における父親の育児休業の取得率は極めて低いため、一般的な調査サンプルの中で該当する数は非常に少ないと考えられる。したがって少数の事例による誤った一般化を避けるために、複数の調査の結果の差異も確認しながら考察していく必要があると考えるからである。

以下では、各調査ごとに、父親の育児休業取得の有無および期間の実態と、取得者の個人・家族・職場という諸側面から見た特徴、さらには父親の育児休業取得が妻のキャリアに与える影響について、主にクロス集計や基本統計量の比較などを用いて明らかにしていく。

4 「企業の人材活用と男女正社員の働き方に関する調査」から

父親の育児休業取得の状況

この調査において、育児休業の取得期間に関する問いは、「現在の会社で育児休業を取得した期間は通算で何ヶ月ですか」という形になっており、一人一人の子どもについての情報ではなく、すべての子どもに対する育児休業取得期間の合計の情報のみが得られる。また、この問いでは、一ヶ月未満の取得は○ヶ月という選択肢を選ぶことになっているため、現在の会社での育児休業制度の利用の有無を尋ねた問いと組み合わせて、期間をカテゴリー化し、「取得していない」から「二五ヶ月以上」の八区分からなる変数を作成した。男女別の合計取得期間は表3－1のようになっている。なお、育児休業取得可能性がない人を分母から除外するために、対象を現在の会社に就職してから末子（一人っ子を含む）が生まれた人に限定した。

表３－１　男女別育児休業合計取得期間

現在の会社での育児休業取得期間の合計月数	男性	女性
取得していない	1,153 93.4%	33 7.2%
1ヶ月未満	68 5.5%	8 1.7%
1-3ヶ月	2 0.2%	15 3.3%
4-6ヶ月	4 0.3%	35 7.6%
7-12ヶ月	6 0.5%	151 32.9%
12-18ヶ月	0 0%	81 17.7%
19-24ヶ月	2 0.2%	84 18.3%
25ヶ月以上	0 0%	52 11.3%
計	1,235 100%	459 100%

注）末子の誕生年が現在の会社への就職年と同じか早い対象者のみ

女性は大半が育児休業を取得しているのに対し、男性では七パーセント弱に過ぎない。そのうち一ヶ月未満の取得者が大半を占めるが、合計一ヶ月以上取得した人も一四人いる。

取得の諸要因

ここから、対象を男性に絞り、育児休業合計取得期間別の特徴を比較していく。まず子どもの誕生時やそれ以前の状況を比較することで、取得を可能にしたあるいは促した要因を探り、その後、現在の状況を比較することで、その意義を探ることにしたい。その際、少数である一ヶ月以上の取得者をさらに細分化することは、このカテゴリーの特徴を見えづらくしてしまうため、彼らを一つのカテゴリーにまとめている。

まず取得前に職場に育児休業取得の先例があったかどうかで、取得しやすさが異なるかどうかを確認していく。

女性の取得者がいた場合とそうでない場合では、違いはほとんどなかった。

職場での育休を取得した男性の先例について、そのような人がいたと回答した人の方が、長期育休を取得している割合が多い（表3－2）。ただし、会社に育児休業を取得した男性がいたケース自体が七〇人と少ないため、割合の解釈は慎重にする必要があるだろう。

次に、先行研究で貯蓄とキャリアの安定が長期の取得を可能にしたことがうかがわれたことから、第一子出生時の父親の年齢と育児休業取得期間との関連を確認しておきたい。取得期間別に、年齢の最小値、平均値、最大値を比較する（表3－3）。

表3－2　現在の会社に入社当時の育児休業取得者（男性）の有無と父親の育児休業取得

取得期間	育児休業取得男性社員の有無 いなかった	いた
取得していない	1,032 93.4%	65 92.9%
1ヶ月未満	61 5.5%	3 4.3%
1ヶ月以上	12 1.1%	2 2.9%
計	1,105 100%	70 100%

表3－3　第一子出生時の父親本人の年齢と育児休業取得

取得期間	N	最小値	平均値	最大値
取得していない	1,357	17	31.1	52
1ヶ月未満	76	21	32.2	51
1ヶ月以上	14	24	33.4	45

特に長期取得者ほど第一子出生時の年齢は高いことがうかがえる。ただし、調査時点での年齢より遅い第一子出生は把握されないため、若い世代ほど最大値が低くなっていることに注意が必要である。取得なしには年齢の高い層に偏りがあるため、第一子出生年齢の平均も高めになる。したがって、最小値に注目する方がこの偏りを排除できる。

父親の育休取得と配偶者のキャリア

ここでは、父親の育児休業取得の意義の一つの側面として、配偶者のキャリアへの影響を確認したい。逆の因果関係の可能性は否定できないが、調査時点での就業形態を聞いているため、出産後ある程度の期間が経った時点での父親の育休取得期間別の状況を確認することができる。キャリアの指標として、配偶者の現在の就業形態と年収に注目する。

長期取得者でも、妻の現在の就業形態は様々であるが、取得なしや短期取得者と比較して、「現在は働いていない」（専業主婦）の比率が小さく、正社員の比率は大きい（表3－4）。

表3－5からは、父親の取得期間が長くなるほど、配偶者の年収の平均は高くなっていることがわかる。

表３－４　父親の育児休業期間と配偶者の現在の就業状態

育児休業取得時間	正社員・正規職員（同じ会社）	正社員・正規職員（別の会社や団体）	契約社員・嘱託社員	パート・アルバイト	派遣社員	自営・自由業・家族従業員	その他	現在は働いていない	計
取得していない	89	207	56	367	18	22	2	369	1130
	7.9%	18.3%	5.0%	32.5%	1.6%	2.0%	0.2%	32.7%	100%
１ヶ月未満	8	14	2	20	0	2	0	21	67
	11.9%	20.9%	3.0%	29.9%	0%	3.0%	0%	31.3%	100%
１ヶ月以上	1	4	0	5	0	0	0	4	14
	7.1%	28.6%	0%	35.7%	0%	0%	0%	28.6%	100%
計	98	225	58	392	18	24	2	394	1211
	8.1%	18.6%	4.8%	32.4%	1.5%	2.0%	0.2%	32.5%	100%

表３－５　父親の育児休業取得期間と配偶者の現在の年収

取得期間	ケース数	年収ポイントの平均＊
取得していない	1,096	2.92
１ヶ月未満	66	3.32
１ヶ月以上	13	3.85

＊年収なしを1、100万未満を2、100万円台を3、200万円台を4、以下同様にカテゴリーが上がるごとに１ずつ、最大1500から1800万円台の17までポイントがあがる場合の平均値

5 「職業キャリアと生活に関する調査」から

つづいて「職業キャリアと生活に関する調査」から、「企業の人材活用と男女正社員の働き方に関する調査」の場合と同様に、育児休業を取得した父親の特徴と、取得の意義について確認していきたい。

父親の育児休業取得の状況

この調査では、育児休業に関する情報は第一子について最も詳細に尋ねているが、第一子で育児休業を取得した父親が八人しかいないため、その父親の子どもの中での育児休業の最大取得期間に関して、次の四区分からなる変数を作成した。

0：取得していない
1：5日未満
2：5日から1ヶ月未満
3：1ヶ月以上

また取得していない父親と比較するうえで、対象を取得可能性のあるケースに限定しつつ最大限にサンプルを活用するために、第一子が育児休業法施行前を含む一九八七年以降に生まれたケースを対象とした。第一子が一九八七年に生まれた場合、第二子が五年後に生まれれば育児休業法の施行時期以降になるため対象にすることが可能と考えた。

前節で見た「企業の人材活用と男女正社員の働き方に関する調査」の結果と比較して女性の取得率が低いのは、先の結果が正社員対象の調査を用いたものであるうえに、さらに対象を現在の会社に就職してから末子（一人っ子を含む）が生まれた人に限定していたのに対して、こちらの調査は就業していない人、すなわち出産時に退職した人などを含んでいるからである。

男性の取得率はやはり低く、また取得者の大半は期間が五日未満であり、一ヶ月以上取得した男性は一パーセント程度にあたる八人に過ぎない（表3－6）。

取得の要因

ここから、対象を男性に絞り、育児休業合計取得期間別の特徴を比較していく。まず第一子の出生時の状況を比較すること

表3－6　男女別育児休業取得の最大期間

育休取得最大期間	男性	女性
取得していない	673	320
	93.7%	61.3%
5日未満	29	2
	4.0%	0.4%
5日から1ヶ月未満	8	9
	1.1%	1.7%
1ヶ月以上	8	191
	1.1%	36.6%
計	718	522
	100%	100%

注）第1子が1987年以降に生まれたケースが対象

で、取得を可能にしたあるいは促した要因を探り、その後、現在の状況を比較することで、その意義を考察することにしたい。

まず初めに、第一子出生時の妻の就業形態と父親の育児休業取得の有無及び期間との関連に注目する。

表3－7からは、取得していない割合にはほぼ差がないものの、取得期間に違いがあることがうかがえる。妻が就業している場合に、一ヶ月以上の取得の可能性が高くなるが、妻が就業していない場合は、五日未満の取得率が高い。ただし一ヶ月以上の事例に注目すると、第一子出生時点で妻が就業していないケース（すなわち少なくとも新卒後フルタイム継続のキャリアではない）であっても、父親が育児休業を一ヶ月以上取得している事例はある（二ケース）、ということも分かる。

つぎに、先の調査と同様、貯蓄とキャリアの安定と長期育児休業取得の関連を確認するために、第一子出生時の父親の年齢と育児休業取得期間との関連を確認する。ここでも取得期間別に、年齢の最小値、平均値、最大値を比較する（表3－8）。

一ヶ月以上取得した父親は第一子出生時の年齢の最小値が高い、ということがうかがえる。最大値や平均値については、上

表3－7　第一子出生時の配偶者の就業形態と父親の育児休業取得

育休取得最大期間	配偶者の就業形態		
	常勤・フルタイム	非常勤・パートタイム	仕事はしていない
取得していない	189 94%	43 93.5%	435 93.6%
5日未満	5 2.5%	1 2.2%	23 5.0%
5日から1ヶ月未満	2 1.0%	1 2.2%	5 1.1%
1ヶ月以上	5 2.5%	1 2.2%	2 0.4%
計	201 100%	46 100%	465 100%

の世代が多く含まれると必然的に上がることになるので、育休取得の可能性の世代差（上の世代ほど取得可能性が低い）を反映している可能性があるため、最小値に注目した。

では、職場の状況はどのような影響をおよぼしているだろうか。

「企業の人材活用と男女正社員の働き方に関する調査」の結果からは明確でなかったが、ここでは女性取得者の有無が父親の育児休業取得に影響を与えていることがうかがえる（表3－9）。

表3－10から男性取得者の有無の影響を確認しよう。男性取得者がいたことは、短期の取得可能性を高めているが、長期取得には結びついていない。短期は、先例があったらとりやすいが、長期は先例がない場合にパイオ

表3－8　第一子出生時の父親の年齢と父親の育児休業取得

取得期間	第一子出生時の父親本人の年齢			
	N	最小値	平均値	最大値
取得していない	670	17.4	30.3	50.6
5日未満	29	21.7	29.0	38.0
5日から1ヶ月未満	8	18.1	27.9	34.5
1ヶ月以上	8	25.3	30.3	38.3

表3－9　初職の会社入社当時の育休取得者（女性）の有無と父親の育休取得

育休取得最大期間	育児休業を取得した女性の有無	
	いなかった	いた
取得していない	159 97%	82 85.4%
5日未満	3 1.8%	9 9.4%
5日から1ヶ月未満	0 0%	3 3.1%
1ヶ月以上	2 1.2%	2 2.1%
計	164 100%	96 100%

ニア精神によって取得する場合があるという、インタビューの知見（本書第4章）と重なる状況を示している可能性はある。ただ、本調査では初職の会社への入社当時に男性の育児休業取得者がいたケースがごく少数である上に、前節の調査では男性取得者がいたことが長期取得と結びついているので、ここでの結果の一般化は難しいだろう。

つぎに、より取得可能性の高い配偶者出産休暇取得との関連をみてみよう（表3－11）。

表3－10　初職の会社入社当時の育休取得者（男性）の有無と父親の育休取得

育休取得最大期間	育児休業を取得した男性の有無 いなかった	いた
取得していない	237 93.7%	4 57.1%
5日未満	10 4.0%	2 28.6%
5日から1ヶ月未満	2 0.8%	1 14.3%
1ヶ月以上	4 1.6%	0 0%
計	253 100%	7 100%

表3－11　初職の会社入社当時の配偶者出産休暇取得者（男性）の有無と父親の育休取得

育休取得最大期間	配偶者出産休暇を取得した男性の有無 いなかった	いた
取得していない	217 93.1%	24 88.9%
5日未満	10 4.3%	2 7.4%
5日から1ヶ月未満	3 1.3%	0 0%
1ヶ月以上	3 1.3%	1 3.7%
計	233 100%	27 100%

配偶者出産休暇の取得があった場合は、男性の育児休業取得率が高い。男性の子育て参加を奨励する職場の空気を反映していると考えられるだろう。

取得の意義

ここで、父親の育児休業取得の意義の二つの側面として、配偶者のキャリアへの影響と父親本人の働き方への影響を確認したい。そのために、父親の育児休業取得期間別に、配偶者の現在の就業形態と本人の週あたり就業時間を比較する（表3－12）。該当者が少ないため比率の解釈には注意が必要だが、一ヶ月以上の取得者では、すべてのケースで配偶者が就業している。特にフルタイム勤務の割合が高い。

では、父親本人の現在の働き方にはどのような違いがあるだろうか。

極端に短いものと長いものの影響を除くため中間値をとると（表3－13）、一ヶ月以上取得した人は就業時間が短いことがうかがえる。より詳しく見るために、週あたり就業時間の分布を比較すると（図3－2）、一ヶ月以上の育児休業取得者で、一件だ

表3－12　父親の育休取得と配偶者の現在の就業状態

育休取得最大期間	配偶者の就業形態 常勤・フルタイム	非常勤・パートタイム	仕事はしていない	計
取得していない	186	251	191	628
	29.6%	40.0%	30.4%	100%
5日未満	3	18	7	28
	10.7%	64.3%	25.0%	100%
5日から1ヶ月未満	3	2	3	8
	37.5%	25.0%	37.5%	100%
1ヶ月以上	5	3	0	8
	62.5%	37.5%	0%	100%
計	197	274	201	672
	29.3%	40.8%	29.9%	100%

け週の就業時間が七〇時間以上八〇時間未満のケースがあるものの、それ以外は五〇時間までに収まっており、育児休業を取得していない父親たちや、より短期に取得した父親たちと比較して、労働時間の短い人の割合が高いことがうかがえる。

表３－13　父親の育休取得とこの半年の１週間の平均就業時間

取得期間	ケース数	中間値（時間）
取得していない	648	48
５日未満	28	47
５日から１ヶ月未満	8	49
１ヶ月以上	8	45.5
全体	692	48

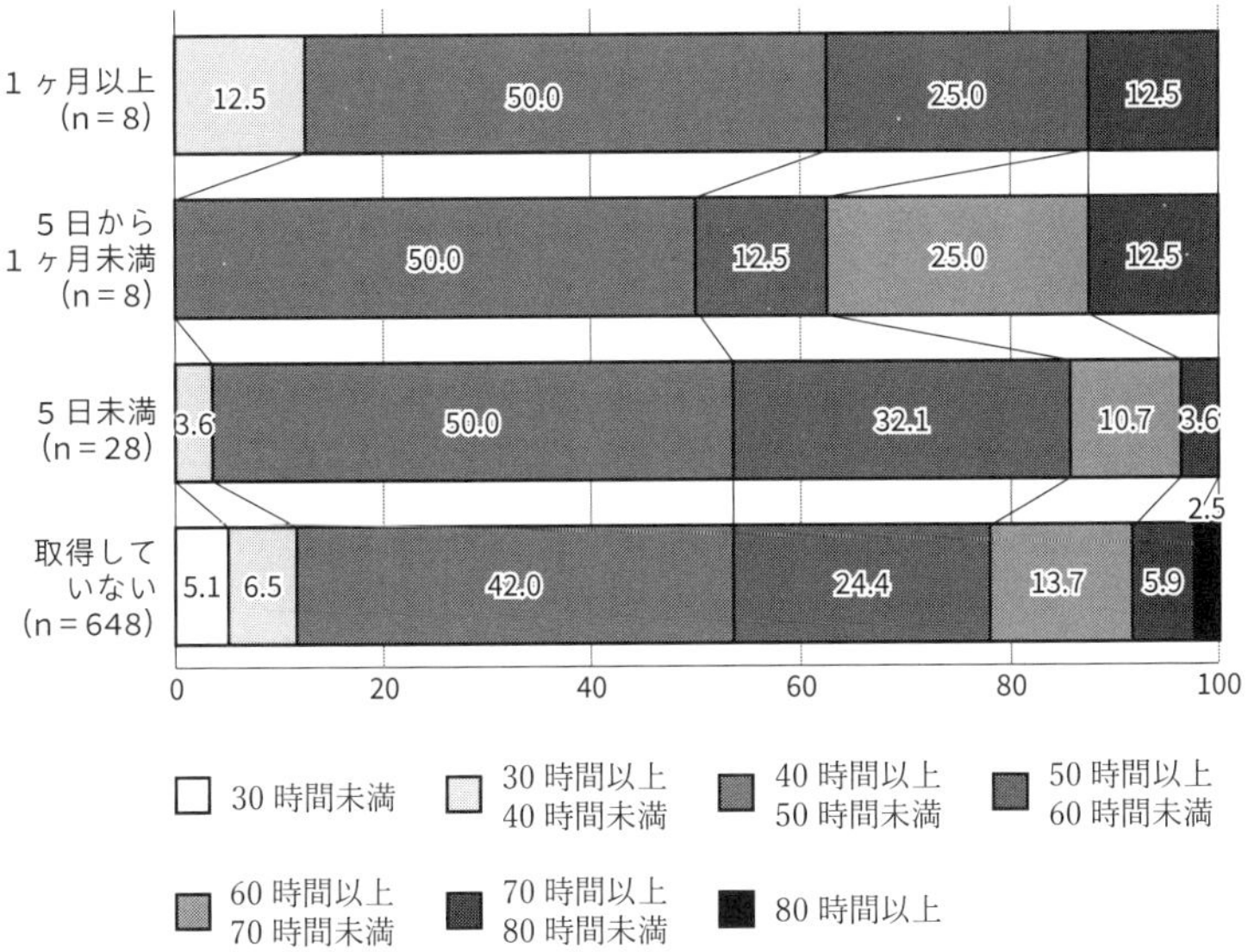

図３－２　育児休業の最大取得期間別、この半年の１週間の平均就業時間の分布

6 父親の育児休業取得の要因と意義

本章後半では、「企業の人材活用と男女正社員の働き方に関する調査」と「職業キャリアと生活に関する調査」の二つの調査を用いて、日本における父親の育児休業取得の有無および期間の実態と、取得者の個人・家族・職場という諸側面から見た特徴、さらには父親の育児休業取得の意義を考察するための比較を行ってきた。そもそも、このような大規模サンプルにおいても、一ヶ月以上の長期にわたって育児休業を取得した父親の事例はごく少数しか確認することができず、分析の制約を生んでいることには注意が必要である。このこと自体が日本における父親の育児休業取得の課題を浮き彫りにしている、ともいえるだろう。このような制約のもとではあるが、育児休業取得の有無やその期間ごとに父親の比較をすることで、長期取得者、短期取得者の特徴をある程度抽出することができたところに、この分析の意義がある。その特徴を、育児休業取得の要因と意義という点から整理すると以下のようになる。

・男性の長期育児休業取得者の配偶者の働き方は多様であり、第一子出生時に妻が働いていなかったケースでも、父親が長期に育児休業を取得する場合があることがわかった。一方で、平均的には配偶者がフルタイムで働いていた方が、長期の育児休業取得の可能性が高まることも示された。

・育児休業を長期に取得する場合に第一子の出生時の父親本人の年齢が高いことから、長期の育児休業取得は、キャリアをある程度築き、また経済的に安定した段階になるまで難しいことがうかがえる。

・職場の子育て支援環境や実績は、父親の育児休業取得に影響を及ぼしているが、短期の取得と長期の取得では影響の仕方が異なることもうかがえる。ただし、先例の存在が長期の可能性を高めるか短期の可能性を高めるかについては二つの調査で結果が異なっているので、今後さらなる検証が必要である。

・父親の長期の育児休業取得は、父親の就業時間を短くし、その後の妻の就業可能性、特にフルタイム就業の可能性を高める。

長期に育児休業を取得した父親は、どちらの調査においても非常に少数のケースではあるため、その他の父親との比較には注意が必要であるが、二つの調査結果の整合性から、上記の四点は一定の妥当性を持つといえるだろう。現段階では、父親の長期の育児休業取得は非常に稀であるが、それが女性のフルタイム就業の可能性を高めたり、父親本人の働き方の変化をもたらしたりする可能性が示されたことは、重要である。これまでは、妻の就業継続上の必要性や、父親自身の強い意志、取得による減収や取得によるマイナス評価に耐えうるキャリアや経済基盤など、様々な条件を満たした少数の父親でなければ長期の育児休業を取得しにくかった。このことは本章で取り上げた調査結果からもうかがえるが、一方で、職場での育児休業取得の先例を増やしたり、両立に対する支援を高めたりしていくことが、長期の育児休業取得に結びつく可能性も示唆された。

第4章 ひとりで育休を取った日本の父親たち

――インタビュー調査から

本章では、父親が育児休業を取得すること自体が難しい日本社会のなかで、育児休業を単独で長期に取得した父親へのインタビューをもとに、そのような取得を可能にした要因、その生きられた経験を検討する。また、これらの経験が父親の仕事と家庭生活、さらには妻のキャリアにどのような影響を及ぼすかを探っていく。

1　日本の父親の育休取得状況の変化

一九九二年、育児休業法の施行によって導入された育児休業制度は、母親であるか父親であるかを問わず休業を与えるという点で、男女に中立的な制度として設計された。それにもかかわらず、また、少なくとも部分的には父親の育児休業取得を増やすことを目的としたその後の改正にもかかわらず、二〇一五年の調査まで、前年に配偶者が出産した男性社員全体のわずか二パーセント台しか実際に取得できていなかった（図4－1）。この取得率は多くのヨーロッパ諸国に比べてはるかに低いものの、二〇〇五年の〇・五パーセントから四－五倍に増えた。

実はこの間の二〇一〇年には、育児休業制度に重要な変化があった。新しい制度では、配偶者が働いていない場合や休業中であっても働く親は休業を取り、給付金を受け取れるようになった。さらに両親がともに休業を取得した場合、本来子が一歳になるまでの育児休業を最大一歳二ヶ月まで取得できるようになった。その後も二〇一四年にそれぞれの親について開始後最初の六ヶ月間の休業給付が休業前賃金の六七パーセントに増額（その後は五〇パーセント）されるという、男性の取得の促進策も打たれている。

二〇一〇年代の後半以降には、父親の育児休業の取得率はさらに増加してきているが、まだ北欧やドイツなどと比較して非常に低い水準である。また、その少数の父親たちが取得した期間も母親と比較してはるかに短時間の場合が大半を占める（図4－2）。

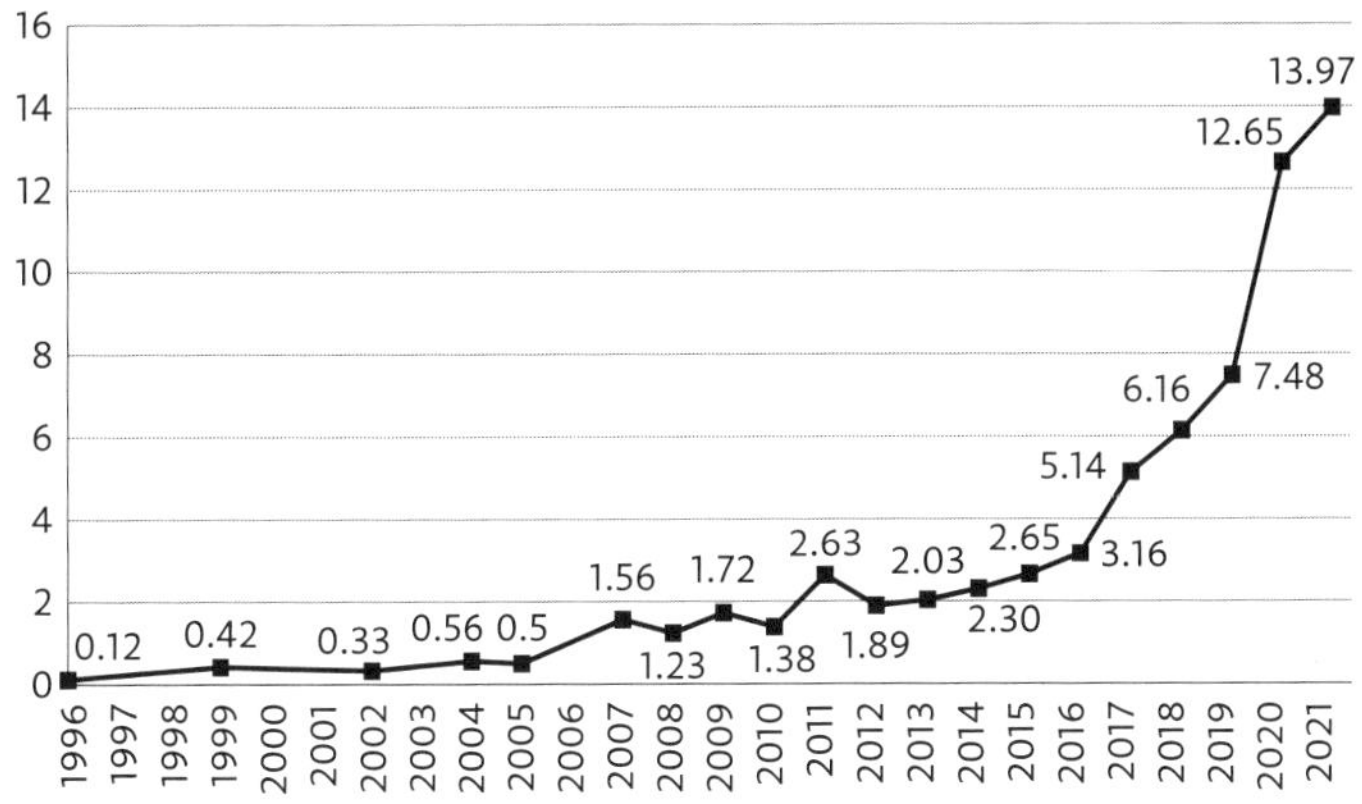

図４－１　男性の育児休業取得率の推移

注)取得率は、調査前１年以内に妻が出産した男性社員に占める休業取得者の割合を指す。
2011 年度は岩手県、宮城県、および福島県を除く全国の結果。
出典：令和３年度「雇用均等基本調査　事業所調査 結果概要」

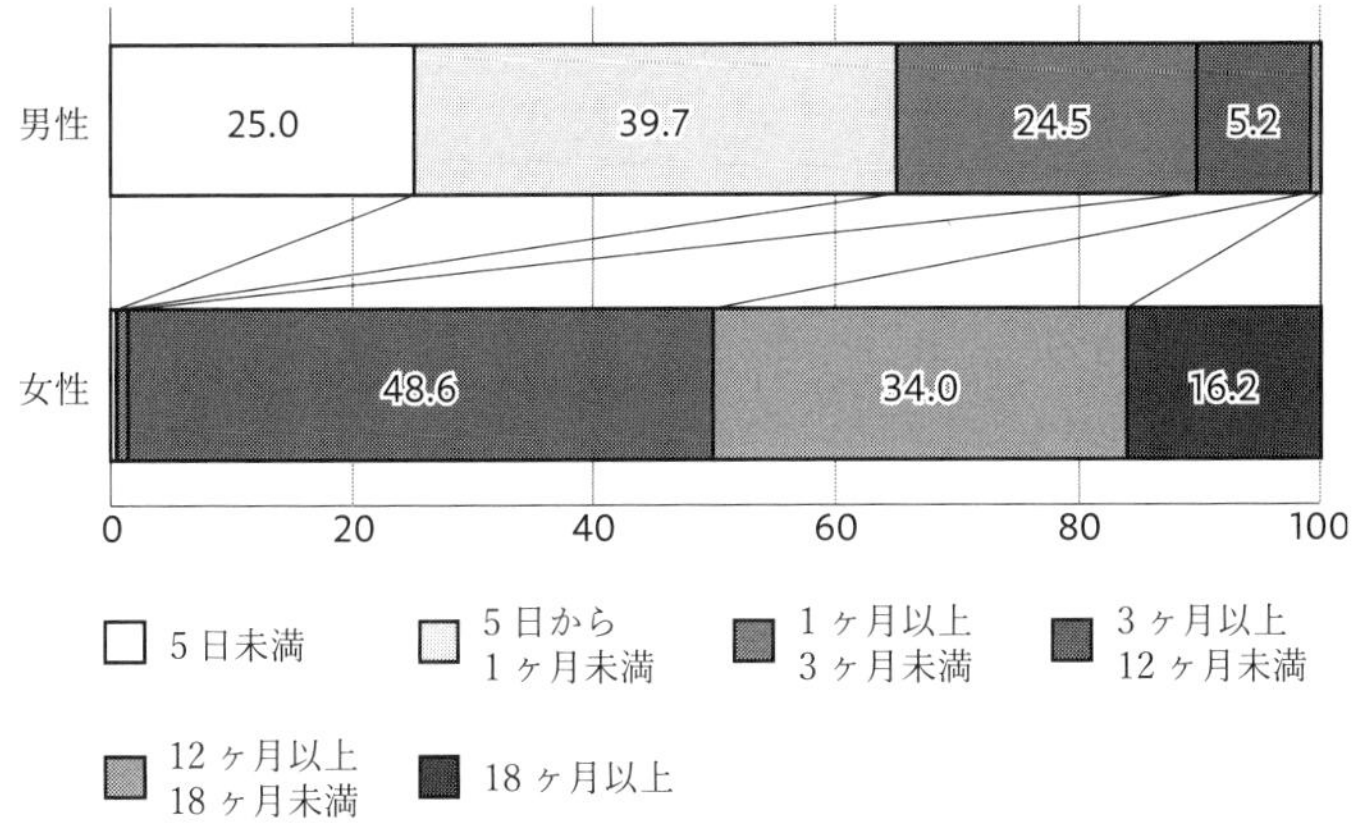

図４－２　男女別取得期間別育児休業後復職者割合（2021 年度調査）

注)「復職者」は調査前年度１年間に育児休業を終了し、復職した者をいう。
出典：令和３年度「雇用均等基本調査　事業所調査 結果概要」

2 父親の単独育休取得の分析枠組み

父親の単独育休の四つのプロファイル

本章の分析は、日本の父親の育児休業に関するこれまでの研究の知見との対比も意識しながら、インタビュー実施のきっかけとなった国際比較研究（O'Brien & Wall 2017）の理論的枠組みも踏まえている。同研究は、家族・子育て研究、ジェンダー研究、社会政策など、さまざまな領域からアプローチしている。ここでは特に、ウォール（Wall 2014）のポルトガル研究、およびそこから生じたプロファイルの類型との比較を行う。四つのプロファイルとは次のようなものだ。まず、パートナーと第三者の両方から強くサポートされる「支援される父親［ヘルパー］（supported profile）」。次に、育休取得前はお手伝い程度の関わりで子育ての責任は任せてもらえなかったが、単独休業中に自ら家事・育児を担うことで責任を持つようになった「殻を破った父親（fundamental break profile）」。そして、育休取得前にすでに家事や育児に日常的に関与し、お手伝いではなく家事の分担者であり、子育ての担い手としての父親であって、単独育児休業がその延長上にあった「革新と独立の父親（innovation and independence profile）」である。彼はその経験によって、自分だけですべてをこなす、自立した、子育ての完全な担い手（fully involved caregiver）となる。最後のプロファイルは、完全な担い手になることのジェンダー役割の見直しへの影響を、より意識している「イノベーションと脱構築の父親（innovation and deconstruction profile）」である。こうして、ウォールの研究では、父親が一人で育休を取得した場合の体験の多様性が明らかになっている。ポルトガルは、日本と同様、育児休業を取得する父親の割合が非常に低かったが、新しい育児休業政策の実施後、急速に取得者が増加した。日本の父親が育児休業を取得した場合にも、同じようなバリエーションがあるかどうかを確認することは意味のあることだろう。

主な研究課題

これまでの研究の多くは、少ない人数のケーススタディに基づいているため、その妥当性を検証するためには、追加的なケーススタディが必要である。また、森田（2011）や武石（2011）などの研究は、主に組織領域に焦点をあてており、家族領域についての言及は少ない。妻の状況についての記述が少なく、父親と妻や子どもとの関係についてもあまり触れられていない。

一方、本章で扱う調査が開始された後に実施された石井クンツらの調査（石井クンツほか 2016）には、少数ではあるが単独育児休業経験者も含まれており、問題関心も重なり、本章の知見と合わせて参照することができるだろう。

この調査を始めた時点での第一の研究課題は、育児休業の取得が非常に稀な日本において、父親が育児休業を取得する動機と決断がどのような特徴を持つか、ということであった。とりわけ、次の点について明らかにしたいと考えた。

・父親がどのようにして育児休業を取得することができたのか
・所得減少の不安はどのように回避できたのか
・育児は母親の役割という一般的な意識にどう対抗できたのか
・職場からの否定的な反応への不安にどう対処したのか
・同僚の負担増への心配は、どのように回避できたのか

第二の研究課題は、一人で育休を取得した父親の育休取得に対する意識、そして彼らによる育児休業の「生きられた経験」を把握する試みである。

第三の研究課題は、父親の育休取得が、夫婦のキャリア機会の平等な追求に寄与しているかどうかである。

あわせて、本章の調査は八年の違いのある二つの時期に行われており、対象者が子どもを持った時期や育児休業の取得時期が二〇〇〇年代、二〇一〇年代、二〇二〇年代という幅広い期間にわたっているので、その間の変化についても注目したい。

3　調査の概要と対象者

サンプリング基準および方法

本研究では、「単独育児休業中の父親プロジェクト」（O'Brien & Wall 2017）の基準に従って、単独育児休業を一ヶ月以上取得した父親を対象とした。一ヶ月以上の育児休業を取得した日本人の父親が少ないという統計から予想されるように、「(妻が働いている状態で）単独で休業を取得している」という条件を満たす父親を見つけるのは特に二〇一四年調査の時点では、非常に困難であり時間がかかった。対象者の一部は、筆者がさまざまな機会でこの条件に当てはまることを直接知っていた父親であった。さらに彼らや筆者および共同調査者の知人に、条件に合いそうな人を紹介してもらう雪だるま式サンプリングを採用した。育児休業を取得した父親の情報はさらに多くの人数について得たが、よく確認してみると、実際には期間が一ヶ月未満であったり、取得期間は長くても妻も専業主婦あるいは育児休業中で家にいる状況で取得していたりすることがわかるなど、対象となる条件を満たしていなかった。二〇一四年の二月から九月にかけて、条件を満たした六人の父親がインタビューに応じてくれたが、同じく条件を満たした一人の父親は、職場へ配慮から参加への協力が得られなかった。この六人に対してはいったん分析を行って研究成果をまとめたが（Nakazato 2017）、その後、父親の育児休業への注目がさらに高まり取得率自体も大きく上昇した二〇二二年の八月と一一月に、新たに六人（ただし一人は同時取得のみ）の父親に対してインタビューを行った（国際交流基金日本研究フェロー、甲南大学客員研究員［いずれも当時］ヴァレリー・アルヴェ［Valérie Harvey］氏と共同実施）。

筆者自身が直接実施するインタビューという時間の制限を考慮すると人数に限界がある中で、プロフィールの類似する父親だけのデータとなることを避けるため、対象者を探すルートをできるかぎり多様化した。表4－1は、インタビュー対象者とそのパートナーの休業時の状況を記述したものである。父親の学歴はL以外は大卒以上、母親の学歴は高卒から大学院までさまざまである。父親の勤務先・職業は、大手多国籍企業、中小IT企業、公的機関、小学校・高等学校、大学、薬局、医療機関、大企業の研究所などである。一～三人の子どもを持つが、二人以上いる場合、すべての子どもについて育児休業を取得しているとは限らない。複数の子どもについて取得しているのはD・H・J・Kの四人で、そのうちKは単独の育児休業期間があるのはひとりの子どもについてのみである。インタビュー時の年齢は三〇代から四〇代前半である。育児休業取得時は、二〇代の終わりから三〇代後半までにわたっている。なお、対象者のプロフィールやイベントのタイミング、語りの内容については匿名性を確保するために、知見に影響を与えない範囲で改変しているところがある。

夫婦間のキャリアと休業取得のパターンを視覚的に比較するために、夫婦ごとの仕事の状況と育休取得を表す図を作成した（図4－3）。

表4－1　インタビュー対象者の属性と育児休業等の取得状況

父親ID	出産直後の休暇（配偶者出産休暇など）			第1子休業期間（月）		第2子休業期間（月）		第3子休業期間（月）		育休時の居住地域	出生時本人職業			その後	本人学歴	妻学歴
	第1子	第2子	第3子	育児休業	単独育休	育児休業	単独育休	育児休業	単独育休		第1子	第2子	第3子			
A	2-3日（※）	0	－	8	5	0	0	－	－	関西	外資系メーカー	外資系メーカー		独立	大学	大学院
B	夏季休暇	7日以内（※）	－	8	7	0	0	－	－	関西	大学職員	大学職員		転職	大学	大学
C	?	－	－	4	4	0	0	－	－	関西	地方公務員	地方公務員		不明	大学	短大
D	3日（※）	?	－	3	3	3	3	－	－	関西	外資系メーカー	外資系メーカー		不明	大学	大学院
E	里帰り	?	－	0	0	6	1	－	－	関西	IT企業（中小）	IT企業（中小）		独立	大学	高校
F	?	?	－	10	10	0	0	－	－	四国	薬剤師（薬局）			転職	大学	大学
G	0	－	－	6*	0	－	－	－	－	関西	医療系			独立	大学	大学
H	2日（※）	－	－	6	4	10	4	－	－	関西	高校教員	高校教員		変更なし	大学院	大学
I	1ヶ月（○）	－	－	12	12	－	－	－	－	関西	国家公務員	国家公務員		変更なし	大学院	大学
J	11日（※と○）	13日（※と○）	13日（※と○）	11日	11日	7日	0	5ヶ月15日	5ヶ月15日	関西	メーカー研究職	メーカー研究職	メーカー研究職	変更なし	大学院	大学
K	0	2日（※）	育休中	0	0	12	12	1	0	中部	小学校教員	小学校教員	教育関係企業	変更なし	大学	大学
L	30日（※5日と○）	30日（※5日と○）		12	11	▲	▲	－	－	関西	地方公務員	地方公務員		変更なし	高校	高校

※：配偶者出産休暇等　　＊：半育休　　▲：希望しているが未定
○：年次有給休暇

インタビュー項目と方法

二〇一四年に実施した六人（AからF）の父親への半構造化インタビューは、筆者の大学の研究室または喫茶店で実施された。インタビューは二〜三時間で、ICレコーダーで録音し、また、並行してインタビュー中にメモをとった。また二〇二二年のインタビューはすべてオンラインで実施し、PCのアプリケーションまたはICレコーダーで録音し、やはり並行してインタビュー中にメモをとった。

主な質問項目は以下のようなものであった。

・インタビュー対象者と家族の

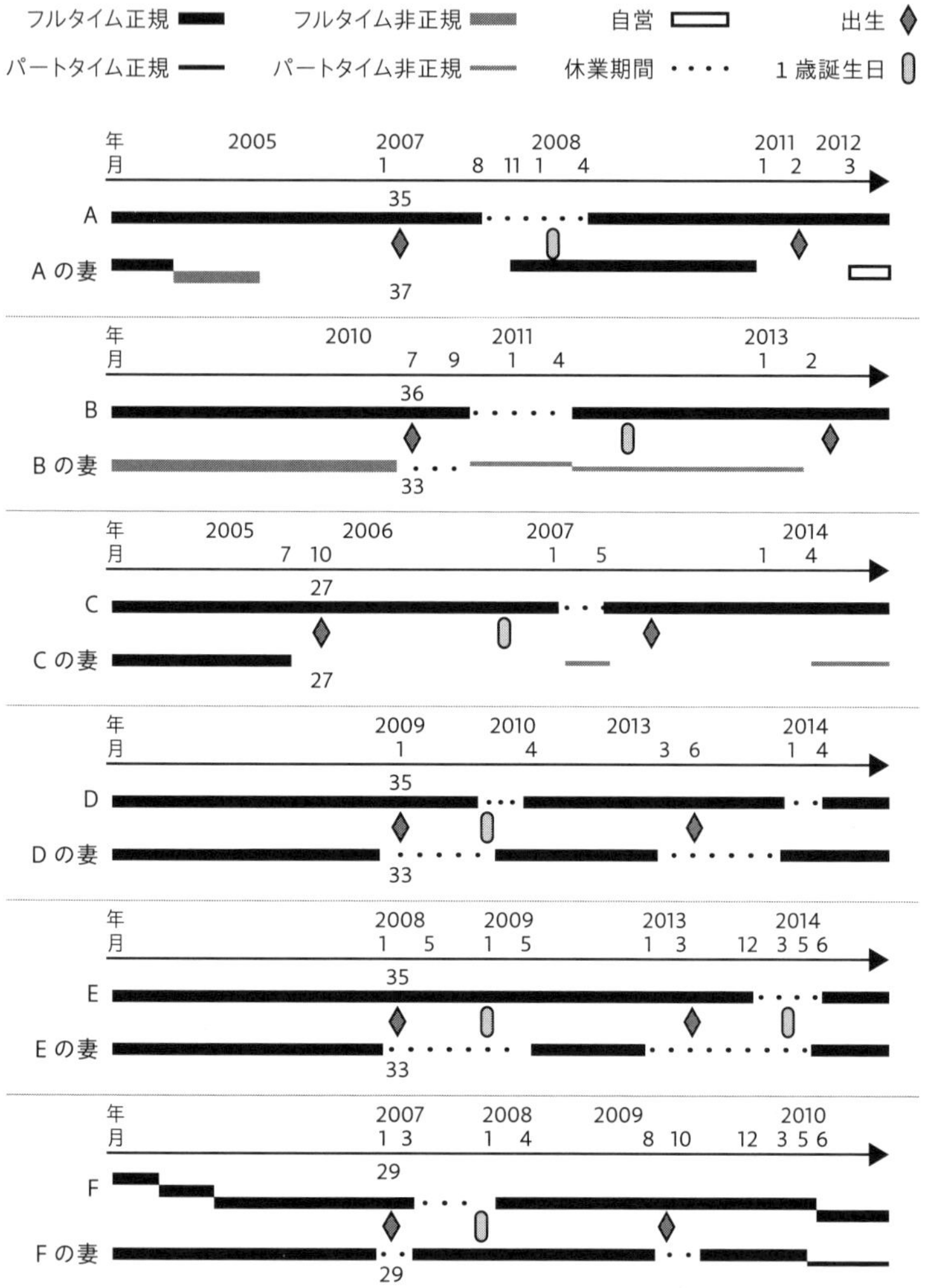

キャリアと休業のパターン

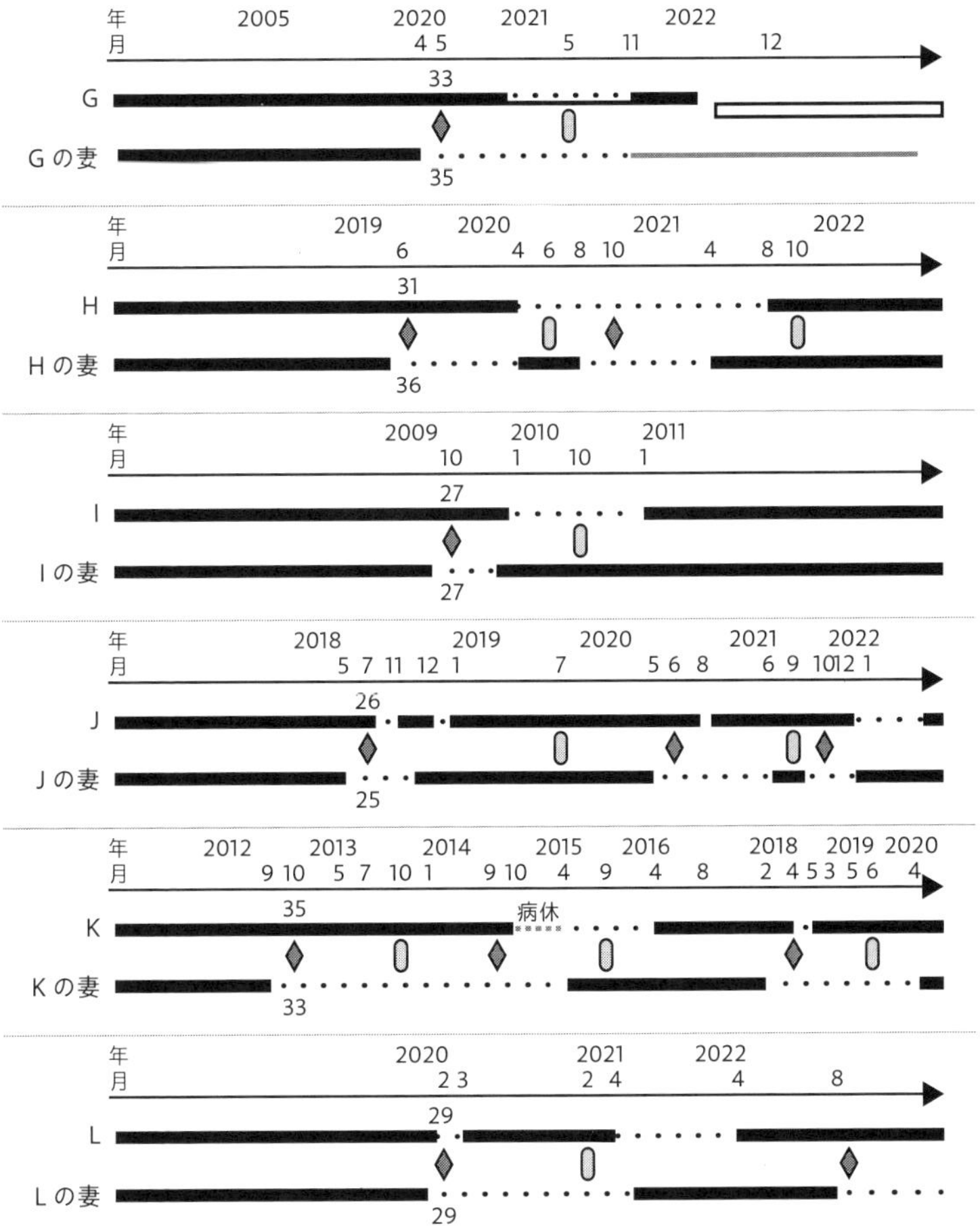

図4－3　調査対象者夫婦の

・プロフィール（職業、労働時間、通勤時間、結婚期間、家族の年齢を含む）
・父親と母親の育児休業のタイミングと期間
・育休取得を決意するまでのプロセス
・自分の育休取得に関する周囲の反応や意見
・出生直後の父親と母親の子育ての様子
・単独休業期間の子育て（良かったこと、悪かったこと、大変だったこと、その日の気分のマイナス、プラスなど）
・育休取得が生活の様々な領域（パートナーや子どもとの関係、仕事）に与える影響
・「保活」と復職
・現在の仕事と家庭生活の両立の状況
・父親と母親の違いに関する認識

文字起こししたテキストデータは、質的分析ソフトウェアであるNVivoに取り込み、コーディングを行った。コーディングの方法は、演繹的なものと帰納的なものを併用している。まず、リサーチクエスチョンと中心となる質問項目に基づいたコードを設定した。そのコードの下に、異なるタイプの回答を表すコードを作成した。例えば、ネガティブな感情に関するコードや孤立に関する子コードを設定し、ネガティブな感情にコーディングしたセグメントの文字起こしを読んだ後に、そこに表れた感情のカテゴリとして退屈やイライラなどのコードを追加した。また、同様の内容のコーディング漏れを避けるために、そのコードの内容に関わる単語を検索してコーディングを体系的に行う機能を用いて、目視での

コーディングの補助とした。

4　育休取得の理由

インタビューしたすべての父親が、育児休業を取得した理由を明確に説明することができた。第3章で見た先行研究では、父親が育児休業を取得する理由は、妻の育児休業や出産後の退職からの職場復帰をサポートするためであった（藤野 2006）。しかし、本研究のインタビュー調査を通じて、妻の仕事の状況は重要な要素であるが、父親自身が取得を望んだケースを含め、さらに多様な理由や背景があることが明らかになった。

本章で調査の対象となっている父親たちは、Gを除いて単独の育児休業期間があるが、すべての子どものすべての期間、単独であったわけではなく、妻の休業中に取得している期間がある。そうした期間を含め、取得理由を整理したのが表4－2である。理由は、大きく分けて、自分自身の希望と妻の仕事の都合の場合があるが、両方が重なっている場合もある。さらに妻の仕事の都合が理由の場合も、詳しくみていくと、いくつかのパターンがあることが分かる。

表４－２　ケース毎の取得理由

理由	A	B	C	D	E	F	G	H	I	J	K	L
自分の希望	○		○		○		○	○				○
前例がないから面白そう	○							○				
前例が少ないから経験が生かせるかも					○							
家族と一緒にいたい							○					
独立の準備の時間が欲しい							○					
自分ひとりで子と向き合いたい												○
父親の子育てについての関心	○		○					○				
仕事の行き詰まり					○							
周りの情報												○
職場でのアドバイス											○	
産後のサポートの必要性										○		
保育園に入れるのは早い								○				
妻の説得								○				
妻の提案					○			○	○	○		
妻の仕事の都合		○		○		○				○	○	
保育所等に預けられず		○				○						
早期に復職する必要がある		○				○						
自分から提案				○								
都合のいいタイミングを逃す				○								
休業が長くなりすぎる											○	
対等に子育てすることについて相談済み									○			
家計上得になる								○				
税金対策										○		
上の子と同様に										○		
家庭保育の推奨期間										○		

妻が専業主婦だった場合

対象の子どもの出生時に妻が専業主婦であったAとCの場合は、明確に自分が取得したいという理由で育児休業を取得している。

Aの妻は二〇〇七年に第一子を出産した際、(復職の見込みはあるものの)就業していなかったが、A自身が育休取得を提案した。第一子が生まれたあとに読んだ本で、「子どもにどれだけかけてあげるかが大切」というような記述があり、また男性で育児休業をとっている人はいなかったので、「まあ面白そうだなっていう興味本位で」取得したという。当時の育休制度では、配偶者が就業していない、あるいは育児休業等で在宅で子育てをしている従業員の育休取得を、雇用主が制限することができた。しかし、Aが勤めていた会社では、法定に上乗せした育休制度があり、妻が働いていなくても取得することが可能だった。妻が家にいるときに育休を開始したものの、妻が仕事を探し始め、Aが育休を開始した後に仕事が見つかったため、Aは五ヶ月間、一人で育休を取ることになった。

Cは育休を取得したいと考えていたが、妻が専業主婦だと取得できない制度であったため、短期の職を探してもらった。男性が取得できることは知っていたので、「他の父親はなんでとらないんだろう」と考えていたからだ。Eは一人目の子どものときは育休を取らなかった。二〇一〇年に第二子が生まれたとき、彼は職場の状況に満足できず、このまま働き続けるかどうか悩んでいた。「仕事どうしようかな、っていうところで、妻からじゃあ、それやったら育休とってみたら、という提案を受けて、やめるやめないとかいうような状態だったらそういうの申請してもいいんじゃないのと」と考えたという。しばらくは妻も休業していたが、妻が復職し、子どもが保育所に入るまでの一ヶ月間は単独での休業期間となった。Cの場合、二〇一〇年に制度が改正されたおかげで、妻が育休を取得している状態でも育休を取得することができたということになる。

自分の希望と妻の就業継続

次に、妻の就業継続を前提としているなかで自分自身の希望によって休業を取得した三つのケースを見てみよう。このうちGについては、子どもが一人で、その一人の子どもの出生後に六ヶ月、妻と同時の育休のみであり、かつ完全な休業ではなく週二日の勤務を継続している。取得を考えた理由は、休業を取らないと家族と一緒にいる時間がとれないと考えたこと（従って同時取得を希望）、あわせて、独立の準備をしたかったことがある。

これ以外のケースは単独での育休期間が含まれており、該当するのは、E、Lである。

Eは第二子の誕生当時、職場での仕事に行き詰まりを感じており、その先仕事をどうしようかと考えていた時期であった。それを知っていた妻が、育児休業の取得を提案した。Eは自身も「中小で男性で育休を取ることは少ないだろうなというのも若干思ったので、取っとくと何かいろいろ今後そういう経験がどこかで活かせるかもしれない」と考えて、取得を決めた。Eの場合は当初同時での休業取得期間が四ヶ月ほどあり、その後の一ヶ月単独で休業を取得している。ただし、その期間、保育所にすでに入所しており、子どもと終日過ごしたのは、子どもが体調を崩した一週間であった。

Lは周囲の人たちから子育ての大変さを聞く中で、自分がひとりで子どもと向き合ってみたいと考えるようになり、自ら妻に育休取得を提案している。

筆者：そもそもこういう形で取得されようっていうのは、どなたからの提案だったんですか？

L：私自身がまず、育休という制度を使いたい。使って、子どもと接する時間を持ちたいと思っておりました。なので、私から妻に相談しました。で、育休うんぬんかんぬんじゃなく子育てが一人で、あの、平日の昼間ですね、一人でできるかどうかっていうのもちょっと体験してみたかったっていう思いもありました。で、妻も一緒に育休取るのではなくて、入れ替わりで、育休を取得したところです。

筆者：最初から、その、取得したいと思った時から、最初から、ご自身が交代でっていうふうに、考えておられたっていうことですね？

L：あ、そうです。はい。おっしゃるとおりで。もうはじめから考えてました。

筆者：それは非常に珍しいというか、あの、日本では特に珍しい気がするんですけど。どういうふうなところから、そういう発想は出てきたんでしょうか？

L：えっと、子育てがすごい大変だっていうような、いろいろな周りからの情報を聞いてたんで。ま、一度。どうしても妻が隣にいると、頼ってしまう部分がちょっとどうしても出てくるかなと、思いまして。やっぱり一度、一人で子どもと向き合ってみて、その中で、育児の大変さだったりとか、経験できることを、吸収したいなと、思いまして。周りの意見だけではなくて自分でこう、感じたいなという思いがありまして。それはちょっと妻に頼らずにできるとこはしてみたいなという思いからです。

筆者：その周りというのは具体的にどういうところからっていうのは分かりますか？　その子育ての情

報っていうのは。
L：はい。周りといったら、ま、私の、もう本当に友達。なんで、同世代の、女性の友達なんです。平日の遅い時間だったりとか、土日育児してる中で、もっと接したいな、っていう思いです。

子どもと向き合いたいという思いは、友人からの情報に加えて、出産後に子育てに関わる中で、もっと子どもと接したいというところからも後押しされているようだ。

必要に迫られて――母親が産休のみで復帰、保育所は難しい

BとFは、妻が産休のみでの職場復帰を求められたために自身の育休取得の可能性を検討し始めたと説明した。Fは妻が医師としてフルタイムで働いていたが、人が足りていないため早期の復帰を求められ、産休のみで復職することが必要になった。一方、Bの妻は子どもが一歳の誕生日を迎える前に契約期間が終わる予定の有期雇用であり、育児休業を取得する権利はなかった。いずれの場合も、そのタイミングでは保育所の入所も難しいというところから、自らの育児休業の可能性を考え始めることになった。

筆者：さきほど奥様が二ヶ月で産休で戻ってきてほしいといわれたっていう話でしたけど、そのときすんなり、じゃあ代わりにとるっていう話になったのか、どちらからどういうふうに話が出てきて……。
F：さきほど言いましたように、A県は薬剤師がすごい少なかったので、最悪やめても次のところはある

し、今の薬局にいたところで、ある程度次のところに転職しても何とかやっていけるっていう感じがあったので、それなら一年、最悪、育休なんか取らさんて言われたら、もうやめて、休んで保育園探して、で行こうという形で。最悪、保育園も探していたんですが、なかなか保育園も空きがなくて、もうぜんぜんだめっていうような状態でした。

筆者：保育園の乳児保育を探して？

F：そうです。はい。その時は具体的にはA県のX市というところに住んでいたんですけども、そこの公立の保育園を探していたんですけれども、乳児保育枠が待ちが何十人とありまして、ちょっと入れんだろうという感じでしたので。一歳児になったら入れますよと言われたんで、まあもうしょうがないやって一年間ちょっとていう感じで、意外とすんなり。

筆者：その辺は自分が育休とれる可能性とか、そういうことを調べたり、制度について調べたり、保育園が空いてるかどうか調べたりというのはどなたがされてたんですか？

F：もう私ですね。もう家内は先程言いましたけどいっぱいいっぱいだったので。

筆者：それはどのぐらいの段階で、そういう決断というか、妊娠されてすぐにそういう……。

F：一応妊娠、実際はある程度安定しないとどうなるか分からないんですけど、安定期に入ったら、ちょっと一応探し出しました。六月ぐらいですかね。年度は替わって、はい、四月、五月ぐらいからまずインターネットから保育園がどこにあるか調べて。

筆者：二ヶ月で復帰されることを想定したときに解決策としては保育園をまず考えたんですか？

F：そうです。はい、保育園と、まあ、あとうちのおやじとおふくろがうちの近くにいたので、一応うちのおやじとおふくろはどうしようもなかったらいいよとは言ってもらったので。

筆者：その段階からご自身が育休っていうところに行かれた経緯は？

F：そうですね。一応おやじもそのときもう退職してたので、それで好きなことがしたいだろうに、また子ども、孫預けてっていうのはちょっときついだろうなっていうのもありまして、ほんとは託児所とか保育所を探したかったんですけどもそれも難しそうだということで、ほとんど保険みたいな感じで育休とれますかねっていう感じで職場に言ったっていう形ですね。

このようにFは、妻の早期復帰は避けられない、保育所は〇歳児は難しい、両親に任せるのは申し訳ない、ということから、必要に迫られて自分の育児休業を決断したのである。

B：一人目の時は嘱託職員の契約の最終年度だったんです。ですので育児休業がとれない形だったですね。一年後に復帰できることという法律上、それに引っかからなくて、結果、最初そこでやめて専業主婦になるか、もしくは二ヶ月で復帰して、どこか保育園に預けるかという話になってたんですけど、まずやめるのは、本人もやめたくないし、現場もできれば二ヶ月で、休んでもいいから帰ってきてほしいという要望がありまして。……で、退職をしない方向の方法は何かないかという考えを、二人で考えて。幼稚園に二ヶ月で預けられるかどうか調べたら、やっぱり首が据わらないと無理だとか、小さい、できれば一歳以上からとかいろいろいわれまして、で、ベビーシッターとかそういうのもちょっとぜんぜん分からなかったので。そのときにちょうど、育児休業、男性でもとれるはずやんていう話をして、次の日に僕ちょっといろいろと規定を調べてみるわ、と、で調べたらちゃんとありましたので、二ヶ月で職場復帰して私が休むということが可能かどうかっていうことにして、そこから初めて調べたんですね。

背景は異なるものの、Bも同様に妻の早期復帰が避けられず、まず保育所入所の可能性を探ってから、それが困難なことから自身の育児休業を決めている。

妻のキャリアへのサポート――妻からの提案や説得と夫の配慮

Dは、子どもが保育所に入れる四月より前に妻が仕事に復帰することが、希望する部署に配属されるために必要だったことから、自分が育休を取得することを決めたという。

筆者：男性の育児休業というのが一般的に少ない中で、とられた、その提案はどちらからされたとか、どういう話し合いのもとで？
D：そうですね……。一人目のときは、どちらからというと、おそらく私からだと思うんですけど。妻も仕事を一年間休むと言うことでその後の復職のプランとかを聞いている限り、ちょっと私がフォローに入って休んだ方が妻のキャリア上よさそうだったので。
筆者：もしそれがなければ、例えば三月まで、
D：妻が休む……。
筆者：ということは可能だったんですか？

D：まあ法律に従う会社ですので、とれなくはなかったそうなんですけど。そうしてしまうと復職したときに戻れる場所というのがだいぶこう、条件的に苦しい状況になりそうだっていう話でしたので。

筆者：その一年、会計年度をまたぐかまたがないかが大きい？

D：そうですね。そこをまたいでしまうと、やはりある程度人事異動も終わった後で、ほとんど配置が決まってしまっていますので、なかなか希望するところに行きにくいという話でしたので。

筆者：会計年度におさまって、戻った場所っていうのは、必ずしももとと同じって言うわけではなくて、改めて？

D：そうですね。むしろ本人が希望したところに移動が、一月復帰でしたらそれができるという話でしたので。

筆者：それは事前にそういう話を相談して……。

D：はい、妻の勤務先も、その辺はかなり相談にはのっていただいたそうで。で、せっかくそこまでしてくれるんでしたらということで、私の方が（育休を引き継いだ）。

筆者：そういう事情を聞いたところで判断された。その、奥さんにそうしてほしいという雰囲気はあったんですか？　とって（ほしいという）。

D：んー、そうですね一人目のときははっきりとは言われませんでしたけど、たぶんそうしてもらった方がありがたいなあという雰囲気はありましたね。

筆者：たとえば年度途中で、逆に一年あくと大変だから、年度途中で復帰するとかいう可能性はぜんぜん話としては出なかったんですか？

D：そうですね。妻としても第一子というのもあって、あとちょうど会計年度の切り替わりで休みに入って、だったので、だったらもう一年全部休んでおきたいという本人の希望もありましたので。

制度上、妻が延長することは可能であったが、D自身が妻の希望を感じ取って自分の取得を提案したという。一方、妻の育児休業期間を一年より短くしなかったのは、妻自身の希望であった。

Kは一人目の子どもが生まれた二〇一二年の段階では、自分自身が育児休業を取得することは念頭になかったが、妻が切迫早産となり、産後のサポートのために勤務日数を週一日に減らすことができないか尋ねられ、職場と可能性を相談する中で、育児休業がとれることを知った。結局、そのときはそれまで通り定時で帰宅することで、サポートが可能となり、同じく教員である妻が、一年半後の年度の区切りまで育児休業を取得する予定で、自身は休業を取得しなかった。しかし、職場の先輩などから次は育児休業を取得するようアドバイスされて、自身もその気になった。そして、妻の育児休業復帰前に第二子の妊娠が決まり、妻の育児休業がもう一年延びることになった際、それ以上のキャリアの中断を避けるためもあり、育児休業の取得を決めた。

K：二月に妊娠がわかりまして、で、四月、あ、その次の年度の一〇月に生まれてくるんですけど、その年度はうちの妻が育休を取り、

筆者：半年ということですね、

K：そうです。子どもが六ヶ月になったタイミングから一年間とらせてくださいっていう話をしました。

教員なので四月から入ると代用教員で講師が来るので、はい職場にも迷惑をかけない穴を開けないのでそれで取りたいと言ったんですけどダメですと言われて。ダメだと言われまして。んで、ダメですと言われても妻ももう復帰しないと、異動できないですし妻のキャリアもあるし、僕がやっぱり育休を取らないとダメですっていう話をずーっと何度もしてたんですけど。

この後に詳しくみるようにKは育休申請時に異動した先の学校が、それまでの職場とまったく異なる反応で反対にあうことになるが、結果として予定していた時期に単独で育児休業を取得することになる。妻のキャリアのために夫が育児休業を取得したこのほかのケース（H・I・J）では、妻がより積極的に夫に取得を働きかけていた。

Hは、高校教員としての仕事が非常に好きで、一人目の子どもが生まれるにあたって育児休業で職場を離れることはまったく考えていなかった。しかし、別の高校で教員を務める妻は、育休をとらなければHが子育てに積極的に関わることはないと言って、育児休業を取得するよう説得をした。

H：男性育休というのも、まあ、あの、いることぐらいは知ってましたけど、周りも当然いませんし、今ほど、そこまで男性育休というのも、こう、有名でも、まあ、ある程度はありましたけど、（有名に）なってなかったと思います。もう、完全にもう、これのきっかけは、妻の説得という。結局その、育休を取らないと自分でしないんだろうなと、育児をしないだろうなとは思ったんですね。だから、最初は結構、その、抵抗してました。あの、取りたく、取りたくない。取りたくないっていうか仕事を休みたくなかったんです。仕事を抜けるというのが、やっぱり嫌だったんで。

筆者：「結局、取らないと、しないだろうな」と思ってたっていうのは、どなたが思ってたっていうことですか？

H：えっと、僕は思ってましたけど、それ以上に妻が。「こいつは絶対しないだろう」と思われてたんです。「五時に帰るから」と、「定時で、ちゃんとあがるから」とか言ってたんですけど。ああ、あの、今考えたら絶対してなかったと思いますね。育休取ってなかったら。で、「そんなことは絶対無理や」と、「そんなことは、できるはずない」と、妻に、まあ、ずっと言われて、まあ、説得されていったというところです。

そして、年度の切り替わりで「バトンタッチ」する形で単独で育休を取得することになる。妻の説得がきっかけになったHだが、一人目の育児休業中に二人目の妊娠がわかり、出産後の同時取得の期間のあと次の年度の初めからどちらが取得するかという調整の際には、さらに休業期間が延びることに若干のひっかかりはありつつ、その状況を積極的に捉えるようになる。自分が育休を継続することを決めた理由のひとつには、その方が妻の収入の方が高いことから家計に有利なことに加えて、「誰もいないからやってみよう」という思いもあった。

H：「誰もいないからやってみよう」っていうのも、育休の、まあ一つの、えっと、きっかけだったんですけれども。こう、なんて言うか、稀少価値と言いますか、あの、男の人で長く取ってる人いないので、これは、いろんな所でしゃべるネタになるとか、考えたんですけど。奥さんが、産休・育休になったとなると、なんか、こう、手柄を横取りされたような感覚が。せっかく、一人でやってたのにみたいな。でも、そう考えたら、女の人が一人で二人の子どもを見るっていうのは、なんか、よく見る風景ですけど、男が一人で子どもを二人見るというのは、これはなかなかいないだろうという、まあ、それもちょっと考えました、はい。そのほうが、おもろいだろうということですね。

こうして、Hは二人分の育休を連続して取得し、途中八ヶ月の単独期間を含む一六ヶ月連続の休業を取得することになる。

Iの場合は、国家公務員と専門職というお互いのキャリアと、遠方にある互いの職場から、遠距離結婚状態での子育てになることを予測し、妊娠前からお互いのキャリアや子育ての可能性について相談ができていた。そのうえで、できるだけ双方の子育てへの関わりが公平になるように、妻が産休だけで職場復帰し、夫が一年間の育児休業を取得することを選択する。

筆者：最初の、まあ、なんていうか、意図としては、一〇月最初から育休を取ろうとされたというのは、どちらからの提案で。

I：ああ、それは話し合いですね。あの、まあ、なんていいましょう、その、われわれ夫婦の場合は、おそらく将来的には遠距離に、なるであろうということが、予測をされていて、で、私は、仕事柄なかなか一人で子育てするのは難しいだろうというのと、妻の側に、近くに両親がいるということもあって、まあ、長い目で見ると妻の方が育児をする期間が長くなるであろうということだったので、まあ、そうであれば、私が、最初、生まれた時に、育児休業を取るのが、まあ、バランスとしては、適当だろうという、そういう話になりましたね、はい。

筆者：でも二〇一〇年だと、まあ今と比べてもはるかに男性の育児休業に関する認識は少ないというか、取得率の方がかなり低いですし。

I：そうですね。

筆者：それは、そう思い付いたきっかけというか、もう知識としては（持っていた？）。

I：思い付いたというか、それは、まあ、やっぱ妻の側から、やっぱりその、一年、まあ、なんていうか、その、不公平だろうという趣旨のことは言われたんじゃないかと思いますけどね。

I自身も公平にすることについては同意しているが、直接のきっかけは妻からの働きかけだったようだ。

Jは三人の子どもそれぞれの出産後、妻が退院してから産後三週間までの間、年休と職場独自の育児等に使える休暇を組み合わせて、自宅で家事・子育てを担っている。そして一人目は妻の復職後に一一日間、二人目は妻の育児休業中の七日間育児休業を取得している。実は、その取得理由は休業の減収分と取得による所得税の支払免除分のバランスを考えたことによるという。とはいえ、特に一人目の際は妻は職場復帰しており、年末の家庭保育推奨期間に併せて日中一人で子どもの世話をしている。そして、三人目の子どもについては、妻の職場復帰前の短期間の同時取得を経て、五ヶ月半単独で育児休業を取得している。

まず、最初の出産後に三週間の休業を取得することについては、妻からの提案があったという。

筆者：少なくとも産後休むことについては、もう生まれる前から決めてたということですけど、それは特に奥さんから要望されるっていうこともなく、そういうもんだという感じだったんですかね。

J：あ、いや、そういうわけでもないですね。別に僕自身はそんなにそのSNSとかもやってなくて、あの、あんまりその、そういう情報とかも、一般的にどれぐらい休むのかみたいなのも、あんまり集めてなくって、で、妻はそういうのを集めてて、で提案されたんで、じゃあいったんそれでやってみますか、みたいな感じで、やりました。

一人目については、妻が比較的短期間で復職して認可保育所に預け、二人目の時には妻が一年とって、交代での取得はしていなかったが、三人目の際にはJが妻の復職にあわせて長期の単独育児休業に入っている。その理由は、次のようなものだった。妻の職場に移転の話が持ち上がり、そうなると通勤時間が倍になってしまうので、妻が転職を考えた。転職をするとすぐには育児休業が取れない。そのため代わりにJが取るということで話が進んだという。結果としてその移転の話は延期になり、妻の転職は不要になったが、Jの育休申請はすでに認められているため、そのまま取得することになった。

そのような育児休業の取得の仕方については、妻の提案に沿っているという。

筆者：そうするとその育休の取り方については、えー、大体奥さんが提案したものを、形をそのまま、実行してってていう感じで、特段、それ以外の取り方、例えば、最初の時にもっと長く、家で見たいとかっていう提案とか、いろんな別のパターンていうのは特段無かった、感じですかね？

J：取り方に関して、大体妻があの、きっちり、なんていうか、考えた上で提案してくるんで、まあ、そういう人っていうか、性格なんで、特にだから、なんかこうした方がいい、ほんとは、あっちとしてはこうした方がいいみたいなのを聞きには来るんですけど、割と完璧な状態で持ってきちゃうんで、あんまり、だから特に僕の意見も入れられず、ああ、それが一番良さそうだなってなるんで、大体。

ここでみた五人のケースは、前の項でみたように保育所や祖父母のサポートも検討してそれが難しかった結果、最終的な手段として夫の育児休業が浮かび上がったというよりは、妻と夫が子育てをできるだけ公平に担うための方法として、妻または夫の提案により選択されているといえる。

5　父親の育休取得の障壁への対処

先行研究によれば、日本の父親の育休取得には、家計への影響、職場や文化的な要因に関連した障壁など、さまざまな障壁があることが示されている（ブリントン 2022; 齋藤 2020; 佐藤・武石 2004; 森田 2008; 松田 2012; Nakazato 2017）。本節では、対象となった父親たちがこれらの壁をどのように乗り越えたかを検証する。

収入の減少

まず、父親が育休を取得したことによる収入の減少にどのように対処したかを確認してみよう。二〇一四年から最初の六ヶ月間の休業給付が就業前賃金の六七パーセントとなっており、その間、社会保険料が免除され、休業給付は所得税非課税であることから、収入の減少は通常二割程度となり、改正以前と比較して収入減少の幅は小さい。そこで、その前後で分けて考えてみる。

二〇一四年にインタビューを行ったAからFの六人はすべて二〇一三年までに育児休業を開始しており、二〇二二年にインタビューを行った六人の中ではIだけが二〇一〇年に休業を取得しているが、それ以外は二〇一四年以降の取得である。

二〇一四年以前に取得した七人のうち、三人のケース（D・F・I）は、妻がフルタイムで働き、夫と同程度の収入があったため、父親の育休取得による経済的影響をあまり気にする必要がなかった。それ以外の四ケースでは、母親が必ずしも夫と同程度の収入を得ていなかったり、休業中であったり、当時は働いていなかったりした。これらの場合、Cのケースを除いては、第一子出産までの長い共働きキャリアが経済的ダメージの軽減に役立ったようだ。A、B、Eの三人は三〇代半ばで第一子が生まれた。

A：それまで共働きだったものですから、まあ、あの、その後もその前提だったので。もともと片方しか働いていなかったら、たぶん、収入が途絶えるっていうことの不安があれだと思いますけど、うちはずっと働いてたので、まあもちろん妻も就職するつもりでいましたから。

Cは参加者の中で唯一、休業給付の支給がなく、第一子出産時には妻が働いていなかった。しかし、自分たちがすべき貯蓄を計算し、休業中にパートタイムで働く妻の収入も考慮して、休業開始前に必要な額を貯蓄していた。

一方、二〇二二年にインタビューを行った残りの五人は、二〇代または三〇代はじめでの取得者も多いが、いずれも妻がフルタイムで就業しており、同等または夫以上の収入を得ており、夫の取得の経済的影響はほぼ不安材料になっていないようである。

育休取得に関する情報

すでに先行研究で指摘されてきたように、これまで父親が育児休業を取得しない大きな理由は、自分自身の権利に関する知識の欠如であった。今回の研究では、父親たちはどのようにして自分の権利について知ったのだろうか。ここでも、収入への影響の場合と同様、時代の変化が現れている。二〇一〇年頃までに育児休業を取得したケースでは、事前の知識は男性の育児休業に関する情報を夫婦とも事前には持っていないことが多い。この時期に妻の職場復帰を支援するために育児休業を取得することにした三人の父親は、育児休業に関する情報を書籍やインターネット、イントラネットで探し始めていた。

筆者:Dさんご自身は会社の制度って言うのは、まあ結局法律上の制度ですけども、それに関する知識っていうのは、どの段階から持ってらしたんですか? その、男性も同じようにというのは。

D:そうですね、妻が一月から復帰しなければいけなくなるかもという話をもらったところで、社内の人事のサイトに載っているような資料とあとはハローワークとかに載っているような資料を自分でぜんぶ確認した上で、さすがに上司に話を持って行く時点で理解したうえで持っていかないと通る話も通らないだろうなと思いましたので。

筆者:じゃあ、人に聞くというよりは自分で調べて?

D:そうですね。まず全部自分で見たうえで、よく分からないところは個別に人事の方に、特定の事項について説明いただいたりはしましたけど。

他の父親のうち、二名(A、C)は、幼い子どもの世話における父親の役割に興味を持ち、自発的に育休を取得しようと考えたため、育休の権利について詳しい情報を探すようになった。

C：自分がとりたいなと思ったときから、ぱらぱらと休暇制度などを見ていまして、で、ああこういうのが使えるんだなあ、で一歳までやったら休業の補償が何割か、で一歳超えても、ないけどもとれるんだなと、じゃあ別に最悪三歳になるまでやったらいつでもとれるんだな、家内が働いていれば、っていうのは考えていたので。

筆者：職場の制度自体を調べてたっていうことですね。本とかじゃなくて具体的に自分のところの。

C：そうですね。

筆者：お父さんがとるなんて想像できないっていうか、眼中にないっていう人たちもいると思うんですけど、そういう選択肢があり得るというのは何となく自然に入っていた感覚ですか？

C：そうですね、育児休業は自分がとっていいというのは分かってましたし、なぜとらないのかなというふうに思ってたぐらいですね。

Eは第二子出産時も父親の育児休業取得が可能であることを知らなかったが、半年ほどして、妻が家で育児をしていても父親が育休を取得できるようになったというインターネット記事を読み、妻とその話をした。

筆者：奥さんに言われ時にすでに知ってたというのはどういう情報で？

E：あー、そうですね。どんなんでしたかね。たぶん、インターネットか何かでそういう記事を見て、男性の育休についてみたいなものを見て、たぶん男女両方、あ、同時取得がOKなったのが去年か。

筆者：そうですね、二〇一〇年ですよね。
E：同時に取得するのが可能になった、あたりの記事を読んだんだと思うんですね。
筆者：ちょうど長男さんが生まれたあとぐらいに、施行されたのが、もうその頃には法律はできてたかもしれないですが。
E：たぶん何かしらそういう記事をみて男でもとれるんだっていうのが分かったんだと思います。
筆者：話が出たときはもうすでに奥さんは育児休業中だったわけですね。
E：そうですね、で、たぶん生まれてすぐの時、次男が生まれてすぐのときも、たぶん男性の育休っていう部分には意識はなかったと思うんです。たぶん夏ぐらい、生まれてから夏から一〇月ぐらいの間ぐらいになにかそういう記事か情報をすごく見るようになったんだろうと。で、もし知ってれば三月ぐらいから取ったのになってちょっと、若干思った記憶があるので。
筆者：その情報を見てたのは奥さんに言われる前からっていうことですね。
E：そうですね、前に見ていて、何かしら、若干妻にも育休についてやりとりをしてたんだとは思います。で、妻の方も男性がとれるっていうのは知ってて、そうですね知ってたんだと思います。

このような状況から、妻はEが仕事に不満を持っているのを見て、育休を取るように勧めたようだ。
これに対して、二〇一四年以降に取得したケースでは、周囲でそのようなケースを見聞きしていたり、職場でのアドバイスを受けたり、父親の休業取得についての研修を受講していたり、SNSなどを通じてすでに妻が情報を集めていたり、より男性の育児休業についての情報が得やすくなっていることがうかがえる。

K：職場の先輩にもいろいろ相談をしてたときにKさん取った方がいいよっていう話をいただいて、育休とった方がいいよって言われてまだB県の小学校教員で小中学校の教員で一年男性で取った人はいなかったので二人目ができたらもう絶対一年とった方がいいっていう話になってて、ああもうじゃこれ僕が第一号になりますよっていう話をしてたんです。

「母親でなければ」という意識

ジェンダー化された子育て意識、性別分業意識によって、育児は母親だけの役割、父親が幼い子どもの世話をすることは不可能と考えていた場合、単独で育休を取るという選択肢は取り得ないだろう。彼らはどのようにして性別による役割分担を回避することができたのだろうか。

本調査の父親たちは子どもの世話に自信が持てていたわけではない。また夫の子育てに多かれ少なかれ不安を抱いている母親もいた。しかし、単独育児休業を取得した父親たちに共通しているのは、子どもが生まれる前から家事を分担していたことである。E・F・L以外は、料理を含めて分担をしており、Eも妻が一人目の育児休業から復帰した後の妻の疲労具合を見て、土日の昼を中心に料理を担当するようになっていた。妻の育休中に「半育休」（週二日勤務）をとったGは、ひとり暮らしもしており、料理を含む家事は苦ではなかく、やるという申し出はしてたものの「なかなかこっちには回ってこなかった」

という。

二〇〇八年の『全国家庭動向調査』（西岡ほか2012）によれば、末子が一歳未満の既婚女性で、夫が週に一、二回以上「炊事」をする人は二割程度に過ぎず、ほとんどの家庭で料理が父親の育休取得の障害になっていた可能性がある。このことは、インタビューした父親が、家事を一人でこなせるという点で、日本の平均的な父親よりも有利であったということが推測できる。

また、妻が「子育てを男性には任せられない」と考える度合いが少なかったことも特筆すべき点である。例えば、Aが、第一子出産時点では専業主婦であった妻に、自分が育児休業を取得することを提案した際の妻の反応は次のようなものであった。

筆者：そのときの反応は？

A：べつになかったですよ。なかったっていうのは、「ふーん」ていう感じ。

筆者：驚きもなく？

A：そう、ですねえ。

筆者：喜びも、反対もなく。

A：そうですね。ええ。

筆者：だいたいそんな感じっていうか？

A：そうかもしれませんね。そうですね。まあ、自分で決めたらやるほうなので、そういう意味で驚かないと思うんで。

筆者：別に奥さんの周りにそういう人がいたわけでもない。
A：ないですね。
筆者：男性がそもそもとれるということ自体の知識っていうか、それが、
A：はいはい、あ、そういうのはたぶんあったと思います。［インタビューを実施している研究室の本棚を指して］このへんにありますけどね、ジェンダーとか、フェミニズムとかは好きで。
筆者：それは奥さんが？
A：そうそう、えー、はいはい。なんでその辺は基本としてあったと思います。あの辺［の棚］はたぶん家にもあったりするので。ジェンダー学とか。この辺の棚はたぶん。僕は全然読まないんですけど。なんで、そういう意味では、別にいいんじゃないっていう感じだったと思いますね。

Fの妻は、一人で育児をする夫のストレスを心配しながらも、性別役割分業にこだわることはなかった。

筆者：一人で子育てを、二ヶ月ぐらいの乳児の子育てを担当されるということについては、奥様の心配とかっていうのは……。
F：は、大いにあったとは思うんですけど、ただ私の実家が［比較的近くの］Y市だったので最悪親にも助けてもらえるっていうのと、あと、途中から家内の［病院の］託児所ができまして、第一子のときの途中から、で一応預けることができるっていうのもありましたので、そこでしんどいときは預けるという形でとか親も

呼んだりとかしまして。
筆者：それは、直接口に出されて、大丈夫？　とか、育休をとると決める過程では、奥様は直接……。
F：あ、いや、心配、ありました。本当に大丈夫？　っていうのはありました。やっぱり、あの、よく、子育てに疲れてストレスたまってっていうような事件があの当時から出てきましたので、本当に、特に女性じゃなくて男性だからっていうのはありましたね。
筆者：奥様の心配というのは、育児ストレス的なことで、例えば父親の子育てそのものについては、父親と母親は違うとかそういう意識は強いほうか、わりと平等な……。
F：そういうのはなかったと思います。はい。
筆者：どちらかというと男女平等思考的なのが強い？
F：そうですね、やれることをやるっていう。職場が男性だろうが女性だろうがやってくれっていうような、家内は、仕事してたので、男性だから女性だからっていうのは考えてなかったですね。

Kの妻も、育児休業取得前から夫に子どもの世話を任せることを心配していなかったという。

筆者：どのぐらいの月齢からそういうふうに一人で見られたとかって記憶はありますか。
K：そうですね僕も記憶が曖昧ですけど、いや、まだわりと母乳をあげている頃だったんで三ヶ月とかぐらいの時には、もう一人で子どもとうちに半日ぐらいはいたことがありますね。三ヶ月もそうですね。
筆者：そういうふうに手放すのは奥さんは全然？

K：全然抵抗はなかった。むしろそんなに父親なんだからそんな下手こかないでしょっていうのはあったみたいですし。何かがあれば携帯で連絡来るだろうくらいで。

筆者：わりと男の人に任せるとかということ、何て言うか抵抗を感じたり、心配したりする人、お母さんもいると思うんですけどそういうのがないのはなにか理由があると思いますか。

K：あのうちの妻もご両親が共働きをされていて、で、うちの妻のご両親の場合はお父さんの仕事が忙しく、ちっちゃい頃家にあんまりいなかったタイプらしいんですけど、そういう時に母親が全部自分でやってしまうのがよくないっていう。大きくなったときにそのお母さんの方が看護師をされて忙しくなったらお父さんの家事ができるようになったので、［やれば］できるようになるっていう考えを持っていたみたいなので。

父親たちは、子育ての担い手としての自分の役割にあまり自信を持っていなかったが、家事の経験や、伝統的な性別役割分業の固定観念から比較的自由であった自身や妻の態度が、一人で育休を取ることの障壁を取り除いていたようである。

職場での評価の低下への恐れ

既存の研究（齋藤 2020; 佐藤・武石 2004; 森田 2008）によると、父親が育児休業を取得しない最大の理由は、権利に関する知識の不足のほかに、職場が男性の取得を許容する雰囲気でないなどの心理的な障壁であるという。育児休業の取得を奨励あるいは阻害する管理職の役割は、非常に重要な要素であることが示されており、本研究ではこの点について検討した。

A・B・C・I・Lの五人の父親については、最初に希望を伝えたときから上司は好意的であったが、Aの上司は後で、最初は冗談だと思ったと語ったという。職業は、外資系企業の営業職、大学事務職、地方公務員とさまざまであったが、A・B・Cについては新しい取り組み試みに好意的といった上司の姿勢を育休取得が可能になった要因として挙げている。一方、IとLは当時職場で育休取得率の数値目標を掲げるなど推進の取り組みを進めていることを知っており、取得が受けいられることは想定しており、実際の上司の反応も好意的であった。ただしIは取得開始タイミングについて元々の希望よりも遅らせるように要請され、出産直後に有給等を利用して妻のサポートした後、いったん間を置いて育児休業をスタートした。

Jは、三人の子どもそれぞれの時の妻の退院後の休業および上の二人の子どもの育児休業は、いずれも一〇日間前後であり、それについては特に珍しいことではなく、特に引っかかることなく受け入れられた。三人目の五ヶ月半の育休時には、女性を含めて前例がなかったため、理由や元の部署への復帰の必要性について説明が必要になったというが、特に反対されることはなく、承認されたという。

Hは一年以上前、代用教員の手配のできるタイミングで申し出たために特に反対はなかったが、抜けることを残念がられはしたという。

E・D・F・G・Kは、要求に対してすぐに承認が得られず、さらなる説明や交渉が必要であった。三つのケースでは、情報を提供するだけでよかった。Eの上司は、両親が同時に育休を取れることを知らなかった。しかし、Eがその年に実施された制度の変更について説明し、情報を送ったところ、上司は

「法律で決まっているのならいいのではないか」と言った。ＩＴ系の中小企業ではあったが、外国人社員が多く、自国に帰るために休暇を取りたい人や、海外旅行が好きな女性社員が多い会社なので、長期休暇を認めやすい雰囲気があったという。

Ｄは上司に育休を取ることを告げると、組織改編中という会社にとって都合の悪いタイミングだったため、上司は頭を抱えたという。どうやら上司は、父親の育児休業の法的な権利について知らなかったようで、検討する時間をくれと言われた。そして、一ヶ月後、「法律上、父親の育児休業の申請を拒否することはできない」と理解したことを伝え、Ｄが復帰するまで三ヶ月間、担当の仕事を先延ばしすることを提案してくれた。

ＦとＬはもっと大変な状況だった。Ｆが自分の計画を話すと上司は驚き、後任者が正社員として採用された場合、Ｆが仕事に戻れるかどうか保証できないと仄《ほの》めかした。Ｌが育休取得を考え始めたのはそのとき在籍していた学校の先輩たちのすすめであったが、異動後の学校の校長は取得の意向をあらかじめ伝えても育児休業の取得を認めないとの反応であり、実際に妻の妊娠後希望を出した際には、先輩教員が開催した飲み会で取得を諦めるような説得を受けたという。クラス運営上の困難とこのような環境からＬはメンタル不調に陥り育児休業取得予定前に病休に入らざるを得なくなる。この様子を見て校長はついに、予定通りの時期からの育児休業取得を認めたという。

このように、七人の職場は父親が育児休業を取りやすい環境であったが、他の五人の職場はより制約の多い環境であったということである。Ｆの場合、職を失い、キャリアに悪影響が出るのではという危機感すらあった。しかし、彼の住む地域では、薬剤師という資格があるため、転職先を見つけることは容易であった。また、この夫婦の場合、Fの妻の収入が高いことも、Fの決断を後押しした。すべての父親たちに共通しているのは、上司に育児休業を申請する前に、戦略的な準備をしていたことである。父親たちは、上司よりもはるかに育休の権利について知識があったのである。

同僚へのしわ寄せの心配

また、同僚に負担をかけることへの不安も、父親の育休取得の障害になることが知られている。代替要員がいれば、その不安は軽減されるというが、調査対象の父親たちはどうだったのだろうか。

表4－3にみるように、育休中に代替人員が手当てされたケースは半数であった。特に二〇二〇年前後になって長期に取得した場合、Jを除いてすべてのケースで代替要員が確保されている。

代替がない父親たちは、同僚の仕事量への影響という不安とどのように向き合っていたのだろうか。

休業期間が比較的短いケース（C・D）では、同僚に業務の一部を担ってもらうものの、復職までほとんどの業務を中断することができたという。また、休業期間が長い場合は、職場の集団的なサポートが有効であった。Eは、チームワークを重視し、自分一人でできる仕事は任せないというワークスタイルの転換が進んでいるため、同僚に仕事を引き継ぎやす

表４－３　休業中の代替人員の有無

対象者	代替人員の有無
A	○
B	×
C	×
D	×
E	×
F	○
G	○
H	○
I	×
J	×
K	○
L	○

かったことを強調した。Bは、自分が休んだらどうなるかと心配したが、同僚（後輩を含む）が補ってくれるし、上司も何とかしてくれるというので安心したという。Jの三回目の休業は五ヶ月半と長期であったが、担当の部署が短期的な成果を求められる部署ではなく、また個々人で研究を進めるため周囲への影響は大きくなかった。それでも研究所の中のポジションの確保について気になったため、自分の研究の継続の重要性について事前に説明し、戻れることを確認したうえで取得したという。

Iの場合は組織として余裕を持った配置がなされていることで、同僚へのしわ寄せの心配が緩和されている。

I：その時いた部署は、あまりこう、その、かっちりした組織じゃなかったので、一人抜けるっていうことが、そんなに大きな影響じゃなかったような気がしますね。まあ、もしかしたら私がちょっと追加的に配置されていたのかもしれないですけどね。

筆者：じゃあ特段、新しい人がその間、例えば、とか、非常勤の方が入れる、入られるとかではなくて、残りのメンバーで、カバーする……。

I：まあ、そうですね。まあ多分そんなに、あの、抜けた穴が大きくなかった。

筆者：うんうんうん。まあ、そういう想定で。

I：そうじゃないかと思いますね、それは。

代替人員が配置されたケースは、学校現場のようにその仕組みが整っているケース（H・K）や役所のように採用が体系化されている中で、その準備が可能なタイミングで伝えているケース（L）や、組織の通常の人員配置が代替を確保しやすい体制になっているケースなどが挙げられる。Gの場合は、勤務日数を二日に減らした「半育休」であったことと、元々常に非常勤職員を含めて診療のローテーションが組まれるため、その期間の代替要員の確保が容易であったという。

しかし一方で、復帰するためのポジションを失うリスクは高まる可能性がある（会社が育児休業を理由に従業員を解雇したり異動させたりすることは違法だが）。Fは、正社員の後任を募集して雇用するという上司の提案を受け入れたが、それは、Fが復帰を希望する職を失う可能性があることを意味した。

6　父親の単独育休の生きられた経験

これまで、父親が単独で育児休業を取得するまでの過程を探ってきた。本節では、特に共通点と多様性に焦点を当てながら、父親の育児休業の「生きられた経験」について考察する。

育休中の家事と子育て

父親一二名のうちEとG以外の一〇名は、育児休業期間中、授乳を除くすべての介護・家事を行い、ウォール（Wall 2014）のいう「子育ての完全な担い手」であったといえる。また、いずれの父親も実の親からの日常的なサポートは受けていない。Eは、妻と同時の育児休業期間のあとに、一ヶ月の単独育児休業を取得し、その期間保育所への通園も始まっているため、一ヶ月の間、「子育ての完全な担い手」であったわけではない。しかし、その期間中に一週間ほど子どもが体調を崩したため、一日中一人で世話をするという経験をしている。Gは本研究の対象者の中では唯一妻と同時の育児休業のみを経験している。同時の育児休業経験と単独育児休業経験の相違については、後にみていくことになるので、ここでは単独育休の経験に焦点を当てていきたい。

Bは午前と午後に娘を抱いて散歩に行き、ミルクを飲ませ、料理をするという一日の流れを次のように説明する。

B：ちょうど八月、九月の暑い時期だったので、外に行くのを朝早く、妻が出て行って、その後ミルクをあげてとか、また一緒に駅までという形で抱っこひもというか、ベビービョルンで固めて連れて行くっていうのをして、帰ったらクーラーの効かせてる部屋で寝かせたり飲ませたりというようなことを繰り返すという。また夕方頃に一回涼しくなってきたなと思ったら出て行くと、いうようなことで、一日二回外には散歩で連れて行くようにはしてたんですね。

筆者：基本的に食事作りも？

B：そうですね。半々、て、僕が六割か七割ぐらいですけど、嫁さんも帰ってきて作ったりとかしてたんですけどね。買って帰ってきたりとか、スーパー寄って帰ってくるのは奥さんの仕事だったので、今日こんなんちょっと作るっていって、帰ってさっとできるもん作ってくれたり、とか、これ買ってあるから作ってとかいうのはあったので。だからレシピもそのときにお互いに共有して、逆にレパートリーが増えたというか、普段作ってるレシピこんなん、とかもらって、それを作ったり。

Cは、食事の支度も含め、子どもの世話はすべておこなっていた。

筆者：ご飯は大半の部分は？

C：作ってました。

筆者：そのころだと離乳食？

C：そうですね。ちょっと柔らかくしたり，細かく切ったり。

筆者：それまでけっこうご飯は作られていて、育児休業で子どもの分も含めてトータルでやるっていうのは、それまでの分担でやってきたものとはまた違うプレッシャーというか。

C：そうですね。でもそれをやりたいと自分が言ったんですね。ま、限られた期間のごくわずかの経験しかできないのであれば、全うしたい、できる限りはやりたいという感じでしたね。一歳三ヶ月の子っていうのは自分一人では食べれないので、食べさせながらなので。

母親の労働時間が最も長かったのはDのケースだった。母親が仕事に戻った直後から、一日一二時間近くも子どもと二人で過ごすことなる。

筆者：じゃあ、一番大変だった一人目の時は？　初日は覚えていますか？
D：覚えてますね。とにかく子どもがずっとお母さん帰ってくるまで泣いてたので。
筆者：ほんとに一日中ですか？
D：はい、で、ずっと抱っこしてた記憶があります。ちょっとこう、この先、三ヶ月いけるのかなと不安になった記憶がありますので。泣いて泣き疲れて寝て、起きてまた泣いてっていうのをずーっと繰り返してたので、こりゃ大丈夫かな、とすごく不安になった記憶があるんですけど。妻の希望するポジションに行くためにまず最初に半年ぐらい丁稚奉公的なことをしなきゃいけなかったっていう都合がありまして。そのために朝、七時半ぐらいに出勤していって、帰ってくるのがどう頑張っても夜七時ぐらいにはなってしまうような状態でして。
筆者：じゃあ、一二時間近くいないっていうことですね。
D：子どもが朝、もたもたして起きなかったらお母さんの顔見ずにいきなりお母さんいない状態でスタートっていう形でしたので、ちょっと子どももつらかったみたいですけど。
筆者：一日中泣いているっていう時期はどのぐらい？
D：それはなんか二、三日ぐらいでしたけどね。一週間もたてばだいぶなれてきて、機嫌良くお母さんをバイバイと送り出せるようにはなりましたけど。ちゃんと帰ってくるっていうことを学べば大丈夫みたいです。

また、一日中泣く時期を過ぎてからは、アレルギー対応の食事作りに苦労することになる。

筆者：じゃあ、その時期を過ぎてからの大変だったことっていうと？

D：まあ、やはりあの食事作り、子どもの離乳食がアレルギー対応なので、ほとんどできあい品は使えない状態でしたので、子どもの食べ物作るのに精一杯で、自分の食べ物作る元気がなかなかなかった、それもあって、私一人目の育児休業の時はものすごくやせちゃったんですよね。……なので復職をしたら周りは逆にびっくりしてましたけどね。どうしちゃったのっていうぐらいやせて。三ヶ月でこんなにやせちゃうのっていう、それもあってみんな理解はしてくれるようになったんですけど。大変なんだねっていうのも。

長い一日の中に生活のサイクルの中に、子育て支援施設に行くことを組み込みつつ、すべての家事と二人の子どもの育児を担う父親もいた。

K：この時期は家事はもう僕は全部、ほぼ百、という感じでやったんですけど。朝お弁当を作って子育て支援施設に行くんですけど、平日の子育て支援施設ってお母さんしかいない（笑）。なんかこう話しかけづらくて。子どもが遊べるおもちゃとかが置いてあって、そこで自由に遊ばせられるっていうとこに。連れて行って。で、なんか職員の方によく声をかけていただいて、僕が毎日のようにいるので覚えてもらい声をかけてもらい。

筆者：でもお母さんとは話はできていないということですか？　話しかけづらくて。

K：まあそうですね。ちょっとお母さんにふらっと声をかけるのは難しくて。

筆者：何人ぐらい、どのぐらいの規模というか。

K：平日だと、どのくらいいたかな、一〇組とか一二組とかぐらいですかね。はい。でもゆってそんなにお母さん同士でワイワイしゃべっているような雰囲気の施設でもないので、子どもの様子をそれぞれ見てて、あいまに「ああどうもこんにちは」っていう。

筆者：どのぐらいの時間いられるような場所というか、でもお弁当を持ってってことは昼を超えて？

K：あ、そうです。僕はそこでもうお昼も食べてうちに連れて帰ってきてな感じの生活が多かったです

筆者：だいたい何時間ぐらいいる感じですか？

K：そうですね。多分僕は三時間とか九時から一二時とかまでいました。一一時半くらいに子どもと一緒に僕も食べて、で、一二時にそこを出てうちに帰ってきてからお昼寝っていう感じですね。

筆者：それが午前中で午後は？

K：午後はえっと夕飯の買い出しに子どもと出かけて、夕食買い出しをして時間があればちょっと外を散歩したりとかうちの中で遊んだりして、あとはこう夕飯の準備を子どもたちはNHKのEテレを見せてる間に晩ご飯を作って奥さんが帰ってくるのを待つか先に食うかですけど。食べてあとはもう洗濯したり子どもを夜お風呂に入れたりして九時就寝みたいな、動きが多いですね。はい。

一方、妻との同時育休からスタートしたEは、最初の一週間は、妻と一緒に休暇を過ごしているような気分であったが、妻から「何のために育休をとっているのか」と聞かれ、行動を改めた。同時育休中も料理は自分が担うことになり、毎日の献立を考えるのに苦労したという。

孤独感

ここから、父親が語る精神的・感情的な体験について検討する。先行研究では、父親の育児休業体験に対する肯定的な評価が強調されているが（藤野 2006）、私たちのインタビューでは、多くの父親がその辛い経験を語っている。特に、二〇一〇年以前に単独で第一子の育児休業を取得した父親のうち四人が、第二子で育児休業を取っていない。Aは、「パートナーの助けを借りずに、ひとりの親だけで育児をするのはよくない」と振り返っている。

職場復帰した妻の多くは、残業をせず、短時間勤務のケースも多い。しかし、多くの父親が妻の帰りを待ちながら孤独感やイライラを感じている。

B：やっぱほんとに、四時ぐらいから一時間がけっこう長く感じてました。それは、そうですね、自分もたぶん期待しているんでしょうね。奥さんが帰ってくるという。だから今日はちょっと遅くなるとかメールが入ったりとかすると、大丈夫気をつけて、とメール打ちながら、できるだけ早く帰ってきて（笑）というのは、それは覚えてますね。

H：一人目のときに僕が仕事終わって家に帰ってゲームしたりとか、あの奥さんの聞いてよ聞いてよってというのに、もう疲れてるからちょっとって言ってたんですけど。逆転したら逆の現象が起こって。日中僕は大人と喋ってないので、大人と喋りたいんで、奥さん帰ってきたら話を聞いてもらいたいんですけど、うちの奥さん帰ってきたら疲れたと新聞ずっと読んでて全然聞いてくれないんですよね。なので、男性だから聞かないとか、女性だから聞いてほしいじゃなくて家にいる人なんだから聞いてほしいってなるし、働いてきたんだから何か休ませてよってなるんだなっていうのは面白い発見だなと思って。はいそんな感じでした。すごい専業主婦の気持ちはよくわかるあの期間だったなあっていう。

この孤独感は、日本では育児休業を取る父親の割合が少なくかつ期間も短いため、同じような境遇の男性を見つけにくいことも関係しているようだ。CとHの経験に耳を傾けてみよう。

C：地元じゃなかったので、ママ友なんて作れませんし、そんな、飛び込んでけばよかったんですけど、そこまでの勇気もなくて、ずーっと子どもとだけで他にしゃべる人もいなかったりして、専業主婦って煮詰まるんだなあっていう。

筆者：たとえば何か市とかでやっているイベントに行くとか、定期的に行くとかそういうのはされなかったんですか？

C：家内からはあるっていうのは聞かされてたんですけど、一回か二回何かに行ったんですけど、お母さんばっかりなんですね。うーん、行きづらかったですね。もっと社交的にやればよかったんでしょうけど、まだその当時育メンという言葉すらもなかったですし、基本的に男性がそういうところに行ってても、先ほどもいったんですけど、何をしている人なんだろうとみられるので。そういうのもあって、なかなかそういうところには行けなかったですね。

筆者：その休業期間中に一人でお子さんと過ごす時に、時間の使い方とか、どういうところで時間をつぶすと？

H：えっと、「子育てセンター」。子どもによりますけど、うちの子は、もう、家にいるというのができなかったんで、当時、マンションで狭かったのもあって、こう、ずっと家にいると、こう、煮詰まってしまうという感じで、耐えられなくなるので、まあ、公園、外に行って公園。で、当時はどこも閉まってました。それこそ、子育てセンターも全部閉まってたので。だから、自転車を買ってどっか出かけるとか、まあ、ひたすら、公園ですね、行ってましたね。公園か子育てセンターか、はい。

筆者：子育てセンターは開くようになってからという？

H：そうですね。開くようになってからだから、五月、四月だったかなと思いますね。開くようになってから、あの、ベビースイミング行ったりとか、はい、まあ、いろんな、なんかで、電車で出かけたりとか、いろいろ行ってました。とにかく毎日どっかに出かけるという感じでした。

筆者：それは基本的に一人で行動する感じですか？　それとも、誰か仲間、その、ママ友と話せるとか？

H：あ、それはもう、完全に一人です、一人。だから、大人と話してないっていう感じですかね。子育てセンターで、まあ、知り合った人が、いないことはないですけど、基本的に男の人は話しかけられないので。僕のキャラクターもあるかもしれませんけど、公園でも、僕が連れてっても話しかけられないんですよね。僕は、だから週五で連れて行くんですけど、奥さんと、土日とかに連れて行くと、なんか、奥さんは、なんか、あの、話しかけられて友達できたとか言うんですよ。それはちょっと、悔しかったですね、僕は、はい。

筆者：たくさん公園にはいるわけですか？　ほかにお子さんとか？

H：そうですね。たくさんほかにもいます、はい。まあ、ただ、たぶん、なんか戦力外扱いされてるというか、なんというか、まあ、当時、その在宅勤務が増えてたので、あの、「あの在宅勤務のお父さんかな？」みたいなぐらいに思われてたんじゃないかなと思いますけど、はい。

筆者：なるほど。じゃ、それは、孤独とか、どっか誰か知り合い、一緒に話せる人がほしいとかっていう想いはあったんですか？

H：それは、とてもありました。その孤独は大変大きかったので、はい。

Hの場合、新型コロナウィルス感染症拡大の緊急事態宣言の影響で、外で人に接する機会が失われたことも孤独感を強めることになったという。

ただし、二〇二二年のインタビューで話を聞いた近年の育休取得者を中心に、すでに前節でみたKのように、地域の母親たちとの話は難しくても、一日のサイクルをうまく作って淡々と過ごしている、あるいはさまざま方法でネットワークを作っていることも多かった。こうした、孤独を感じない工夫については後ほどみていくことにする。

忙しさと退屈

単独育児休業中の父親は、忙しさや退屈さを感じたり、場合によってはその両方を感じたりしている。Aは、一人での育休の経験を、妻と一緒に育休をとったときの経験と対比している。

筆者：その頃の一日の生活は覚えておられますか？
A：育休一人のときですよね。いやー、そうですね。まあ単調ですよね。
筆者：奥さんが出て行くときに一緒に起きる？
A：ええ、まあその前に起きてですね。どうしてたんですかねえ。八時ぐらいに出てたと思うので。
筆者：その時は役割としてはそれまでの奥さんが家にいて子育てしてご自身が基本的にはフルタイムで働いているっていうのと、単純に逆転するような感じですか？
A：そうですね。そうだったと思います。朝ご飯は奥さんが作ってたのかもしれないですけど、もちろんお昼は離乳食ちょっと始まったぐらいでしたかね。あと、夜は僕が準備して。
筆者：二人でいるときにはもう離乳食を自分で？　交替で？　作ったりしてたんですか？
A：そうですね。っていっても、おかゆとか、せいぜいそういうもんだったり。
筆者：びんとか？
A：たまごぼうろとか、そうですね、びんの離乳食とか。午前中は公園、冬に向かってましたからね。児童館には週一回か二回ぐらい顔出したと思います、午前中。たまたまその上の子はその児童館にお世話になってますけど、学童保育で。午前中買い物して帰ってきて、お昼食べて、お昼寝して、で、もうそのうちに、ま夕方になって、晩飯作って六時過ぎか半ぐらいに帰ってきたんですかね。
筆者：そのころの感情、最初の頃のイライラと比べて、一人になったときはいい状態か悪い状態か。
A：まず、最初の二人いたときの三ヶ月は二人とも働いてないときですね。このときは暇だなと思ったんです。育休二人はいらないなと。正直暇でした。手が余ってました。で、一人になってからはー、やっぱり、何ですかね、例えばパソコンでインターネット見るとか、そんな時間、たぶん一時間ぐらいしかなかったと思うんですよ。だからやっぱりイライラしてたと思いますね。ホントに、置くと泣いてたりしたので、たぶん昼寝とかいってもですね、ソファーにだっこしたまま、そうですね、自分も一緒に寝るぐらいの感じでいたんだと思いますね。たいくつでしたね、たいくつ、はい。

また、Eは、子どもが病気になったときの忙しい生活を振り返った。

E：そうですね、子どもが病気の時が一番辛かったですね。一人で全部家事をしながら、子どもから目を離せないので、ずっとリビングにいながら、寝てる瞬間を見て洗濯物を干したり取り入れたりとか料理をしたりとか。一切時間がないっていう感じでしたね。しかも一人でやらないといけないという。

か弱い存在に対する責任感

父親の中には、子どもの世話という重い責任からくる怖さを語る父親たち（E・Dなど）もいた。

E：やっぱ、つらかったのは、最初のうちなかなかほ乳瓶からミルクを飲んでくれなかったんですよ。でも奥さんと飲むときは飲んでたし、帰ってきたらおなかすいたように母乳にはしがみつくので、ちょっとそれが逆にかわいそうなのもあるし、どうやって飲んでくれるのか分からなくって、本当にちょっと困ってたんですけど、ある時期に偶然なんですけど、持つ位置変えてくっとやったら、急に飲み出したので、あ、この子はたぶんこの辺の舌にこれがほ乳瓶の乳首のところがあたってるのが、たぶん嫁さんの母乳の時のあたりなのかな、あたりまえに授乳クッション抱いてこうやっても飲まないので、座布団の上にそのまま寝かして上の方からもってやったら急に飲み出したんですよ。それが分かるまでは、この子どんどんやせてくんちゃうか、とか、やっぱり男の人の手から飲みたないのかな、とか、いろいろ思ったんですけど、最初うまく行かないときっていうのはすごく心配だった。

筆者：生まれたばっかりで奥さんが休んで、自分もまあ子育て手伝うっていう状況と、ぜんぶ一人でやるっていう状況の違いっていうのは、年齢もまあ徐々に大きくはなってっているると思うんですけど、何が一番。

D：そうですね。一番大きく違ったのが、ほんとにあの、自分がやらなかったら誰ももうやる人いないんだよというプレッシャーが一番強かったですけど。特に子どもがちっちゃいので、うかつなことしたら、あっという間に最悪、死んでしまうようなこともおきるんだよねっていうのがあったので、漠然とした不安はありましたね。

Hも、一義的な責任と逃れられない感じを受けていたという。

H：私は、その間ずっと家で、まあ、特にその、一月、二月とか寒かったんで、なかなか外にも出られず。

あれ、もうほんとに苦しかったです。
筆者：その時の感情は、一日の大変さとか楽しさとかってのは、どういう。
H：いや、まあ、その、うーんと、なんていうか、こう、自分がその、一義的な責任みたいなのが……。他に誰もいないですから。なのでその、なんていうか、逃れられない感じは（ありました）。とにかく、その、多分難しい子だったんで、その、あまり寝ない。置いたらすぐ、もう数分で泣き始める。だから結構、その、抱っこひもとかに入れて、入れたまんま一日生活するみたいな。そしたらもう、体もしんどいし、それで夜は、また断続的に起こされるので。

ポジティブな気持ち

話を聞いた父親たちからは、困難やストレスに関する報告が多かったが、父親の体験は必ずしも困難なものばかりではなかった。特に、子どもと一緒に散歩をしたり、子どもができなかったことをできるようになるのを見たり、子どもの成長と発達を観察したりすることは、楽しい経験であったと語っている。

D：だいぶ子どもが慣れてきたころは、正直楽しかったですよね。仕事してるとやはり毎日ばたばたしながらストレスたまることが多いんですけども、そういうところから一時的でも解放されている状態なので、そういった意味ではすごく楽しい時間でしたけど。

筆者：それはどのぐらいたった時点でそういうふうに思えるんですか？

D：ひと月ぐらいですかね、二月ぐらい、一月はとにかく大変な記憶しかないんですけども、二月ぐらいからは。

筆者：ゆったりしてるなって感じ？

D：そうですね、お昼ご飯食べさせた後に散歩してみたりとか、そういう生活、仕事してたら、まあ、まずできない生活ですので。だいぶ子どもも慣れてきたときに、散歩連れて行ったときにものすごいうれしそうに声あげて笑ってたりするときがあって、そのときはホッとするひとときでしたね、通りすがりの方もうれしそうにみていらっしゃったんで。一人目のときの妻が何泊かで沖縄に出張しなければいけないときがあったんですけど、そのときになぜか私も子どもも連れて家族でついていったときは、日中妻は仕事でいないんですけど、私と子どもで沖縄の海辺をてくてく歩いてたのはいい思い出ですね。

ネガティブな感情やストレスに対処するための戦略

他のケースに比べて、孤立やストレスへの言及が非常に少ない対象者が二人いた。その二人にはどのような資源や環境があったのだろうか。

Fには類似の環境の友人がいた。Fの妻の同僚で常勤の医師である女性の夫であり、子どもを育てながらプログラマーとして在宅で働いていた。大半の友人からは職場復帰できるのかやヒモになるのか？など心配あるいはからかわれるような反応があった一方で、同じように子育てをしているこの友人には歓迎されたという。

F：その人とは結構よく話して、おしゃべりしたりとか。
筆者：その人も同じくらいの感じのお子さんを。
F：そうです。同じです。上の子は、同い年、同じ学年というべきですかね。
筆者：じゃあ、先輩にあたるんですね。子育てでは。
F：ちょっと先輩です。はい。
筆者：近くに住んでらっしゃったんですか。
F：そうです。はい。どうやって予防接種のスケジュール組んだらいいかっていうのは事前に説明とか聞けたので、それはすごいありがたかったです。
筆者：それは旦那さんのほうに聞いた？
F：そうです、そうです、はい。だから、すごい、運がよかったですね。

育児休業中の一日の生活パターンを聞く中でも、その男性の友人とのおしゃべりの機会に言及していた。

F：その男の友達とおしゃべりしたりしてっていうのも。
筆者：今で六人目ではじめてのケースですね。そういうしゃべれる相手がいるっていうの。

F：あ、そうなんですね。「どう？」「んー、なかなか大変」みたいな感じで。あとは……。

筆者：それは待ち合わせをして？

F：いやー、ああ待ち合わせをするときもありましたし、たまたま会って話すっていうときもありました。

筆者：それはスーパーでたまたま？

F：スーパーで会うとか、はい。散歩して会うとか。その時の家を知ってたので、たぶんこの時間ぐらいにいるんかなっていう期待もあり。だから。

筆者：その間の孤独さとか大変さとかっていう感情はそんなに記憶には残っていない？

F：あんまり、一人だっていうのは、あんまり感じたことはなかったですね。特にメールとかが使えてたので。その男の人にもメールしたりとか。

比較的ストレスが少なかったのは、出産前から猫を飼っていたことも一因だと推測している。

F：実はうち子どもが生まれる前から猫を飼ってまして、なぜかそいつらが子どもの近くで、泣いたりすると呼びに来てくれたりとか時々してたんで、なんか、動物がいたのもよかったのかなとは思うんですけれども。そのときは二匹飼ってまして、子どもが泣き出すと猫がニャーニャー鳴いて、なんかしよるっていうようなことを言ってくれて、ああ、というのもあり。

筆者：じゃあ、完全に一人になって、子どもと二人きりになったっていう感覚が少し緩和されて。

F：そうですねえ。なんか動物がもう一人増えたみたいなところもありましたね。結局ごはん、猫のご飯あげて、猫のトイレの掃除してというのの延長っていう考えもあったんかもしれないです。猫とかってこっちがいうことなんか全然聞かないわけですよね。子ども、赤ちゃんも結局そんな感じで。そういうのはもしかしたらよかったんかもしれません。いうこと聞かない、話の通じない動物がいるっていうのは。

さらに彼の両親が、孫の顔を見に時々訪れていた。また、育休期間の半ばから妻の職場の託児所（週二日、三〜四時間）を利用するようになったことも、ストレスの軽減に役立っているようだ。

二〇一〇年までの時期に育児休業を経験した父親たちの中では、Fはかなり特例的で、他の父親たちは、大人と話す機会の少なさを語っていたが、彼らのうち三人は、ブログやSNSを利用して自分の経験を他の人と共有しており、大人と顔を合わせてのコミュニケーション不足を補っていた。

より最近、二〇二一年の終わりから長期の単独育休を取得したJは、Fとは違う形で大人と日常的なコミュニケーションを取っていた。

筆者：お子さん、大人と話す機会がなくて辛いとか、誰とも、そういう感じもなかったですか？

J：話すっていう意味では、あの、子どもが寝たあと時と後とかに、結構オンラインで、大学の友達とかと、ゲームしたりするんですけど、それでチャットとかボイスチャットとかするんで、基本その毎日誰か友達と話す時間ていうのは、あったんで、そこは別にそんなにないですね。

筆者：それは、夜にっていうことですかね？

J：あ、夜です、はい。みんな理系だと、大体メーカー行って、で、メーカーって割と残業とか厳しくって、夜暇な人が結構いるんで、結構ゲームやる友達は、いますし、会社の同期とかも、あの大体みんなやるんで、会社の同期とかと、それで話したりもするし、ゲームして、はい。そんな感じですね、最近は。

筆者：それ以外のタイミングでミルクが欲しくて、泣いて、どうしようもないとかっていうことは無かったっていう……。

J：あ、無い無いですね、それは上の二人も無かったですね、それは。だから変に与えないようにしてたっていうのはあるんですけど。決まった時間以外で。そうすると、すぐそれに順応して、夜も別にあの下手に起きないし、っていう感じでしたね。

筆者：そうか、やっぱりそういう色々、研究してっていうか、えー、定期的にあげてとかっていうのが功を奏して、比較的、手のかからない、育児になってるんですかね。

J：かなり、かなり、はい。

筆者：で、その、その時にやってる趣味っていうのは？

J：趣味、そのさっきのゲーム、とかで、あの一人でやるゲームとかも、あったりとか、あとは、靴磨きとか。だから、どっちも一人で出来るような趣味なんで、別に家に、居ながら出来るんで、特に。

筆者：でそういう時も、自分がやってる時に、赤ちゃんが泣いて、中断されてるとかっていうのは、そんな無いっていうことなんですか。

J：んー、無いですね。まあ、なんだろうな。まあ、ほんとに泣いたら抱っこするぐらいで、別にそんなマストでやんなきゃいけないことでもないんで、趣味自体も。泣いたらやっぱり大体何か対応して、そん時は、録画したバラエティー見たりとかしながら抱っこしてたりとか。うん、そんな感じでした。
筆者：じゃあその、ちっちゃなお子さんがずっといるから、自分のやりたいことが出来てないっていう感覚は全然、そういう気持ちも無い？
J：全く無いですね、むしろ、いつもより出来てたので、その仕事時間、だったところで趣味やってるんで、はい。
筆者：六ヶ月の間、大体そんな感じで過ごせてたっていう？
J：そうですね。

Jの場合は、長期に取得したのが三人目の子どもということもあり、子育ての方法について夫婦で工夫をし、比較的寝かしつけなどに手がかからないようになっており、オンラインゲームで友人と会話をする時間や趣味の時間も確保していた。

このほかにも比較的近年の育休取得男性は、子育て支援施設を定期的に活用したり（H・K）するなど、外に出て子どもと時間を過ごす場を見つけている。さらに、複数の対象者が育児休業の情報を得たり、他の父親と話す機会を与えてもらった存在としてファザーリング・ジャパンを挙げている（D・H・K）。毎日の生活でのネットワークの代替にはなりきれないが、まだ育児休業取得男性が身の回りに少ない日本において、月に数回開催される対面イベントやオンラインイベントを通じて、少し離れた同様の体験をした父親とつながる機会を提供する同組織の活動の意義は非常に大きいといえる。

7　単独育休取得の効果

父親が育児休業を取得することで、どのような効果があったのだろうか。家庭の面では、単独で育休を取得したすべての父親が「専業主婦の大変さがわかった」「育児や家事を自分の仕事として考えるようになった」という内容を語っている。

夫婦関係の変化

E：最近思ったのは育休っていうのは子どものためにとるんじゃなくてパートナーとためにとるっていう感じが強いのかなっていうふうに思いますね。たぶん効果としては子どもよりも奥さんに対して、なんていうんでしょう、その大変さを共有したり共感したりとか、やっぱやってみないとわからないことがすごく多くて、さっきのご飯もそうですけど、ご飯ぐらいみたいな感じに思ってたのに、自分がやってみるとこれは大変だなみたいな。あと、まったく、無限に続く家事の地獄という、終わりがない三六五日ずっとあるので、何かを生み出すものでもないというところで、こう非常につらいですね。賽の河原で石を積んでる感じですね。積んでは壊され積んでは壊されっていう感じがあるので、その感覚をわかってあげ、わかってあげるというより、自分も身をもって知ることでパートナーに対して優しくできるというか、たぶん何も言わずにサポートしてあげれるような、気が回るようになった、なるんじゃないかな、ていうのがありますね。

この点では、産後すぐではない時期に同時に育休を取得したことのある父親の経験からは、家事・育児を自分の裁量でする機会を得づらいことをうかがわせる発言があった。例えばAは、一人の子育てに二人の親は手が余って暇だったといい、Eは妻と一緒に休暇を過ごしているような気分で過ごしてしまって、妻から「何のために育休をとっているのか」と言われている。さらにGの場合は、次のように、子育てに関わることが難しいと感じることさえあった。

G:あの、ほとんどまあ寝れてないんだろうなと、思うんですけどね。一回子どもが起きて妻が寝てるっていう状況があったんで、子どもそのまま持っていって、寝室と別の和室のところで、ちょっとあやして、寝かしてたら、妻がガラガラって起きてきて、子どもを持ってまた寝室に戻ってしまう。そんなのもあったんで、もう、ちょっと向こうが言い出すまでほっとこうと思ってやってましたね。やっといてって言われたら全然やれたんですけど、あのそういった形で、よかれと、いいますか。いう形でやったらちょっと逆効果なのかなっていうときがあって。あんまり触らないようにしてました。

父親の復職後の家事・育児の分担は、ケース間で差があり、職業キャリアの優先順位のバランスを考慮し、夫婦間の合意によって決まるようである。妻がキャリア志向の父親では、妻とほぼ等しく家事・

育児を分担している。しかし、妻がパートタイムや無職の父親でも、復職後も週末に定期的に料理をするなど、ある程度の家事分担は続いている。

子どもとの関係が近くなる

子どもとの関係では、育休を取った子どもと取らなかった子どもとの間に違いがあると考える父親もいた。Cは、「たまたまなのかもしれないですけど。長男は父親っこですね。で下の子は母親っこですね。たまたまなのかもしれませんし、その経験がお互いの信頼関係を築きあげたのかもしれませんし、非常に大きな経験だったと思います」と振り返った。

三人目の子どもの時に長期の育児休業を取得したJは次のような経験を語った。

筆者：お子さんとまあ、他のお父さんと比べると一緒にいる時間が長かったと思うんですけど、その点で、周りのお父さんと自分の違いとか、子どもさんとの関係の違いってのはなんか感じますか？

J：あ、それでいうと、育休の最後ぐらいに、親戚の結婚式があって、家族全員で子ども含めて出たんですけど、その時に一番下の子が、結婚式中にずっと泣いちゃって、で、なぜか僕しかあやせなかったんですね、そん時。妻があやしても全然泣きやまなくて、あれなんかおかしいぞと思って、僕があやしたら、なんかそれはすんなり泣きやんで、だからなんとなく、そういう意味で、ま、他のお父さん分かんないですけど、子どもからのなんというか、信頼じゃないですけど、なんとなくあるのかなっていう気はしました。

筆者：それは、あの一人目、二人目のお子さんも、最初の三週間とかは一緒に居た形になりますけど、その時と長く育休取った時とで、関係に違いは感じますか？

J：ああなんかより、より懐いてるような気はします。二人目が。今はでもどうかな、今はもう別にとんとんぐらいですけど、まそれ以外は別に。やっぱり長く、長く一人で見てる人の方を信頼してる感じが、そんな気はします。

他の父親たちは、子ども毎に関係に明確な違いはないとしても、他の父親たちと比べて、全体的に子どもとの関係が近くなったと感じている。

母親と父親の違いではないと気づく

単独での育休経験を通して得た気づきとして複数の父親が語っていたのが、母親でなければいけないことはほぼないという点である。

たとえば、Iは、なぜ泣いているのか分かる、あやして泣き止ませることができるのは母親だからではなく、長い時間を過ごしているからだということに、自分の経験から気づいたという。

I：やっぱり長い時間過ごしているから、分かることってのが、あると思うんですよ。例えば、なんで泣いているかって、妻が帰ってきて、ぱっと泣いてるって思って、対処しようとしてもできないですよね。それはおなかがすいているからなのか、おしっこが漏れているからなのか、眠いからなのか、っていうようなことって、その、昼ぐらいからずっと付き合っていないと分かんない。結局そういうことなんだなというふうに、思ったというか、あと、その、例えば泣いたときに、どうやってあやすかっていうのって、もういろんな、その、試行錯誤をして、あ、この方法なら泣きやむっていうのをそれも、その、分かんないと思うんですよね、ぱっと。それがその、お母さんだから分かるってことなんじゃなくて、長い時間過ごして、試行錯誤しているから、分かるってことだと思うんですよね。

また、Hは夜中に子どもの鳴き声に反応できるかどうかが、母か父かではなく、育児休業を交代したことによって変化した経験を語っている。

H：結びつきの変化で言うと、夜泣き。本来、私は夜全く起きなかったんですよね。いくら泣こうが。それでまあ、よく怒られるわけですね。また朝になって、こう、「なんで起きないんだ」と。それが逆転したんですよ、育休バトンタッチ後。僕がパッと起きるようになって。妻が全く起きなくなったんです。

一緒にいるようになると、まず分かる。一緒にいるようになったら分かることがあります。お母さんだから、泣いてる、何か欲してるのか分かるとか、でも、あれも、別にお母さんだからというわけではなく、ずっと一緒にいて世話をしていると分かるようになってくるということなんだなというふうに感じたわけですけど。で、あとは、やっぱり、まあ、自覚が出ると言いますか、子どもが夜泣いたら自分が世話をしなきゃいけなくなる、いけないということに、なるので、またこれも、あの、奥さんは働いてる、で、自分は、あの、休んでるので。だから、そういう意識っていうのもあったのかなと思いますね。

仕事での効果

家族関係への影響に加え、単独で育児休業を取得した経験は、父親の仕事にも影響を与えていた。「断片的な時間を有効活用する効率的な働き方が身についた」、あるいは「残業をしないように働き方を変えた」との回答が多くみられる。また、日本ではどちらかというと母親の役割である保育所のお迎えも、残業をせずに職場を離れることで、複数の父親が引き受けるようになっていた。

その他にも、同僚や顧客への理解が深まったり、新たに重要なポジションに任命されたりと、父親の仕事への影響も大きい。Cは、幼児教育・保育を担当するセクションに配属された。Fは、一〇ヶ月の休業期間中に得られなかった最新の専門的な情報をキャッチアップするのは大変だったが、薬局に病気の子どもを連れてくる母親の状況を理解することができるようになったのだという。

自分自身への影響に加え、職場への影響を語った父親もいた。Aは課長として残業をなくしたと言い、他の父親も同僚が勤務時間を変更したり、周囲に長期の休業を取得する同僚が現れたりという経験をしている。

8　父親の育休取得は夫婦間のキャリアの平等を促進しているか？

ここでは、最後の大きな研究課題である「父親の育休取得は、パートナー間のキャリアの平等を促進するか」を取り上げる。図4－3は、この研究に参加したすべての夫婦の職業キャリアの連続性と断絶を示している。

すでに見たように、五つのケースでは、育児に関心がある、家族と一緒にいる時間がほしい、仕事からしばらく離れた方がいいなど、夫側の希望や事情で、父親が育休をとっている。このうちAとCは取得を決めた時点で妻は専業主婦であり、E・G・Lは正規雇用であった。残りの七ケースのうち二ケース（BとF）は妻の就業上の差し迫った必要性、五ケース（D・H・I・J・K）はより公平な仕事と子育ての分担を目的に、夫が育休を取得している。

公平な仕事と子育ての分担を目的とした取得

公平な仕事と子育ての分担を目的とした五ケースについては、妻は（インタビュー時点では）民間企業の管理職・高校教員・専門職・銀行員・小学校教員として引き続きキャリアを継続している。さらに、夫が妻の復帰と入れ替わりで育児休業をすることによって、妻が当該の子どもに対して一歳を超えるまで育児休業を取得することもないため、キャリアの中断の差が小さく抑えられているといえる。

妻が産休のみで復帰する必要があり、保育所の入所も難しいことから育休を取得することになったBとFのケースでは、母親の休業期間が八週間と短かったことから、父親の育休取得が短期的には母親のキャリア継続に貢献したことは明らかである。しかし、この短い期間での復帰の必要性が、母親たちが第二子出産後に仕事を離れることを決意させた可能性もある。Fの妻は、第二子出産後も同じ大学病院で勤務していたが、勤務時間を短縮できる別の病院に転職した。大学病院でフルタイムで働き続けるのは大変だと思い、実家があり、友人も多い別の都市に移り住みたいと考えたのだ。F自身もそこで新しい仕事を探し、より自由度の高い仕事を見つけ、薬局を辞めた。自分と妻のワークライフバランスを整えるために、転職を決意したといえる。

妻が専業主婦の状況で取得

夫が休業を取ることになったとき、妻が専業主婦であったケースが二つあった（AとC）。この場合、夫が休業を取得することで、妻のキャリア形成にどのような影響があったのだろうか。図4－3から、Aの妻はキャリアを継続していないように見えるが、比較的短い休みを経て、現在は自営業として事務所を構えて働いている。第一子出産時は、夫の海外転勤に伴い仕事を辞めざるを得なかったため、仕事をしていなかった。しかし、出産から一〇ヶ月後に再就職を果たした。Aの育休取得が、彼女の就職活動に役立ったことは間違いない。

Cの妻は出産前に保育士を辞めていたが、Cが育児休業を取得するうえで妻が仕事をする必要があるため、第一子が一五ヶ月になる頃から（保育士ではなく一般事務職として）四ヶ月契約で働き始めた。下の子どもが幼稚園に入ったら保育士として復帰する予定であったが、送り迎えが大変で、小学校に入学するまで待って、保育士のパートタイム勤務を始めることになったという。Cが休業したことで、妻の継続的なキャリアが促進されたわけではないが、その経験と家事・育児への取り組みが、子どもがまだ幼い妻にとって働きやすい環境を作ったとはいえるだろう。

妻が正規雇用で夫の自身の希望・事情によって取得

妻が正規雇用で育児休業を取得しつつ夫の自身の希望・事情によって取得したケース（E・G・L）ではどうだろうか。

Eの妻は民間企業、Lは夫と同じ自治体の職員として就業を継続している。いずれの場合も妻は子どもが一歳になった年の四月または五月まで育児休業を取得しており。Eの場合は、保育所への入所も決まっているため、夫の休業取得によって早い職場復帰が可能になったとはいえないだろう。

Lの場合も保育所入所の希望が通らなかったことによる延長を妻が申請して、一歳を超えて取得している。さらにその次の一年も入所ができず夫が一ヶ月ほどの同時取得を含みLが一年の育児休業を取得したため、妻が二年間の休業を取得する必要がなくなったとはいえる。この点については夫の取得がない場合も、保育所の優先順位をさげて一歳児保育を始めるという可能性はあるため、どちらかと言えば、夫が単独で育児の主たる担い手になる経験を得たことの意味が大きいだろう。

同時休業のみの場合

単独での育休取得のなかったGの場合、妻は自身の復帰後にパートタイム契約に変更して半日勤務の態勢にしており、育児休業中の経験の語りからも妻が自分自身を子育ての主たる担い手と考えていることが推測される。

二〇〇〇年代から二〇二〇年代へ

図4－3をみると、特に二〇〇〇年代に育児休業を取得した夫婦の場合、性別によるキャリア継続の不平等がうかがえるかもしれない。しかし、日本では母親が子育ての主たる担い手であるというジェンダー・ステレオタイプが強く、その結果、小さな子どもを持つ母親の労働力率が低いという全体的状況を踏まえると、本調査における父親の育休取得は、妻のキャリア継続や比較的短い休業での職場復帰、新たなキャリアの形成に役立った可能性がある。

また、特に二〇一〇年代以降を中心に、妻の積極的な働きかけのあったケースで、父親の単独育休取得は、より平等なキャリア機会の促進にとって重要な意味を持つことがうかがえる。

9　父親の単独育休取得から見えるもの

今回の調査では、インタビュー対象者が限られているため、本章では事例の詳細な記述に重点を置いている。これまで、男性育児休業取得者のインタビューを用いた研究は重ねられてきた。特に、石井クンツらの調査（石井クンツほか2016）は、育児休業を取得した一一人の父親の経験の丁寧な聞き取りから、取得の背景、休業中の経験、復帰後の仕事や家族関係を丁寧に紹介しており、また、「父親一人で子どもを見ていた期間」があるケース三人とその他の違いにも着目している点でも、本章と重なる知見も多い。ただ、やはり、単独育児休業の経験に注目してそれぞれの対象者と妻のキャリアと育児休業の全体像を詳細に示したものは少ない。経験者の体験記で詳細を読むことはできるが、複数の事例の比較がされているわけではない。

父親の単独育児休業の経験が非常に少ない段階では、一般化するのではなく、現実を詳細に示すことが重要である。とはいえ、本章では、概ね一ヶ月以上の単独育児休業を取得した一一人の父親と同時育児休業一人へのインタビューを通して、日本の父親の育児休業取得を可能にする要因、あるいは促進する要因、さらにはそうした育休経験の持つ意味を探ることを試みた。

単独育休取得の背景

なお、本調査の対象者の選定の基準の原則は、「一ヶ月以上の休業を単独で取得している父親」という非常に厳しいものであった。日本で非常に稀なこのような経験をした父親たちは、対等なキャリアを持つ妻の仕事の都合上、取得の必要があったのだろうと予想した。しかし、半数ほどの父親がそのような事情ではなく、子どものため、子どもと一緒にいたい、仕事を休みたいなどの理由で、自ら休業を取得していることがわかった。特に早い時期に取得した対象者でそのようなケースが多く見られた。

休業取得に至る要因としては、先行研究（藤野 2006; 森田 2011; 武石 2011）で述べられている、両親が共稼ぎであることによる経済的ストレスの軽減、サポートしてくれる上司や同僚の存在、父親自身の強い希望などが本研究でも見受けられた。しかし、これらの条件が、必ずしもすべてのケースで一度に満たされるわけではないことも明らかになった。職場で嫌がらせに近い反対を受けたケースもあり、また、もとの職場への復帰がかなわないリスクを持つ場合もあった。すべての父親に共通していたのは、夫婦の役割分担に対する柔軟な考え方と、パートナーのキャリアを尊重する姿勢であった。また、役割分担や父親の育休取得に対する母親の柔軟な考え方も、日本では珍しい単独育児休業の決断を後押ししていた。特に近年に取得したケースでは妻自身が意識的に対等な役割分担となる働きかけをするケースが多く見られたことも重要である。そこに変化をもたらす兆候をうかがうことができる。

育児休業制度の改正が効果を持ったケースもある。Eの場合、二〇一〇年の制度変更により、父親の休暇取得が可能になった。第二子の育児休業を母親と一緒に取得できることに気づき、取得することにした。一人での子育てに不安がある場合は、このことが後押しになっていることも考えられる。さらに、一歳二ヶ月までの延長が可能なパパ・ママ育休プラスの導入によって、一歳過ぎからの休業が可能になり、その期間、妻が職場復帰して単独での取得となったのである。Aは、二〇一〇年の改正前に、勤め先の会社が最低条件を上回る育休を与えていたため、妻が働いていないときに育休を開始した。このように、ほとんどの母親が仕事を辞めるか、保育所に空きが出るまで休んでいる日本では、二〇一〇年の制度変更により、父親の育休取得の可能性が高まった面はある。一方で、この後の章で詳しくみていくように、この制度が、父親の単独育休の可能性を狭めている面もある。多くのケースで単独の育児休業が可能になったのは、父親自身の強い関心あるいは妻の強い働きかけによるもので、現在の制度では、このような条件がない場合、夫が育児休業を単独で取得するきっかけは生まれづらい。

単独育休の生きられた経験とそのプロファイル

次に、単独育児休業の生きられた経験とその意義について考察していこう。父親が単独育児休業中の間、彼らは子育ての日常的あるいは完全な担い手となり、家事もより多くこなすようになった。ほとんどの父親が、育休中に孤独感や忙しさ、退屈さを感じていたことを告白し、困難な経験をかなり詳細に述べている。しかし、その一方で、働いているときにはありえないような楽しい経験も語られている。休業前から家事を分担し、育児にも関わっていたにもかかわらず、単独で日中の子育てを継続的に担う経験は、育児や家事を自分の責任と考えるようになる、さらに母親と父親の違いについての認識を見直すうえで大きな意味を与えているようである。この認識の変化は、家族関係や仕事にも影響し、実際に働き方を変えた人もいる。

理論枠組みとして参照したウォール（Wall 2014）が述べたポルトガルの単独育休の父親の四つのプロファイルに、本研究の父親たちを当てはめてみよう。単独の育児休業を取得した一一人のうち、Eは、休業期間の初期にパートナーや第三者によって多くの支援を受けていたが、しかし、母親が復職してからは家事・育児を一手に引き受けるようになり、特に子どもが休業期間中に一週間ほど体調を崩し、一人で休業していたときは、家事・育児を一手に引き受けるようになった。その意味で、彼は、「殻を破った父親（fundamental break profile）」になったというべきだろう。

その他の一〇人は休業前から様々な家事・育児を行っていた。その意味では多くが「革新と独立の父親（innovation and independence profile）」であるが、出産直後に家事や子育ての重要な役割を担ったことが、その独立性を高めたケースもいくつか見られた。さらに、単独の育児休業経験によって主体性を高め、結果としてジェンダーの役割の見直しを意識することになり「イノベーションと脱構築の父親（innovation and deconstruction profile）」に変わったケースもあった。

一方、「支援される父親」の例がないのは、参加者が少ないこともあるかもしれないが、このように自ら長期育児休業を取得した日本の父親がまだ稀で先駆的であるためと思われる。「支援される父親」になる可能性のある父親は、日本ではまだ父親がひとりで育休を取るという選択肢が一般的でないため、その可能性を考えることもないといえるのではないだろうか。

夫婦間のキャリア機会の平等への貢献

夫婦間のキャリア機会の平等は、本章のインタビュー結果を詳しく見ていくと、ライフコースの観点で検討されるべきものであることが理解できる。父親の単独育児休業は、必ずしもパートナーの就業継続に寄与していないように見えるかもしれないが、ほとんどの対象者の妻が、少なくとも日本の母親の基準からすると比較的短い休業やキャリアの中断を経て働き続けていることから、キャリア機会を広げているように思われる。

一方で、大半の父親が子どもの出生に関係なく同じ職場で働き続け、特に二〇一〇年代では二回休業を取得した父親は一人だけであった。これは主に、二人目の子どもが生まれた後、父親に対して育休を取るようにという差し迫ったプレッシャーがなかったからである。Fは生後八週間から託児所を利用することができ、Bの妻は仕事を辞め、Fは生後一〇週間から託児所を利用することができた。

両方が同じように交代で取得し、キャリアを継続しているケースは、妻の側からの説得や提案がきっかけになっていることが多い。

実は、二〇一四年のインタビュー対象者についてはインタビュー後の動向が分かる人たちもいる。インタビュー時に分かっていたケースを含め六人中四人は、育休取得後しばらくたって、転職または独立をしている。単独育児休業取得は、男性の側にも働き方やキャリアの見直しのきっかけをもたらす可能性がある。

父親の育児休業取得を促進するための政策変更にもかかわらず、日本社会は様々な条件によって、父親の（特に単独での）育児休業取得のインセンティブを弱めているように思われる。保育所の早期利用、保育所入所まで母親だけでも延長の可能な育児休業と給付、また出産を機に仕事を辞めるという女性のライフコースの選択肢の大きさ、父親がサポートネットワークを構築することが困難であることなどが挙げられる。しかし、たとえ一回だけであっても単独で育児休業を取得することで、父親の育児・家事への関与が日本の平均的な父親よりも大きくなり、母親のキャリア機会が拡大したように思われる。

父親の単独育休の難しさ

基準を満たす父親を見つけることが困難であったことは、日本の状況を示唆している。特に二〇一四年の調査で条件に当てはまる父親を探す過程で私が紹介された「育児休業を取得した父親」の多くは、パートナーが休業中や無職のときに取得したため、基準を満たさない人たちであった。ウェブサイトや書籍の中で調べると、育児休業を取得した父親のインタビューがたくさん出てくる。しかし、よくよく調べてみると、母親も家にいるか、妻の事情についての説明がないかのどちらかであることが多く、今でも単独で育児休業を取得した事例は少数派である。母親が家にいる間でも父親が育休を取れるようにした政策転換は、当初の取得率上昇には貢献したが、その後、一人きりの期間を設けなければ、子どもの世話を全面的に担うようにならない可能性が高い。制度がそれを促していなくても、本章にあるように父親や母親の強い意志によってそれを実現するケースがあり、特に夫に平等な分担を働きかける妻の存在が近年のケースの中に見えるようになっていることは希望の持てる兆候である。しかし、誰もが当たり前にこのような選択が可能になるためには、それを可能にする制度および周囲の働きかけもまた必要となっていくだろう。その方向性については、この後の章で確認していきたい。

第5章 日本の育児休業制度の特徴
——ノルウェー・スウェーデン・ドイツとの比較をとおして

ここまで父親の育児休業取得の実態を詳しくみてきたが、制度の詳細については説明をしてこなかった。本章では、現在の日本の育児休業制度の特徴とその課題を検討していく。その際、早くから「パパ・クオータ」と呼ばれる父親の取得促進のための制度を導入し、北欧の中でも先駆的な取り組みが常に参照されるノルウェー・スウェーデン、および、これらの国に倣って育児休業と保育制度改革を行い、父親の長期取得者の比率を急速に上昇させたドイツの制度との比較を行う。

1　日本の育児休業制度

現行育児休業制度の基本

日本の育児休業制度は一九九二年の導入以来、子どもが一歳になるまでの期間という原則が続いている。しかし、二〇一〇年までは、配偶者が専業主婦（夫）であったり、育児休業中であったりして常時子育てを担える場合に、労使協定によって労働者本人からの育児休業申請を拒める、という除外規定があった。そのため、産後休業期間を除く期間についてはどちらの親が利用するかを選択することになり、父親が取得することは難しかった。

しかし、二〇一〇年にはこの除外規定が禁止され、勤続年数や週の労働時間数などに関する条件はあるものの、一年分が労働者個人の権利となった。さらに、父親の育児休業取得をうながす仕組みとして、原則満一歳までの育児休業期間に対して、夫婦の両方が時期をずらして取得することによって、子どもが一歳二ヶ月になるまで休業を取得できる制度が新たに設けられた（パパ・ママ育休プラス）。ただし、親一人当たりの期間は産後休業の期間を含めて一年である。

さらに、保育所入所を希望しているが入所できない、などの条件に当てはまる場合には、子どもが二歳になるまで育児休業を取得し給付を受けることが可能である。

育児休業中は無給であるが（会社による独自の上乗せがある場合もある）、雇用保険から育児休業給付金が支払われる。雇用保険は民間の場合だが、公務員の場合も別の枠組みから同様の給付金が支払われる。二〇一四年の改正前は休業前賃金に対する比率が休業期間中一定の五〇パーセントであったのに対して、改正後は父母それぞれについて、最初の一八〇日間の給付が休業前賃金の六七パーセントに上昇している（残りは五〇パーセント）。また、この給付は非課税で、取得期間の社会保険料の支払いが免除されることを合わせると、手取りでは休業前の八割程度の収入が得られることになる。

二〇二一年の制度改正

さらに、二〇二一年の改正法に基づき、二〇二二年一〇月に「出生時育児休業（通称・産後パパ育休）」と呼ばれる仕組みが導入された。女性の産後休業にあたる期間（産後八週）に二回に分けて四週間取得できる休業というもので、「新たに導入」されたということで注目されたが、何が新しいかは十分伝えられていなかったように思われる。実は、この改正以前から父親が通常の育児休業をこの時期に八週間続けて取得することは可能であったし、この時期に取得した男性は、その後しばらく間を置いて、例えば子どもが一〇ヶ月になったころに再取得することが可能であった。したがって、むしろ四週間に短縮されていることになる。新たに導入されたこの制度の特徴は、この時期に取得できることではなく、職場に申請する時期が通常の育児休業に適用される一ヶ月前まではなく、二週間前までに後ろ倒しになること、そして、この八週の時期の中で二分割できるようになったことである。

もう一点、あまりメディアなどでは注目されていないが、二〇二二年の新たな育児休業制度で導入された重要な点として、次のようなものがある。まず、産後休業が終わった後の育休期間の中で男女とも二つの期間に分割することが可能になったことが挙げられる。さらに、保育所に入所できずに育休を延長した部分の中でも、途中で母親から父親に交代できるようになったことである（現行制度についての詳細は、厚生労働省ウェブサイトの「育児・介護休業法について」のページを参照）。

2　ノルウェー、スウェーデンおよびドイツにおける「パパ・クオータ」の意義

北欧の父親の育児休業取得を促進した要因としてあげられることの多い「パパ・クオータ」については、日本においてもたびたび紹介され、詳細な説明もなされてきた（石井クンツ 2010; 湯元・佐藤 2010）。しかし、日本の制度との違いについては、詳しく分析されることはあまりなく、その本質的な意味が十分に理解されていないように思われる。ここからは、「パパ・クオータ」を一九九三年に最初に導入したノルウェーと、その二年後に類似の制度を導入したスウェーデンを対象とし、両国における「パパ・クオータ」の導入とその改正過程を詳しく見ていく。

北欧におけるパパ・クオータの成立と変遷

ノルウェーとスウェーデンにおけるパパ・クオータの導入と改正の過程は、自由な選択か政策的な誘導か、をめぐる議論とともにある（Brandth & Kvande 2011; Chronhlom 2011）。それは育児休業が母親のためのものから、両親のいずれが取得するかを選択できるものになった段階を前提としているからである。父親が選択できることになっても結局はほとんど母親だけが取得するという状況があった。それに対して、取得できる期間のうち、父親に「割り当て」る、すなわち制度的に父親しか取得できない期間を増やすか、家族のなかの自由な選択を尊重するかが、政党間をはじめとする主張の対立点となってきた。

表5－1からわかるように、パパ・クオータの期間はどちらの国においても、長い期間をかけて、ときおり急速な変化を伴いながら、増加してきた。ただし、ノルウェーの改正はより頻繁で、また二〇一四年に保守

表5－1　ノルウェーとスウェーデンにおけるパパ・クオータの変遷

ノルウェー（週単位）

年	家族あたり育休週数 給付100%	家族あたり育休週数 給付80%	パパ・クオータ	パパ・クオータ（月換算）
1992		35		
1993		52	4	0.9
2005			5	1.2
2006			6	1.4
2009	43	53	10	2.3
2011	44	54	12	2.8
2013	46	56	14	3.3
2014	46	56	10	2.3
2018	46	56	15	3.5

スウェーデン（日単位）

年	家族あたり育休日数	パパ・クオータ	パパ・クオータ（月換算）
1994	450		
1995	450	30	1
2002	480	60	2
2016	480	90	3

注）ノルウェーは Brandth and Kvande (2018, 2011); Kvande, E., & Brandth, B.(2017)
スウェーデンは Chronhlom (2011); Duvander & Johansson (2016); Duvander & Haas (2018) より筆者作成。

政権が家族内の自由な選択を尊重する立場から、クオータ（割当）を減らし、選択できる期間を増やした。ただし、その後二〇一八年には、減少させる前の一四週を上回る一五週にクオータを増加させている。

パパ・クオータの導入にともなう父親の取得率の変化は、ノルウェーでより明確であり、パパ・クオータの導入前には四パーセント未満だったのに対し、一九九七年の調査では七〇パーセント以上となり、二〇〇三年の公的統計によると八九パーセントとなっている。その後は比較可能な統計は存在しておらず、得られる統計は主に父母の取得期間の比率である（Brandth & Kvande 2006: 175; Brandth & Kvande 2018: 319）。

スウェーデンでは、一九九三年生まれの子どもが四歳になる前の父親の休業取得率は五一パーセントであったのに対し、「父親月」導入後の一九九六年生まれの子どもの父親では七七パーセントに増加した（Chronhlom 2011: 235）。二〇〇四年には、八八・三パーセントの父親が子どもが八歳になるまでの間に取得しており、多くの場合、子どもが一三〜一五ヶ月の時に休業を開始していたという（Duvander & Haas 2018）。ただし有償育児休業の取得日数全体のなかで父親が取得した割合は、一九九四年には一一・四パーセントだったが、導入以降しばらくは一〇パーセント前後で、わずかに減少している。その後、割り当てが二ヶ月に延長された二〇〇二年に給付日数のなかの父親のシェアが一五・五パーセントに、二〇〇七年には二〇・八パーセントに増加している（Chronhlom 2011: 235）。さらに、二〇二一年までに、すべての育児休業日数に占める父親が取得した日数の割合は、三〇パーセントとなっている（Duvander & Lögfren 2022: 490）。また、四対六の比までに収まる平等な日数配分で取得したカップルの割合を見ると、二〇一九年に生まれた子どもの場合で一九・四パーセントに達する（Duvander & Löfgren 2022: 490）。

北欧およびドイツの現行制度にみるパパ・クオータの意味

次に、パパ・クオータがどのようなものであるかについて、前述したノルウェーおよびスウェーデン、さらに日本の二〇一〇年改正のモデルとなったドイツの制度と日本の制度の違いを示した図５－１に沿って確認していきたい。

この図は次のような条件に基づいて、各国の制度（Brandth & Kvande 2019; Duvander & Löfgren 2019; Re-imer ほか 2019）にもとづく取得パターンをモデル化したものである。①出産後から途切れずに母親、父親

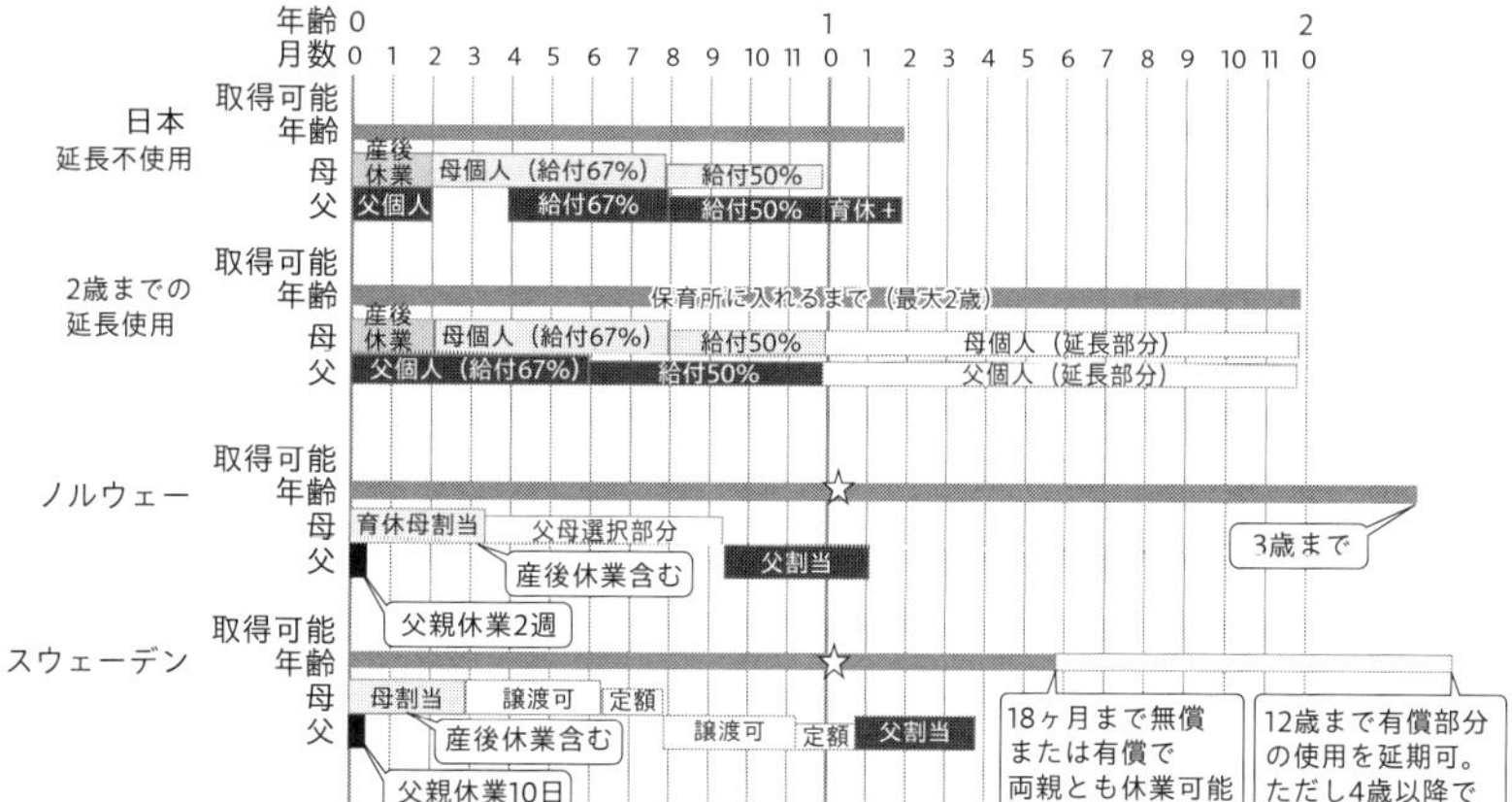

2019年4月現在の各国の制度に基づいて以下の条件を満たす休業取得パターンをモデル化
（1）出産後から途切れずに母親、父親の順でフルタイムで取得
（2）家族にとっての期間を最大化
（3）父母それぞれに割り当てられた（譲渡可能部分を含む）部分を最大限に取得。ただしどちらかが選択する期間は母親が取得。

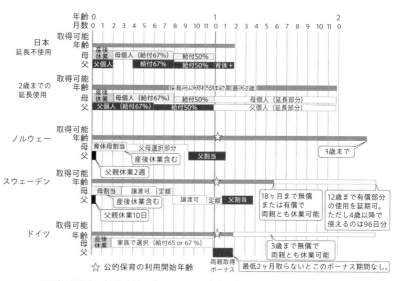

図５－１ ノルウェー、スウェーデンおよびドイツと日本の育児休業制度の違い

の順でフルタイムで取得する、②家族にとっての期間を最大化する、③父母それぞれに割り当てられた（譲渡可能部分を含む）部分を最大限に取得し、どちらかが選択する期間は母親が取得する。

☆のマークが示しているようにノルウェー、スウェーデンおよびドイツにおいては一歳から公的保育が保証されており、一歳から二歳になるまでの間には原則として利用しはじめることができる。そのため、経済的な損失を最小限にしながら、その時期まで家庭で子どもを育てられるよう、このモデルのように家族に与えられた有償の育児休業期間を最大限に活用することになる。

また、その際、それぞれの国の一番上の帯が示している「取得可能年齢」も重要な意味を持つ。この年齢は、有償または無償で育児休業を利用できる子どもの年齢の上限であり、クオータ部分を含め家族に与えられた有償の育児休業の権利をこの期間の範囲で行使することになる。それでは、次に各国ごとに詳しくみていこう。

ノルウェーの育児休業制度

出生後、家族に対して割り当てられる四六週（休業前賃金の一〇〇パーセント給付）または五六週（休業前賃金の八〇パーセント給付）のうち、一五週ずつが父母それぞれの割り当てであり、この期間は一〇〇パーセントの給付となる。有償育児休業の取得は子どもが三歳になるまで延期できる。父親には、これに出産後から二週間取得できる父親休業が加わる。

なお図のモデルでは期間を最大限にするために、父母で選択できる期間については休業前賃金の八〇パーセント給付で二六週間取得するものとしている。

父親がクオータ部分を取得しなければ、家族全体の期間が短くなり、保育所に入るまでの期間をカバーできないことになる。夫婦が同時に有償の休業を取得することは可能だが、その分早い時点で有償の休業が終了してしまう。

スウェーデンの育児休業制度

スウェーデンの制度は少し複雑である。ノルウェーについてよりも、さらに詳しく見ていくことにしたい（Duvander & Löfgren 2019; スウェーデン社会保険庁ウェブサイト）。

休業給付（föräldrapenning＝親手当）が受けられる日数は両親合わせて四八〇日であるが、両親が平等に取得する意識を高めるために、その半分二四〇日ずつがそれぞれの親の権利として割り当てられている。ただし、そのうち父親月（および母親月）と呼ばれる九〇日のクオータ部分を除く期間は、同意書を作成することで譲渡することができる。

父親はこの他に、母親の産後六〇日の間に一〇日の休業の権利がある（賃金の七七・六パーセントに当たる給付）。図5－1では「父親休業」と表記したが、もともと父親日という名称だったこの休業の手当は、父親以外（シングルマザー本人、養親を含む同性カップルの第二の親や第二の親が不明の場合は別の近親者）が取得できることを踏まえて「子どもの出産または養子縁組に伴う一時親手当」という名称に変更されている。

二四〇日のうち、一九五日までは休業前賃金の七七・六パーセントという高率の給付が受けられるが、残りの四五日は定額で金額も一日一八〇スウェーデンクローナ（二〇二三年二月時点でおよそ二三〇〇円）

と低くなる。それぞれの親は、子どもが一八ヶ月になるまで休業を取得する権利を有するが、手当を受給する部分は一二歳になるまで延期することが可能である。ただし四歳以降に取得可能なのは、九六日分のみである。ここで重要なのは、父親が九〇日のクオータ部分を取得しないと、その家族はその分、給付を受けながら親が家にいられる機会を失うことになる点である。

また、公的保育は子どもが一歳になると保証されるが、逆にそれまでは提供されていない。前述したように高率の給付を受けられる三九〇日のうち九〇日は父親しか取得できないため。三〇〇日を超えて保育を受けられるまで母親が育児休業を継続すると、世帯として所得が大きく減少することになる。図5－1では、父親割当部分より前に定額部分を取得する形で作図したが、この部分は、さらに子どもが大きくなった時期に残しておくケースも多いという（二〇一九年四月に行ったアン＝ソフィ・ドゥヴァンダーストックホルム大学教授へのインタビューから）。なお、両親が同時に休業給付を受けられるのは、一歳になるまでの間の三〇日が上限であり、その分、家族にとって有償休業できる期間は短縮されることになる。また、取得期間がすべて日数で示されているのは、一日単位さらには、その八分の一という細かい単位で休業が取得できる柔軟性があることを明確にする意図がある。

父親の取得を促すこのような仕組みによって、先に見たように二〇二一年の時点ですべての育児休業取得日数のうち父親が取得している割合は三〇パーセントとなっている。

ドイツの育児休業制度

二〇〇七年に大きく改正が行われたドイツの育児休業制度の概要は、現在次のようになっている

(Blum ほか 2022; Reimer ほか 2019)。スウェーデンやノルウェーと同様、育児休業そのもの（Elternzeit＝親時間）と、それに対する給付（Elterngeld＝親手当）の期間が違うことが重要である。

育児休業の権利は、それぞれの親個人に対して付与されており、一人の親当たり子どもの誕生の後三年間ある。そのうち二四ヶ月は子どもの八歳の誕生日まで利用することができる。

給付金としては育児休業中（部分休業を含む）に、前年の収入の六五パーセントに当たる金額を得られる。最低額月三〇〇ユーロは保証されており、上限は月一八〇〇ユーロである。ただし、所得が低い場合は給付率が上がり、月当たり所得が一〇〇〇ユーロと一二四〇ユーロの間の場合は六七パーセントで、一二四〇ユーロを超えると二ユーロ当たり〇・一パーセント給付率が下がり、最も低い給付率は六五パーセントとなる。反対に一〇〇〇ユーロを下回ると、二ユーロ当たり〇・一パーセントずつ給付率が上昇する。

上記の満額をもらう場合を基礎親手当（Basiselterngeld）と呼び、期間は一人の子どもに対して一二ヶ月分となる。ただし、両方の親が少なくとも二ヶ月以上ずつ取得すると、二ヶ月がボーナス（パートナー月）として追加され計一四ヶ月分給付が受けられる。母親はもともと産後休業として二ヶ月を取得しなければならないので、実質的には父親が二ヶ月取得することで二ヶ月分の休業給付が追加されることになる。この制度は日本における二〇一〇年の制度改正で導入されたパパ・ママ育休プラスのモデルになっている。

ドイツの育児休業給付金の受給期間は家族単位に割り当てられた期間であって、日本のように個人が一二ヶ月ずつの権利をもつというものではない。したがって、同時に取得することは可能ではあるものの、スウェーデンの三〇日分と同様、その分、給付のある休業期間が早い時点で終了することになる。また、パートナー月の給付は、父親が二ヶ月以上とって初めて受けられるもので、それ以下の取得では両方の親を合わせて一年分しか給付が受けられない。したがって、父親が例えば五日取得して給付を得たとしても、それは母親に対する給付が減るだけなので、最低二ヶ月以上という長期間の休業を父親が取得する強いインセンティブが生まれるのである。

さらに、二〇一五年から追加された新たなオプションとして、親手当プラス（ElterngeldPlus）がある。これはパートタイム（週三〇時間まで、二〇二一年からは三二時間まで）で就労しながら育児休業を取得することで、完全に休業する場合の親手当の金額の半分を倍の期間受け取るものである。これに加えて、二人の親が同時にパートタイム（週二五〜三〇時間、二〇二一年からは二四〜三二時間）でさらに四ヶ月就労することで、それぞれ四ヶ月分「親手当プラス」の給付が延長されるパートナーシップ・ボーナス（Partnerschaftsbonus）という仕組みもある。

育児休業（親時間）と給付（親手当）の仕組みは二〇〇七年の育児休業制度改革によって導入されたた（Erler 2011: 119-134）。二〇〇七年の改革は、母親のみが育児休業を取得する状況を改め、父親の取得を促すことを意図したもので、育児休業給付の期間を短縮し、給付率を高めた。さらにパートナー月と呼ばれる、父親の育休取得によるボーナス期間（二ヶ月）が設けられた。ノルウェーやスウェーデンのいわゆるパパ・クオータのように、家族に与えられた一二ヶ月のうちの二ヶ月を父親に割り当てる案は、家族の選択に介入するものとして保守派からの反対があったため、家族にとっての期間を延長する二ヶ月のボーナスとして導入されたのである（Erler 2011: 129）。

このような育児休業制度の改革と並行して、保育制度の改革も進められた。東西統一以降、それまで東と比較して母親の就業率が低かった旧西ドイツにおいても三歳以降の公的保育利用の権利が与えられるようになったが、公的保育の供給自体は少なく、終日ではなく短時間の保育が主であった。二〇〇七年の育児休業制度改革の時期から二〇一三年にかけて、連邦政府は、三歳未満の子どもの保育利用率を高めることを目的に、自治体による新たな保育施設の運営および投資に対する補助金に大きな予算を投じた（Erler 2011: 130-131）。さらに二〇一三年八月からは、公的保育の利用の権利が一歳以上に拡充された（Blum & Erler 2014）。このことで、スウェーデンと同様、給付金のある育児休業の期間が終了した時点で公的保育の利用が保証される制度が整ったのである。

こうした改革の結果、二〇〇六年に三・三パーセントだった父親の育休取得率は二〇〇八年に一五・四パーセントに急増した。さらに、その後も増加し、二〇一五年に生まれた子どもに対して三五・八パーセントの父親が育児休業給付を受けており、二〇一四年の父親の受給期間の平均は三・一ヶ月であった（Reimer ほか 2019: 223-233）。

3 日本にパパ・クオータはないのか？

パパ・ママ育休プラスの導入

本章第1節で見たように、二〇一〇年、父親の育児休業取得をうながす仕組みとして、原則満一歳までの育児休業期間に対して、夫婦の両方が時期をずらして取得することによって、子どもが一歳二ヶ月になるまで休業を取得できる制度が新たに設けられた（パパ・ママ育休プラス）。そのため、図5－1の中の日本（延長不使用）の取得可能年齢は、両方の取得を前提として二ヶ月延長している。また、二〇一四年から、父母それぞれについて、最初の一八〇日間の給付が休業前賃金の六七パーセントに上昇している（残りは五〇パーセント）。

二〇一〇年からの制度改正は、家族あたりの育児休業給付の権利（母親の産後休業部分を含む）が倍になり、北欧のような段階を経ずに一足飛びに一年がパパ・クオータとなったとみることもできる。また給付金は非課税で社会保険料も免除されるため一八〇日は手取りで八割程度となり、個人に割り当てられる有償育児休業の権利としては、北欧以上に手厚い制度となっている。

何が違うのか

ところが、詳しく北欧やドイツの制度と比べてみると、日本の制度の課題が浮かび上がる。

まず、北欧二国およびドイツと比較した際に明らかなのは、両親に与えられた期間の合計よりも、取得可能な子どもの年齢が低い点である。北欧の二国やドイツの場合、その合計よりも、利用可能年齢が高いため、両親の権利を最大限利用するとその分有償の休業期間が延びる。またその時期にならないと保育所への入所ができず、逆にその時期まで家庭でみればほぼ保育所の入所が保証されているため、最大限利用することのメリットが大きい。

これに対して、日本の制度の場合は、時期をずらして取得したとしても二歳まで取得できるわけではなく、年齢の上限は、パパ・ママ育休プラスで追加された二ヶ月分を加えた一歳二ヶ月までである。もっとも、これ自体は北欧と比較して一ヶ月短い程度、またドイツとは同じ期間のクオータに相当するが、もう一つの制度上の課題は、待機児童対策として導入されてきた育休延長の制度である（現行では二歳まで）。延長部分は、どちらが取得するかの制限は無く、母親だけで二歳まで育児休業を取得し続けることが可能である。こうして、母親だけで取得できる有償の育児休業の期間の最大が育児休業取得可能年齢と一致しているため、父親が取得することで期間が長くなるという北欧やドイツのような仕組みになっていない。さらに、保育所の入所は、空きがあれば一歳前でも可能であり、逆に二歳までに入所が保証されてもいないために、北欧のように両親を合わせて休業期間を最大化するよりも、入所できる最短のタイミングで保育所に預けるほうが、職場復帰ができないリスクを低くすることになり、ますます父親の取得を促す力が働きづらい。

保育所入所条件の利用調整基準の制度も、より早く認可外保育所に預けて両親が就業していた方が認可保育所への入所可能性を高める仕組みになっている場合が多く（前田 2017）、その点でも父親の取得がメリットを生まないという問題点もある。

日本の制度がこのような形になったプロセスは、第7章および第8章で詳述することにし、次の第6章では、本章で詳述した制度改正を経て父親の育休取得が進んだスウェーデンとドイツを取り上げ、父親の子育てが当たり前になった社会の現状を見ていくことにしたい。

第6章

父親の子育てが当たり前の社会とそれを支える仕組み

――スウェーデンとドイツの事例から

前章では、パパ・クオータの役割を中心に、ノルウェー・スウェーデンやドイツの制度が父親の取得をどのように促しているかを確認してきた。本章ではこうした社会での父親の子育ての様子とそれを支える仕組みの一端を、現地での観察及びインタビューを交えて紹介していきたい。スウェーデンとドイツの父親の育児休業取得を含む夫婦のワーク・ライフ・バランスについては、舩橋（2006）や高橋と斧出ら（高橋編 2021）が、より幅広い仕事と生活の状況についてのインタビューを通して分析している。本書でのドイツの父親のインタビューは、育児休業に焦点を絞ってより細かな活用の仕方にいたるまで深く聞いているところに特徴がある。

1　父親の取得日数が三割を占めるスウェーデン

スウェーデンのように大半の父親が育児休業を取得し、取得日数の三割程度を占めるようになった社会はどのような様子なのか。それは、平日日中に男性が子どもの母親を伴わず一人でベビーカーを押しているのが当たり前の社会であった。二〇一九年四月にストックホルムを訪問した際、中心および郊外の公園やショッピングセンターの様子を観察し、意図的に見たい場面を切り取らず、客観的に記録するために、ウェアラブルカメラ（GoPro HERO 7 Black）のタイムシフト機能を利用して長回しによる画像のみの記録をとった。ストックホルムの中心部から鉄道で二〇分ほど離れた郊外の駅直結のショッピングモールで平日の日中に観察したところ、乳幼児をつれた人たちのうちの三分の一程度は男性であり、男性一人でベビーカーを横にカフェで休んだり、食事を子どもにあげたりする姿や、遊具のあるスペースで男性同士が子どもと一緒に遊ぶ姿もみられ、育児休業取得日数の三割程度を男性が占める社会がどのような様子になるのか実感することができた。

第5章の父親インタビューの二〇一四年調査はもともと国際比較研究プロジェクトのために行われたもので、他の国においても同様のインタビューがなされており、スウェーデン、ノルウェー、アイスランドなど北欧の国々でも母親と比較して父親が孤立しやすい点が論じられてはいるが、それが中心的な経験とはならず、全体として父親の育児休業経験のポジティブな感情がより前面に出ている（O'Brien &

写真６－1, 2, 3　平日日中のストックホルム近郊のショッピングモールの父親たち【2019.4 筆者撮影】

Wall 2017）ことが明らかになっていた。

母親の負担に関しても同様である。両親が交代で取得することが基本であり、同時に取得する必要性があまり求められないことを疑問に思い、夫の帰る時間まで孤独な育児になる心配はないのかという点について、スウェーデンの育児休業政策の主要な研究者であるアン＝ソフィ・ドゥヴァンダーへのインタビューにおいて尋ねた。その回答は、親たちが子連れで集まる場所が多くあるから母親の孤独が大きな問題として取り上げられることはないということだった。夕方以降については、生まれたばかりの子どもがいれば父親は早く帰って来たがるのが当然という発想で、筆者の疑問自体を不思議に感じる様子であった。このように日本でいわれる「ワンオペ」育児の苦悩に当たる状況になりづらいことも、父親が単独で育児休業を取得するハードルを低くしている要因といえるだろう。

2　父親の育児参加急上昇のドイツ――ベルリンとハンブルクの街角

北欧ほどではないが、ドイツでも父親の育児休業取得が珍しいことではなくなってきている。そこで筆者は、ドイツの第一第二の都市であるベルリンおよびハンブルクで、二〇一九年および二〇二二年のいずれも八月、平日の街中の様子を観察し、記録した。

ドイツ国内の地域差

ドイツは連邦国家であり、また東西ドイツに分かれていた時の政治体制の違いにより、女性の就業率や保育所の整備状況をはじめ性別分業の状況や意識に大きな地域差がある。このような地域差は、男性の育児休業取得率（親手当の受給率）や取得期間（親手当の受給期間）の州ごとの違いにも表れている（Juncke ほか 2021）。

図６－１にみられるように、二〇一八年に生まれた子どもについて親手当の給付を受けている父親の割合は、三〇パーセントを切るザールラント州から五三・五パーセントのザクセンまで幅広い。この図が掲載されている政府の「父親レポート

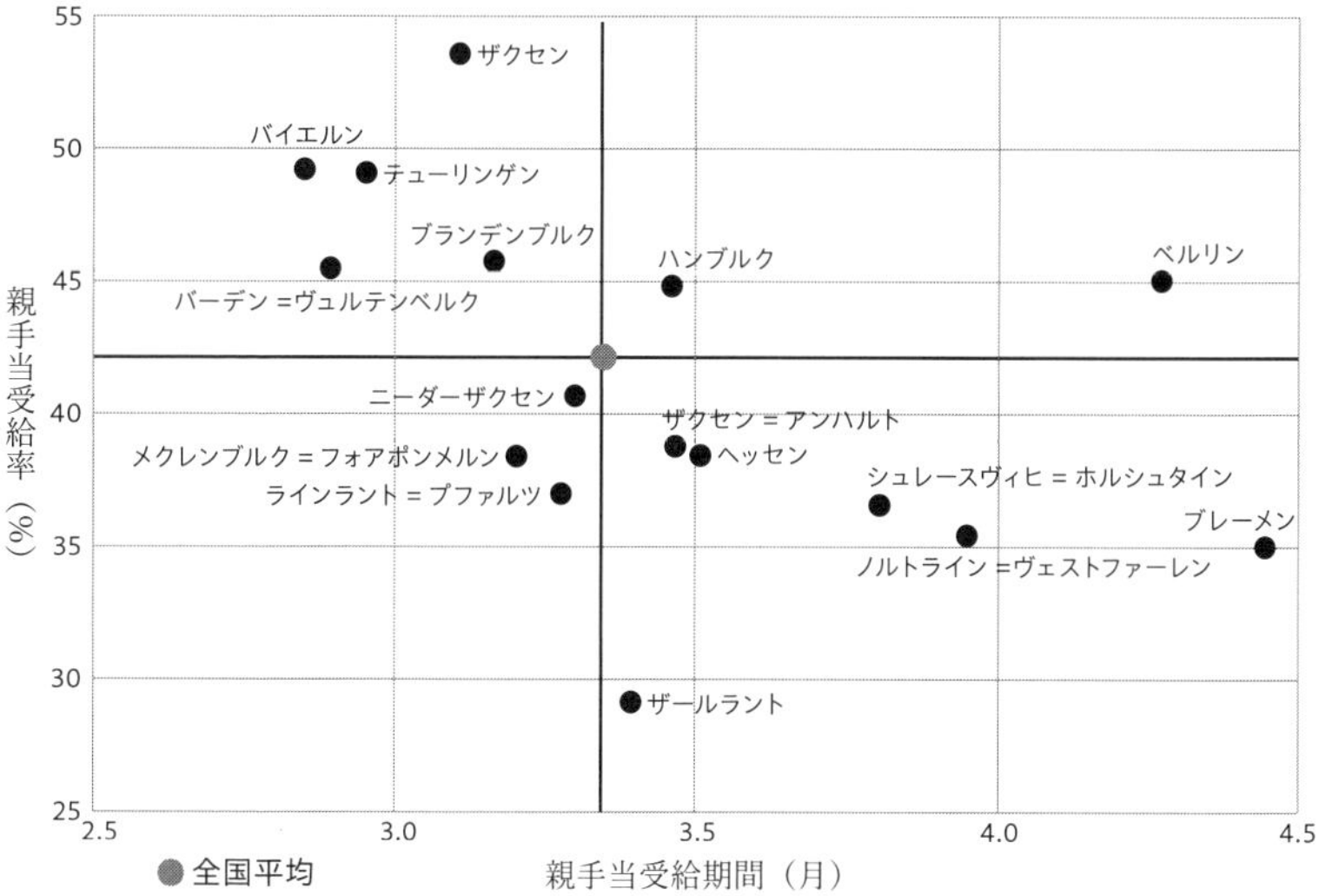

図６－１　ドイツ連邦州ごとの父親の親手当受給率と受給期間
（2018 年出生児）

出典：Juncke ほか（2021）
資料出所：連邦統計局 親手当統計（Statistisches Bundesamt: Statistik zum Elterngeld）

（Väter Report）」（Juncke ほか 2021）によると、この違いの理由の一つとして、地域における保育施設の供給の違いが挙げられる。保育施設の供給が多いところでは母親の就業が容易になり、父親の育児休業取得が促進されるというのだ。一方で、受給期間は受給率の低い（つまり父親が育児休業を取得しない）州ほど長い傾向にある。とはいえ、最も短いザクセン州でも平均二・九ヶ月である。ただしこの期間には親手当プラスを使ってパートタイムで働いている期間も含まれていることに、注意が必要だ。全国平均では受給期間の平均が三・七ヶ月であるのに対して、親時間プラスを使った父親の平均は八・六ヶ月で、使っていない父親の平均受給期間は二・九ヶ月である。

そして、受給期間は受給率の低い（つまり父親が育児休業を取得しない）州ほど長いという傾向からはずれ、受給率も期間も全国平均を超えるのが、都市州であるハンブルクとベルリンであると、同レポートは指摘する。この点で二つの州は一般的であるとはいえないが、取得率においては全国平均を少し超える程度である。受給期間についてはベルリンはブレーメンに次いで長く、ハンブルクと一ヶ月近い違いがある。

ベルリンとハンブルクの父親たち

ベルリンとハンブルクにおける観察と記録は、二〇一九年および二〇二二年いずれも八月下旬に行った。記録は二〇一九年は先に見たスウェーデンと同様、意図的に見たい場面を切り取らず、途切れることなく一定時間、客観的に記録するために、ウェアラブルカメラ（GoPro HIRO7 Black）のタイムシフト機能を利用して長回しによる記録をとった。二〇二二年は方法は同様だが、三六〇度カメラ（Insta360

図6－2　GoPro動画の閲覧・編集ソフト

ONE RS 1-Inch 360）のタイムシフト機能を用いて、より確実に周囲を記録できるようにした。

ベルリンでは、まず二〇一九年は平日の午後二時半ごろから三時頃までの間、合計二〇分ほど、この後の節で紹介する父親センターの位置するプレンツラウワー・ベルク周辺の通りおよび公園を歩きながら、撮影した。

GoPro動画については記録されている位置情報や時刻を表示できる編集ソフトGoProQuickに一度取り込んだ上で（図6－2）、分析したい動画を書き出した。それを質的データ分析ソフトNVivoに取り込み、まとまりのある状況が映っている時間枠の範囲で確認できる情報を、その時間部分についてのメモとして入力し（図6－3）、画像とメモを対応させられるようにした。なお、撮影された内容の確認はGoProQuickの方が容易なため、並行して二つのソフトで作業した。

図6－3　質的データ分析ソフト NVivo での観察情報入力とコーディング

表6—1　ベルリンの平日午後の公園等における母と父の割合（観察人数）

	公園	通り・店など
1：母	15	35
2：父	9	12

小学校の低学年の下校の時間帯にあたり、迎えに来た保護者を中心に、通りや公園に親子連れが多くいた。ベビーカー等で乳児を連れている親を含め、子どもの父親または母親であると推測される人数をカウントした（祖父母と推測される人についても数人いたが、明確でないため表から除外している）

表6－1に見るように公園の中では母親二人に対して父親が一人、通りではおよそ母親三人に対して父親一人という比率だ。母親の方が多いのは確かだが、平日日中に子どもを連れて外にいる父親も珍しいわけではないことが分かる。

二〇二二年のベルリン、および両年のハンブルクについても以下の写真に示すように同様の状況であった。すでにみたように、二〇一八年にはすでにベルリンとハンブルクの父親の親手当受給率は四五パーセントに近く、取得期間もそれぞれおよそ四・五ヶ月と三・五ヶ月であった。さらに、この後の節で確認するインタビューで確認できるように、在宅勤務で柔軟に子どもの世話の時間を確保しているケースもある。こうしたことによって、平日日中に、このように子育てに関わっている父親が明確に可視化されるのである。

写真6－4　ベルリン近郊　平日の午後の公園で子どもを見守る父親たち【2019.8 午後筆者撮影】

写真6－5, 6, 7, 8　ベルリン近郊の平日下校時刻前後の風景
【2022.8 午後筆者撮影】

写真6－9, 10, 11, 12　ベルリン近郊の平日午前・午後
ベビーカーを押す父親たち【2022.8 午後筆者撮影】

写真6 − 13, 14, 15, 16, 17　ハンブルク近郊の平日下校時刻前後の風景
【2022.8 筆者撮影】

3　ベルリン父親センターの活動と意義

父親センターとは何か

ドイツには、第5章で紹介した育児休業制度改革の開始時およびそれ以前に開設された、父親支援のための常設のセンター（ここでは父親センターと総称する）が、ベルリンとハンブルクの二箇所にある。いずれも非営利法人であり、それぞれベルリンとハンブルクの州政府からの補助金と利用者や支援者からの賛助費等による収入で運営されている。筆者は、その両方を二〇一九年及び二〇二二年のいずれも八月下旬に訪問し、センター設立とその後の経過、現在の活動についてイン

タビューを行った。

なお、ベルリン、ハンブルクに続き、ドレスデンにも父親センター（Väterzentrum Dresden = Papaseiten.de）が開設された。ドレスデンは、父親の親手当受給率が最も高いザクセン州の州都である。直接話を聞くことはできなかったが、ウェブサイトによると、土曜日のパパと子どもの集まりなど、Papaseiten.de（「父親の場所」）としての活動は、二〇一九年にすでにスタートしている。しかし二〇二二年からはザクセン州がスポンサーとなるVäterzentrum Dresden（「父親センター」）として、一〇月には父親のためのカウンセリングなどの活動を開始した。

新型コロナウィルス感染症拡大期には、同様の活動が一時的に難しくなっていたが、いずれのセンターでも育児休業中の父親のための週一回の集まりが、主要な活動の一つである。ベルリンのセンター（Väterzentrum：直訳すると「父親たちのセンター」）では二〇二二年から人数制限をして再開しており、ハンブルクのセンター（VÄTER：直訳すると「父親たち」）も二〇二三年段階に再開を予定している。第5章でインタビューの対象となった日本の男性育休取得者の大半は、休業中に地域で話せる父親を見つけることが難しかった。ファザーリングジャパンの活動はそのような機会を全国的な規模あるいは、関西一円など地域の広域圏で提供していたが、長期に取得する男性が少ない日本ではまだ身近な地域で多くの父親が集まるイベントを開催するのは難しい。ベルリンとハンブルクという大都市のひとつずつのセンターではあるが、地域の常設父親センターの果たす役割を考える上で、この二つのセンターの活動について詳しく聞くことが重要だと考えた。以下、それぞれのセンター毎にインタビューと施設の視察の結果を紹介していこう。

調査の概要

ベルリン父親センター（Väterzentrum Berlin）では、二〇一九年、二〇二二年ともに、創設者でありカウンセラーのエバハート・シェーファー（Eberhard Schäfer）氏に、英語でインタビューを行った。双方にとって第一言語ではないが、与えられた時間を最大限に使って直接のやり取りをすることが可能であり、ドイツ語と日本語の間の通訳を介する方法よりも、限られた時間でより豊富な情報を得られると考えた。また制度に関する用語など、一対一の置き換えが難しい場面では、ドイツ語の用語を確認し英語での説明を求めることで、制度に関する用語の詳しい理解ができるように努めた。二〇一九年に訪問した際は二時間ほどかけて、センターの組織構成と財源、活動内容、設立の時期と目的、センターの活動の中での脱ジェンダー化の位置づけ、父親の育児休業取得に関する取り組みについて話を聞いた。

二〇二二年は、前回の訪問時に曜日が合わなかった、パパ・カフェ（育児休業中の父親の集まり）の日（木曜）に訪問した。この際には、新型コロナ感染症拡大以後の活動、特にパパ・カフェの状況について話を聞いた。この際も、インタビューはパパ・カフェの参加者へのインタビューを併せて二時間ほどにわたった。

センターの設立の経緯や主な活動については、シェーファー（Schaefer 2016）や二〇一七年に同センターを訪問した男性学研究者の多賀太（2017）によって詳しく紹介されている。そのため、筆者のインタビューでは、そこに書かれていないことを中心に話を聞いている。ここでは、すでに紹介のある情報と直接聞き取った内容を合わせ、このような独立した父親センター設立の目的と、それを可能にする運営の仕組み、子どもの誕生直後やその後の育児休業取得に関する父親支援のありかたついて詳しく見ていきたい。

立　地

同センターはベルリン中心部テレビ塔に近いアレクサンダー広場から、トラムで八分、徒歩で五分という交通の便が良いところにある。プレンツラウワー・ベルクと呼ばれる地区で、統一前は旧東ベルリン側のあまり目立たない地域であった。だが、統一後に、おしゃれなカフェなどが建ち並ぶ流行の先端を行く地域になり、小さな子どもを持つ比較的所得の高い家族が多く居住するようになった。中層の集合住宅が集まり、表通りの一階にはカフェやレストランなどが並ぶ。センターもその一角にある。

活動の柱

シェーファー（Schaefer 2016）や多賀（2017）がまとめているように、センターの活動の柱は①プレ・パパのための出産準備講座、②パパ・カフェ、③カウンセリング・相談事業、の三つである。①は出産前に女性が受診している産科の病院で、父となる予定の男性に対して開催される三時間一回開催の講座である。③は離別後の子どもとの関係の築き方についての法律面・心理面での相談事業で、心理相談はカウンセラーであるシェーファー氏の主要な業務であり、法律相談は非常勤で依頼している弁護士が担当する。②のパパ・カフェは育児休業中の父親を主に対象として週一回開催されるもので、本書の中心テーマに関わるものであり、インタビューにおいても詳しく質問をしているため、この後、詳しく紹介していく。

設立の経緯

同センターは、二ヶ月のパートナー月を含む新たな育児休業制度の始まった二〇〇七年のはじめにシェーファー氏が立ち上げた非営利法人である。ドイツでは当時までに、ジェンダー平等の機運が高まり、父親はもっと子育てに関わるべきだという声が強くなっていたが、一方で、父親のための具体的な取り組みはほとんどなされていなかった。そこで、自らがその取り組みをしようと考えたという。初年度は補助金の額が現在よりも少なかったこともあり、まず自分ひとりだけで運営していたが、運営するうえで自分だけでは難しいと考え、二年目からもう一人従業員を増やした。それ以降は、次の年に入れ替わりに参加したマーク・シュルテ（Marc Schulte）氏と二人が中心となり運営が行われている。

写真6－18、6－19は、二〇一九年と二〇二二年に撮影したセンターのメインの空間である。設立当初から現在の場所で運営しているという。賃料を節約できる小さなオフィスではなく、父親と子どもたちが集まれる広いスペースを持つ場を設けた意図についてのシェーファー氏の答えが印象的だった。

他の場所で間借りするのではなく、専用の部屋があることが重要だったんです。部屋には言葉(language)があるということを私たちはよく分かっていると思うんです。部屋と呼んでも空間と呼んでもいいですが、それはコミュニケーションを引き起こします。どこかいろいろな目的に使う場所を借りるのではなくて、届けたいメッセージを作ること、自分でそのメッセージを作る力を持つことが大切なんです。そして、

写真６－18　子どもの遊ぶスペース【2022.8 筆者撮影】

写真６－19　主に父親同士が語らうスペース【2019.8 筆者撮影】

その場所を、例えば金曜日の夕方四時から六時のお父さんの集まりだけに使うのです。

そのために、さまざまな目的を持つ大きな組織の中のプログラムとしてではなく、独自の小さな組織を立ち上げることを選んだという。

組織と財源

先に見た組織と財源は現在も大きく変わっていない。主に家族のための教育事業として州政府（ベルリン州はベルリン市と一体）から補助金を得て、運営されている。二〇一六年の論文によると当時の年間予算は一五万ユーロである。民間の非営利法人（登録社団）であるセンターに運営の法務に通じた弁護士など三人の理事がおり、シェーファー氏やシュルテ氏を雇用する形を取っている。運営の責任者であるディレクターはシューファー氏が長く務めてきたが、二〇一九年時点ではシュルテ氏に交代していた。シェーファー氏はカウンセラーであると同時に、シュルテ氏にとともに一三年間（二〇一九年時点）にわたって国内でも最も多くの父親と話してきたことから、父親とその役割（Fatherhood）についての専門家でもあると自負している。シュルテ氏はディレクターとして運営に関わる事務・会計面の仕事に携わると同時に、カウンセリングも担当し、ソーシャルワーカーでもある。親子向けイベントなどの年間プログラムをオーガナイズすることも彼の役割だ。センターの運営の中核をなす二人だが、週の就業時間は在宅勤務を含めフルタイムよりも少し少ない三七、八時間にとどめ、大学での講義や執筆などフリーランサーの仕事を入れる余地を残しているという。彼ら二人の他に、二〇一九年には主に事務会計の業務を担当する職員がおり、ソーシャルワークのバックグラウンドを持ち、カウンセリングにも関わるようになっていた。また二〇二二年段階では、主にパパ・カフェやその他の親子イベントを担当するパートタイムの野外教育（Wildnuspädagogik）専門家である職員も雇用されている。

パパ・カフェの発展

パパ・カフェ（Papa Café）は、開設当時から定期的に実施してきた取り組みである。それは、週に一回木曜日の九時半（以前は一〇時）から一三時まで、主に育児休業中の男性が子どもをつれて集まり、子どもを遊ばせたり、センターが提供するパンとコーヒーで談笑したりできる場として設けられている。明確な子どもの年齢条件はないが、自分が育児休業に入って保育が始まる前の期間にあたるため、六ヶ月ぐらいから一五ヶ月ぐらいの子どもを連れてくることが多いという。夏やクリスマス前後の長期休暇などは開催されないが、基本的には通年開催されている。新型コロナ感染症の拡大期には開催できなかったが、二〇二二年には、人数の制限が設けられ、事前申込が必要になるなどの制約はあるものの、再開されている。

パパ・カフェでは、あえてレッスンや教育プログラムのようなものは用意していない。ただそこに集まり、子どもとの時間を過ごし、他の父親たちとそれぞれの経験や考えについて話をしたり、他の父親が子どもの世話をする様子を観察することを重視しているからだ。このようなインフォーマルな場を通して、ケアする父親（Caring father）であることが、現代の男性であることの一部なのだということを、父親たちがインフォーマルな形で学ぶことになることを意図しているのだという（Schaefer 2016）。

二〇一六年の論文の記載では八から一二人、二〇一九年のインタビューでは一〇から一五、六人ほどの父親とその子どもたちが参加するパパ・カフェだが、最初の半年は参加者が一人から三人程度しか集まらず、通りや公園などにいって父親に声かけや聞き取りをする活動をしたという。「父親センター」と聞いてどのようなところだと思うかとたずねると、何か問題のある父親、とても困っている父親が助けを求めるところだろう？　との認識だった。自分でできるから別に助けは必要ないし、もし助けが必要になったら妻や上司、親に頼むから、父親センターなんか必要ない、ということだった。そういう認識だということが分かったため、彼らは、父親センターが、楽しい場所で、事前に申し込む必要も無く、気楽に立ち寄れるフレンドリーなところであり、よりよい父親や、正しい父親のあり方を指導されるような場所ではないと思ってもらえるようにする必要がある、という考えに至った。だから、すぐに認識を変えることはできない、我慢が必要だと悟る。一人、二人の参加者であってもそういう場として運営することで、こんないい場所があるという父親同士のクチコミが広がる。

もう一つの工夫として興味を引かれたのは、この集まりを「パパ・カフェ」と名付けたことである。内容としてはプレイグループ（Playgroup　ドイツ語ではSpielguruppe）と類似しているが、多くの場合、参加者は母が大半を占め、父親は自分だけか他にひとりいるくらいということを経験している。それとは違う、父親が安心して入っていける場として認識されることが重要だとシェーファー氏たちは考えたのだという。

こうした工夫の結果、その年の後半に五‐九人くらい、二年目には一〇から一二人ほどに増えた。

参加者たちはどのような範囲から来ているのだろうか。二〇一九年のインタビューで尋ねたところ、半数はセンターのあるプレンツラウワー・ベルクすなわち近隣三平方キロメートルくらいの範囲から来ており、残りの半数はそれより遠いエリアから、三〇分くらいかけてきている父親もいるだろうとのことであった。先に見た立地によって、公共交通機関で来ることも難しくはない。とはいえ、半数が地域の人々ということで、育休中に地域の父親が集うことのできる場として機能していることが分かる。

二〇二二年の夏の段階ではパパ・カフェも、さらに上の年齢の子と父親を対象とした日帰りや宿泊型のイベントも再開している。このようなイベントも父親と子どもを対象としている。長い時間あるいは宿泊を含むイベントの中で、他の「ケアする父親」の様子を身近に見ることがこのようなイベントの狙いであるとシェーファー氏はいう。

ただ、二〇二二年八月のパパ・カフェの日に訪問した際は、参加者はひとりであった。この時期は、日本でいえば四月にあたる、保育所入所が集中するタイミングだという。それまでパパ・カフェに参加していた父親たちは慣らし保育と職場復帰の準備で来なくなるため、次に新しく育児休業に入る父親たちが加わる合間の時期は、こうして参加者が少なくなるのだ。

ジェンダー役割の見直しと父親の育休取得の促進

シェーファー氏へのインタビューや彼の執筆した文献からは、ジェンダー平等およびジェンダー役割の見直しについての明確な意識が読み取れる。

例えば、彼の論文（Schaefer 2016）では、父親役割の変化を進める目的として、ワーク・ライフ・バランス、子どもの発達とともに「ジェンダー平等」が挙げられている。そして、とりわけ、ケアする父親

写真６－20　訪問時のパパのカフェで子どもをあやす一人の参加者と語るシェーファー氏【2022.8 筆者撮影】

写真６－21　道行く人にパパ・カフェの開催を周知する看板【2022.8 筆者撮影】

（caring fatherhood）としての父親像の構築が重視されている。

> 本論文の実践的かつ政治的な面での主要なポイントは、父親は最初から、すなわち妊娠出産期から自分の子どものケアの自立した担い手、そしてその子どもの愛着の対象とみなされ、言及されるべきだということである（Schaefer 2016: 169）。

ベルリン父親センターは、父親が「よい」積極的な父親になることを促進する場としての役割を果たし、ケアする父親という概念を強化することを目指している（Schaefer 2016: 170）。

シェーファー氏はさらに父親のジェンダー役割の見直しに関して、母親の関わりの重要性も指摘している。論文の中で「母親によるゲート・キーピング（maternal gate-keeping）」に言及している。多くの父親、プレ・パパに話を聞く中で、そして先行研究の知見から、多くの父親の育休取得期間がパートナー月にあたる二ヶ月にとどまる（それでも日本の現状から見れば長いが）理由として、父親が長く取りたがらないということ以外に、母親が「私が「赤ちゃんとの一年（baby year）」を取ってその後、パートタイムで復帰するよ。自分の方が赤ちゃんと近いし、近くにいないといけない。あなたより赤ちゃんとの愛着ができているから」といって提案し、父親が同意するというパターンがあると指摘する（Schaefer 2016: 177）。

このように母親の方が長くなることが当たり前にならないよう、センターの講座や、出産前の父親とのカウンセリングで、できるだけ長い育休の取得を働きかけているという（二〇一九年インタビュー）。

ジェンダー役割の見直しについての学術的な認識をどのようにして身につけていったか、ということについてインタビューで尋ねた。彼は一九八〇年代にすでに小さな子どもがいる状態で、大学で政治学を学んでいた（取得学位は、旧制度で修士号レベルにあたるDiplom-Politologe）。その頃はあらゆる領域でジェンダー平等を重視していたが、主に女性がどのように男性と同様の権利を持つかという議論ばかりで、男性については暴力的な性、女性に対して敵対的な性という捉え方の他、ほとんど学問の対象となっていないと感じたという。小さい子どもがいるので、夕方くらいに、大学の周りの学生たちに、もう家に帰るというと、「なんで？　つまらないやつだ」と見られるような感じだった。だから、男性が父親としてどのようにもっと子どもと関わっていけるかというようなことについての視点の議論がなぜ無いのかと疑問に思い続けた。

その後は、ジェンダー研究を社会科学の学問として行ってきたわけではないが、自身やシュルテ氏が大学での講義に呼ばれるなどする中で、学問のコミュニティの周縁で実践の視点からアイデアや経験を提供するという形で研究に関わってきたという。実際、彼は先述の論文をはじめ多くの書籍の分担執筆などをしており、特にロバート・リヒターとの共著『パパ・ハンドブック』は、妊娠期から始まる父親の子育て、パートナーとの関係、ワーク・ライフバランスなど、父親として必要な情報を包括的に盛り込んだ著作で、二〇一三年に出た初版（Richter & Schäfer 2013）が好評を重ね、二〇二〇年に増補改訂版（Richter & Schäfer 2020）も出版されている。

ベルリン父親センターの提供する一貫した父親支援プログラムは、こうした長年にわたる実践と学術的な知との相互作用によって支えられているとみることができる。また、その運営を継続的に可能にする行政の補助金の存在も欠かすことができないだろう。

4 ハンブルク父親センターの活動と今後の展望

ハンブルク父親センターと調査の概要

ハンブルクの父親支援施設の名称はVÄTERといい、直訳すると「父親たち」であるが、名称の後に登録社団であることを示すe.V.がついていることで、非営利法人名であることが分かる。活動内容はベルリンの父親センターと同様で、ベルリンのシェーファー氏もハンブルクの父親センターとして言及しているため、ここでは分かりやすいように、ハンブルク父親センターと呼んでいくことにしたい。

ベルリンと同様、筆者は二〇一九年と二〇二二年の二回、いずれも八月下旬に同センターを訪問し、運営にたずさわる職員計三人にインタビューを行い施設も見学させてもらった。

ここでもインタビューは英語で行った。また制度に関する用語など、一対一の置き換えが難しい場面では、ドイツ語の用語を確認し英語での説明を求めることで、制度に関する用語の詳しい理解ができるように努めた。二〇一九年に訪問した際は育児休業中の父親と子どものためのブランチ会を主催するラーズ・ヘンケン（Lars Henken）氏に対して二時間ほどかけて、センターの組織構成と財源、活動内容、設立の時期と目的、父親の育児休業取得に関する取り組みについて話を聞いた。

二〇二二年は、前回の訪問時に曜日が合わなかったブランチ会（育児休業中の父親の集まり）の曜日（月曜）に訪問したが、新型コロナ感染対策でブランチは実施されていなかった。ヘンケン氏はこの時点までに退職しており、カウンセラー、システミックセラピーおよび夫婦・家族セラピーの専門家として働くアレックス・ナックン氏（Alex W. Nacken：学位はDiplom-Pädagoge。Diplomはドイツの旧来の制度。大学入学五年程度で取得する修士レベル、すなわち教育学修士に相当する）と、州認証の社会教育士の資格を持つ社会教育専門職として働くセバスチャン・ピルツ（Sebastian M. Pilz）氏に、新型コロナ拡大以後の活動、特に育児休業取得をはじめとする父親への働きかけの現状について話を聞いた。二人に対して一時間半、ナッケン氏がカウンセリングのアポイントのために退席した後に、さらにピルツ氏に三〇分ほど話を聞くことができた。また、途中施設内の案内を二人にしてもらいながら、まさに着手しはじめたばかりのリノベーションの計画についても説明を受けた。その際は三六〇度カメラinsta360（第2節参照）で録画をしており、音声も同時に記録した。この方法によって、撮影時の画角をあまり気にすることなく会話を続けられた。その後、録音を聞き返しながら見たい方向の画像を確認し、必要に応じて写真として切り出している。

父親センター設立の目的と、それを可能にする運営の仕組み、子どもの誕生直後やその育児休業取得に関する父親支援のありかたついて詳しく見ていきたい。

立　地

同センターは、ベルリン同様一市で一つの州を構成するドイツ第二の都市ハンブルク（正式にはハンブルク自由・ハンザ都市）のアルトナ地区にある。ベルリンのセンターと比べるとやや都心から離れるが、ハンブルク旧市街地の中心部市庁舎周辺から電車（Sバーン）で一〇分、ハンブルク・アルトナ駅から徒歩五分というやはり、交通至便なところにある。駅前商店街もあり、周りにおしゃれなカフェやレストランが並び、公園や緑も多く、小さな子どものいる家族が多く住む地区であり、ベルリンのセンターの立地と共通するところが多い。

活動の柱

センターの中心的な活動については、ウェブサイトに完結にまとめて掲載されており、インタビューで語られた内容と一致しているので、そちらを紹介していきたい。

①カウンセリング

後に見るように、ハンブルク市（州）によるセンター運営の補助金はこのカウンセリング事業を中心に受けられている。父親と子どもの誕生、パートナーシップ、離別、仕事に関するカウンセリング、夫婦カウンセリングなど、が対応内容の例としてあげられている。

②お父さんのための育児休業ミーティング（まもなく再開、センターのリノベーション会場）
③お父さんのための出産準備コース
④父と子、家族のアクティビティ
⑤ホリデー・キャンプ（六歳以上の子ども向け）
⑥父親向けのさまざまなテーマでの講演

②のお父さんのための育児休業ミーティングは、ベルリンのセンターのパパ・カフェに相当するもので、活動内容は概ね重なっている。このミーティングは新型コロナウィルス感染症拡大の影響で、二〇二二年訪問の時点では実施されていなかった。二〇一九年のインタビューでは重要な柱であることがうかがえ、また二〇二二年訪問時も、より効果的な形での再開を期して、リノベーションに取り組み始めたところであり、この後、詳しく紹介していきたい。また①のカウンセリングと③の出産準備コースも同センターにおける、父親の子育て促進の取り組みとして有機的に結びついているため、併せて紹介していく。

設立の経緯

同センターは、創設者フォルカー・バイシュ（Volker Baisch）氏が二〇〇一年に始めた取り組みにその起源がある。自身が父親であり、父親のための取り組みをいろいろ探していたが、何も見つけられなかった。それなら、自分たちでやってみようということで、自分たちと一緒に何かをしてくれる他の父親を探していた。そして、助成金を得た。

その後、ハンブルク市（州）からも補助金を得られるようになった。ただし、それは離別した父親のための支援窓口を開設することについての補助であり、現在も主としてその活動に対して補助金が出ているという。しかし、父親と子どものためのそれ以外の取り組みも同時に提供してきた。

このようにベルリン父親センター設立以前にすでに活動が始まっているため、バイシュ氏はその設立に当たっての助言をしていたという（以上、二〇一九年インタビュー）。

組織と財源

二〇一九年のインタビューの際に職員構成や労働時間について詳細に尋ねた。ヘンケン氏ともう一人がマネージャーとして組織全体の運営の中心となるが、二人はフルタイム勤務ではなく、併せて週二九時間を半分ずつに分けて勤務時間としている。ヘンケン氏はフリーランスのコピーライターとしての仕事も持っており、もう一人のマネージャーは、フルタイムで働く妻をサポートしつつ、自身はこの仕事のみをしている。実際にはこの時間内に収められる業務量ではなくそれ以上の時間仕事をしているが、そのことは分かった上で選んだので特に問題は感じていないという。ヘンケン氏は育休ミーティングを含む親子向けプログラムや広報を担当し、もう一人のマネージャーは会計面を主に担当している。センターの重要な活動であるカウンセリングを担う職員は週二〇時間勤務である。このほかに事務のサポートをするアシスタントスタッフや、週一回半日ずつ勤務するスタッフが二人いる。また非営利組織として原則無償でセンターのために働く名誉職の人たちもいる。これは、ベルリンのセンターの理事たちに相当するものだろう。

二〇二二年の訪問時の体制は、ナッケン氏と前回訪問時から引き続き勤務するカウンセラーが主にカウンセリングを担当し、社会教育専門職のピルツ氏が出産準備コースなどの講座などを担当する体制であった。

運営資金は、ハンブルク州政府の労働・社会貢献・家族・統合省（BASFI）の補助金が主な財源となっている。カウンセリング業務はすべて補助金によってまかなわれ利用者は無料で受けられるが、その他の活動については参加費が必要である。ただし、プロジェクトとして別に政府に申請して半額が助成されるため、参加費を低く抑えることができているという。また、そのほかに賛助会員の制度やアマゾン・スマイルなどの仕組みを使った寄付などを活用して運営資金を集めている。

父親への働きかけ

二〇一九年のインタビューでは、育休ミーティング（パパ・ブランチ）と助産師会との連携による出産準備コースについて詳しく話を聞いた。

育休ミーティング（パパ・ブランチ）は、ベルリン父親センターのパパ・カフェと同様に、平日の午前中に育児休業中のお父さんが集まって子どもを遊ばせたり、お父さん同士が情報交換したりする場として開かれていた。ただし、ベルリン父親センターと異なり、こちらのセンターはカウンセリングに使える部屋とオフィススペースなど比較的小さな部屋に分かれているため、多くの父親と子どもたちが集まるスペースを確保できない、そのため、別の場所（このときは小学校）を借りて実施されていた。

写真6－21は、ハンブルク父親センターの窓に通りに向かって掲示されていたパパ・ブランチのお知らせポスターだ。そこには次のように書かれている。

育休ミーティング：上司が代わったお父さんたちのために
毎週月曜一〇－一二時半
新たにターデン通り一四七番地で実施中。

・育児休業中あるいは小さい子どもの世話をするお父さんたちのためのオープンミーティング
・お子さんに優しい雰囲気の中で朝ご飯を食べながらの気軽な交流
・お父さんと子どもさんに関する情報

「上司が代わったお父さんたちのために」という呼びかけは、子どもの部下のようになる育児休業中の状況についてのユーモアだ。写真とマッチしたコピーになっている。

毎週五人から一〇人ほどのお父さんがその子どもと参加しているという。そして大半の父親は六ヶ月あるいは一年、時にはさらに長い期間休業するお父さんもいるという。二ヶ月しか取らない（これが一般

写真6－21　パパ・ブランチのお知らせポスター
【2019.8 筆者撮影】

的なパターンであるという認識が今のドイツではある）お父さんの参加は珍しいそうだ。ヘンケン氏は、この集まりを知るまでにある程度時間がかかるので、二ヶ月という短い休業の人は見つけづらいということだろうと推測する。実はヘンケン氏もこの集まりの一参加者からマネージャーになっており、彼以前のマネージャーも同様の経緯でなった人がいたとのことだ。

お父さんたちが参加した経緯としては、自分がこうした集まりに興味を持って探したというケースが多いが、一方でパートナーが見つけて「送り込まれた」ケースもあるという。大半の父親たちは、他の父親からこの集まりのことを聞いてきたという。ベビースイミングや、ハンブルクの七つの区に一つずつある「親子センター（Eltern-Kind-Zentrum）」で出会った父親から聞くのだそうだ。親子センターに来る親の大半は母親であるが、たまたま他にいたひとりの父親が育休ミーティングのことを教えてくれるというケースだ。

ブランチ会には育休のさまざまな時期のお父さんたちがおり、先に経験をする他の人の様子を見て、学ぶこともある。例えば慣らし保育（Eingewöhnung）の最初の回に、ブランチ会の場から保育所（Kita）に行って、一時間ほど預けた後につれて戻り、その様子を他のお父さんに伝える、といったこともあったという。

ヘンケン氏は、育児休業の取得について相談を受けた際やブランチ会の中で、子どもの幼い時期に過ごす時間とキャリア追求の優先順位についてよく考えることを促し、父親が子育てに責任をもつことの重要性を訴えているという。そして、参加者は長期の休業を取得する人が多く、職場復帰後に新たに父親になる同僚にそのような考えを広め、その同僚がまた参加者となる循環もある。

そして、近くの助産院と提携して出産を控えた親たちに向けた講座の一部（複数回）を父親向け講座として、父親センターに来て存在を知ってもらい、出産後の関わりにつなげてもいるということであった。二〇二二年の訪問時には新型コロナの影響でブランチ会は実施されていおらず、カウンセリングなどもオンラインが多くなっているが、助産院との連携は引き続きされており、オンラインでの出産準備講座を行っている。仕事の後、家で自分の部屋でゆっくり受けることができるというメリットの発見もあったようだ。

カウンセリングでは、離別後の子どもとの関係が八割を占めるが、残りは教育に関する質問や育児休業に関する質問など、子育てへの関わり方や子どもが生まれた後のパートナーとの間の関係全般に関して質問がある。ナッケン氏からも、ベルリンのシェーファー氏と同様、母親による「ゲートキーピング」の話が出された。父親は子どものことは分からないとパートナーから言われて子どもに積極的に関わることができないという父親には、母親と同じように子どもを育てる能力があるということを伝えて励ましているという。

リノベーション計画

二〇二二年八月の段階では、パンデミックで中止になったブランチ会は再開していなかったが、ナッケン氏とピルツ氏は、できるだけ早く再開したいと考えていること、そのためにセンターのリノベーションに着手したことを、施設を案内しながら説明してくれた。すでに書いたように、ベルリンのセンターと異なり、こちらのセンターでは小さな部屋が多いために、コロナ前でも別の場所を借りてブランチ会を実施していた。そこで、小さく区切られた部屋の間のドアを開放するなどのリノベーションによって、センター内でブランチ会ができるようにしたいというのである。さらに、現在は外から建物の中が見えにくいため、中の活動の様子が見えるように改装し、センターと地域の間のバリアをなくしたいと考えている。

ベルリンのシェーファー氏と同様、彼らも場所があっていつでも人がいることの重要性を力説していた。ホームページにはすでに育休ミーティング（パパ・ブラン

写真6－22, 23　家具を移動し絨毯を引いて子どもたちが遊べるスペースに。外に向けても開かれた空間に。
上リノべ前【2022.8 筆者撮影】、下リノべ後【2023.2 センター提供】

チ会）再開の予告が出ている。まだ大きなリノベーションの予算は付いていないが、自分たちの手でできるところから手をつけ始めているという。訪問後のやり取りで、リノベーション後の写真も送ってもらうことができた。

子育てする父親を繋ぐ場としてさらに発展していくことが期待される。

写真6－24　入り口すぐのスペース。父親が手に取れるよう、子育て関連情報のパンフレットが置かれている【2023.2 センター提供】

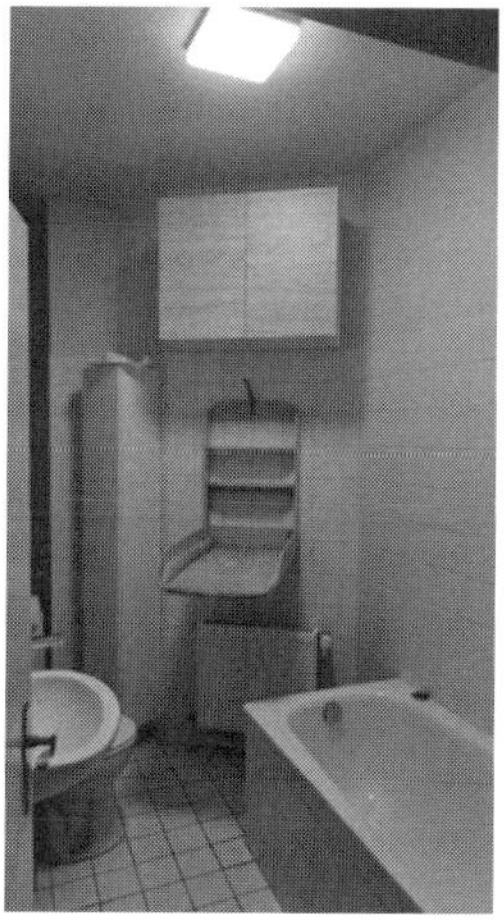

写真6 － 25　おむつ替えのスペースも作られた【2023.2 センター提供】

写真6 － 26　この窓をより開放的にすることも予定している
【2022.8 筆者撮影】

5　民間企業による男性育休取得支援

ｐｍｅファミリエン・サービスとはどのような企業か

前節では非営利法人として運営され、父親の子育てのための支援を行っている父親センターの活動と意義を詳しく検討したが、この節では、他企業を顧客として、主にその企業の従業員の家族・生活に関わる支援をするサービスを提供する民間企業の活動に目を向けたい。

ｐｍｅファミリエン・サービス（pme Familienservice　以下、ｐｍｅと呼ぶ）はベルリンに本社を持ち、ドイツ全国に三〇以上の事業所を持つ企業である。二〇一九年八月下旬にベルリンの本社とハンブルクの事業所を訪問し、クライアントの支援にあたる社員および社内外のコミュニケーションを担当する社員に、同社の提供するサービスの内容と同社自体の職場環境について主に話を聞いた。また併せてそれぞれの社内の施設を案内してもらい説明を受けた。

この企業に着目し、訪問して話を聞くことができたのは、次のような経緯による。コミュニケーションを担当する社員であるダニエル・エアラー（Daniel Erler）氏は、ドイツの育児休業政策に関する論文で博士号を取得している研究者でもあり、二〇一九年当時、本書の「はじめに」で紹介した研究ネットワークの活発なメンバーであった（現在は名誉メンバー）。民間企業の社員が、ほぼ毎年同ネットワークのセミナーに出席しこの分野の研究を続けており、その会社の事業内容自体も、そのような専門知識を提供するものであるということに、筆者は興味を引かれた。

そこで、エアラー氏を通じて、同社の二事業所のそれぞれでコンサルティングに従事する社員を紹介してもらい、ハンブルクの事業所では彼自身からも説明を受けた。本節の内容はそのときの説明に基づくものである。

同社のサービスをうける顧客企業は八百社ほどにおよび、その中には、複数の有名自動車メーカーをはじめ、出版社、家具メーカー、アパレルメーカーなどの民間企業だけでなく、大学や研究所なども含まれる。主に、その従業員や学生三万人以上に対して家族・生活に関わる支援を提供するのが同社の事業である。企業が従業員にとって魅力的な組織になるためにｐｍｅのサービスの契約をするため、従業員にとっては実際に保育を利用する際の費用以外は無料で、自分の会社を介さずに直接利用することができる。

サービスの三つの柱

そのサービスの三つの柱は、主に顧客企業の従業員個人を対象とするコンサルティング・カウンセリング・コーチングの提供、保育サービス、そして企業の管理職層を含む顧客へのトレーニングの提供である。

第5章および本章で説明をしているように、ドイツの育児休業制度は復職後のパートタイム就労を含めてデザインされた複雑なもので、子どもの生まれた親たちが自分たちに最適な取得の仕方を考えるのが難しい。父親センターもそのような相談が寄せられることはすでに見た。ｐｍｅは顧客企業の従業員が利用できるポータルサイトで、こうした制度の要約や政府の公式書類や手当受給計算のためのウェブアプリ（政府が用意した「親手当計算アプリ・プランナー」Elterngeldrechner mit Planer）などへのリンクを提供している。そのうえで、従業員個人がｐｍｅにアポを取って対面または電話で相談を受けられるのである。その相談は、従業員本人だけでなく家族が利用することもできるため、男性従業員の妻が相談してきたり、夫婦で相談に来たりすることもある。その際、経済的な負担を許容できる範囲に抑えつつ夫婦がより平等に取るための方法をアドバイスすることもあるという。相談内容は仕事のストレスや健康問題など急を要することもあり、このサービスは二四時間、週七日対応可能である。

写真６－27　ベルリン本社のカウンセリング室【2019.8 筆者撮影】

写真６－28　電話対応を含めフリーアドレスのデスクスペースを取り入れたベルリン本社。電話カウンセリングはパソコンを介して行うため、在宅勤務を含め場所を固定されずに対応できる【2019.8 筆者撮影】

写真６－29　ハンブルク支社のカウンセリング室【2019.8 筆者撮影】

第二の柱は保育サービスである。ｐｍｅは、復職後の保育所（Kita）探しのアドバイスをしたり、提携する保育所の中から希望に合ったものを紹介する。それに加えて、保育施設自体を全国に七〇軒以上運営しており、企業との間で一定の枠を提供する契約を結ぶこともある。また、同社の保育施設で学童保育や急な仕事の際の一時保育なども提供している。

第三の柱は研修事業である。企業に対してさまざまな研修を提供できる専門知識を持ったスタッフを自社で雇用している。それらの人材を活用し、従業員自身の個人的問題に加えて、管理職が部下のマネージメントで直面する問題に対応するための研修なども行うことができる。

写真６－30　ハンブルク支社に設置されている保育施設の庭
【2019.8 筆者撮影】

6　ドイツの父親の育休取得の実際

本章ではここまで、父親センターや、ｐｍｅのような民間企業が、小さな子どものいる父親、あるいは、これから父親になる予定の男性に対して、古い男性役割を見直してケアする父親になることをどのように手助けしているか、しようとしているかを見てきた。また、第5章では、ドイツの育児休業制度が北欧の制度を参考に、どのように父親の取得を促す仕組みを取り入れているか、日本の制度と比較しながらその特徴を確認した。

ここからは、ドイツの父親たちが実際にどのような育児休業の取り方をしているのか、またそこに至るプロセスがどのようなものであったのかを、筆者がドイツの父親たちに行ったインタビューを用いて示していく。

インタビューの概要

用いるインタビューの方法や対象者の選定プロセスは、第4章の日本の父親のインタビューとは異なっており、またいくつか種類に分かれている。大きく分けると、個人インタビューとグループインタビューである。

個人インタビューは主にベルリン父親センターのシェーファー氏を通じてセンターの利用者を中心に

協力者を募った。ドイツの育児休業についての研究という目的は伝えてあるが、育児休業取得について特別の条件を設けずにセンター利用者かその関係者を紹介してもらった。対象者は二〇一九年に一人、二〇二二年に三人である。ベルリンに住み、一人以外はセンターの何らかのサービスを利用しているという偏りがあるため、ドイツの父親の育休取得のしかたの典型でも代表でもない。むしろ、英語でスムーズな受け答えができ、高学歴であったり、海外から移住してきた父親であったり、と、特別な環境にある父親ともいえる。したがって、ここでは、第5章で見たような特徴を持つ複雑な制度がそれぞれの父親の環境のなかでどのように活かされているのか、そしてどのような限界を持っているのかについて具体的に知ることを目的としている。ドイツ人の文化的な背景を離れて、制度が果たす役割を理解することができるだろう。質問の内容は、取得パターンと決断のプロセス、保育所（Kita）への入所手続きについて、育児休業を取ったことの意義や苦労、父親センターをどうやって知り、どのような活動に参加しているかなどである。

一方、グループ・インタビューは、ベルリン父親センターを会場としてひと月に一回、第四土曜日に実施されている父親グループに対して行ったものである。こちらは、子どもと一緒に集まってイタリア語で交流したい父親たちのグループであり、イタリアから移住した人もいれば、ドイツ語が母語であるが妻がイタリア出身であるなどイタリア語を使う機会を持ちたい人もいる。一一人の参加者の中には育児休業を取得していない父親もいたが、多くはドイツで、一部はイタリアで取得していた。あらかじめ筆者がグループの主催者に聞きたいことを伝えて進行をしてもらい、必要に応じて質問の意図などを説明したり、質問を重ねたりするなどして議論を深めた。基本は英語でのやり取りであったが、一部の細

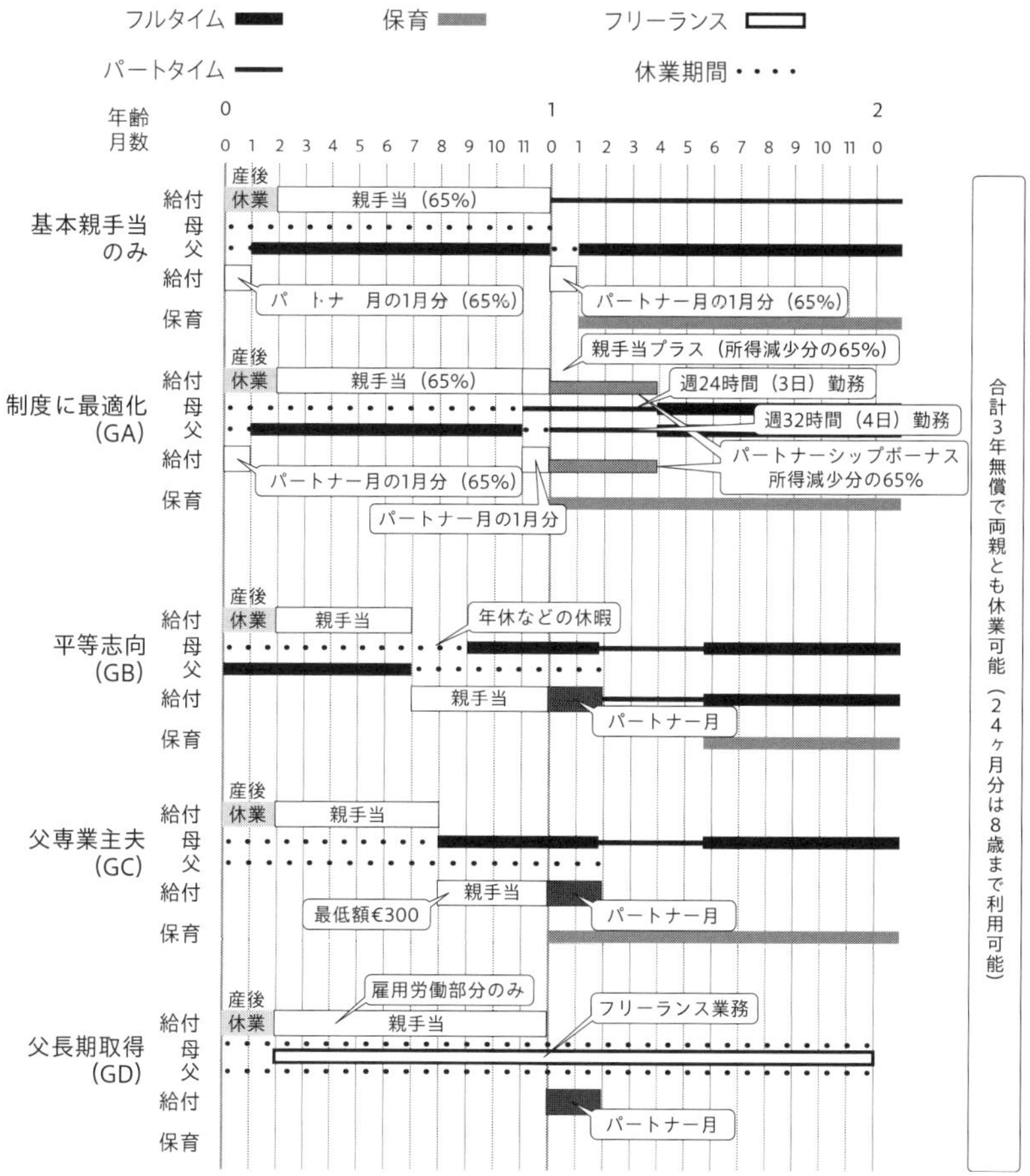

図６－４　ドイツの育児休業取得パターン（個人インタビューの対象者から）

かい内容確認をいったんイタリア語でしてもらっている場面もあった。このグループもドイツ人の父親を代表するとはいえない。しかし、一一人もの父親の育児休業取得経験について話を聞くことで、異なる制度や職場環境によって、どのように子どもとの関わりや育児休業の取り方が変わるかを知ることができる。テーマは、取得期間と決断のプロセス、一人で子どもを見ている期間があったかどうか、育児休業を取ったことの意義や苦労などである。

まずはじめに四人の父親の個人インタビューの事例を図6－4に整理したうえで、さまざまな背景を持つドイツの父親とそのパートナーの育児休業取得の詳細を見ていこう。図の一番上の「基本親手当のみ」はインタビュー対象者の具体的な事例ではなく、第4章でドイツの制度としての基本的な骨格として紹介した基本親手当と二ヶ月の親手当を取得する場合のパターンをモデル化したものである。実際に文献や父親センター職員のインタビュー等からも、これが典型的なパターンと言われることが多い。それ以降の四つは四人の父親のインタビューに沿って、その先の予定や可能性を補ってモデル化したものである。この四人の事例をこの後順に詳しく紹介していく。

制度に最適化した取得

GA（=ドイツの父親のAさん）には、二〇二二年八月末にベルリン中心部のカフェで二時間ほどにわたり話を聞いた。また併せて夫婦の年齢、職業、育休取得のタイミング、子どもの誕生月等、本研究にとって重要な情報についてはシートに記入を依頼した。

基本親手当に関しては、二ヶ月のパートナー月（一般に父親月 Vätermonate と呼ばれる）を取得しているという点で、さまざまな文献や父親センターのインタビューでしばしば語られた典型的なパターン（図の一段目）ではある。しかし、GAの場合は、さらにその後のパートナーシップボーナスの活用もしながら、制度を最大限活用して給付のロスも少なくできる取得の仕方をしている点で、現行制度を最大限活用したパターンとして見ていきたい（図の二段目）。

本人・妻とも三〇代前半、GAは修士号を持ち海外に本社のあるIT企業に勤めるエンジニアであり、妻も別の会社でIT関連の仕事をしている。最初の子どもが二〇二一年の一一月に生まれ、妻はそこから子どもが一一ヶ月になるまで完全な休業を取得している。GAは出産後の一ヶ月と、妻が一一ヶ月で復帰した後、一ヶ月を単独で取得することを予定している。このようにして父親がパートナー月の二ヶ月間を使って、子どもが一歳になるまで夫婦が交代で取得し、一歳の時点で入れる保育所を確保している。

両方が二ヶ月以上取得すると、基本の一二ヶ月に二ヶ月加わって夫婦で併せて一四ヶ月分の給付を受けられるというのが、パートナー月のしくみである。したがって、GAが二ヶ月分の給付を受けても、妻は基本の期間である一二ヶ月間、休業前賃金の六五パーセントに当たる給付を受けられる。そこを一一ヶ月にとどめることで、残りの一ヶ月分を分割して二ヶ月の親手当プラス（Elterngeld Plus）として、給付を受けられることになる。妻はその形でパートタイムで働く早めの復帰を選んだという。

さらに、GAが復帰してから子どもが一歳四ヶ月になるまでの間は、GAが週三二時間（四日勤務）、妻が週二四時間（三日勤務）のパートタイムで就業することを予定している。これは、パートナーシップ・ボーナス（Partnershafts Bonus）と呼ばれる制度で、育休期間終了後、両親同時に週二四－三二時間の間で働くと、最大四ヶ月、追加で親手当プラスの給付がある。パートナーシップボーナスは比較的最近導入された仕組みで、筆者は彼の話を聞くまでこの制度の意義が十分に分かっていなかった。パートタイムでの就業を促進することで、むしろ男性が完全な休業を取得することを妨げるのではないかと考えていたのだ。しかし、GAがしているように、この制度はあくまでも基本部分あるいはプラスが終わった後に追加で受けられる給付である。つまり、復帰の際に、妻だけがパートタイム（時短）で夫はフルタイムに戻るというよくある働き方にならないよう、追加の給付をインセンティブにして父親も時短勤務をするように誘導するしくみなのだ。

ドイツの制度は、いくつかのオプションを組み合わせることができ、どのように取るのが自分たち家族にとっていいのかを考えるのが非常に難しい。そのため父親センターやpmeの相談でも育児休業の取得の仕方が重要なテーマになっている。しかしGAの場合、会社にはそのようなサービスがなかった。行政の無料のサービスは自分たち家族にとって最適な取り方は教えてくれない。一方で、ネットで検索すると多くのサービスが出てくるが、それは二、三百ユーロかかる。そこで、自分で制度をよく調べて最適な方法を考えたのだという。自身の収入が妻よりも高いため、自分の取得期間はパートナー月の給付をもらえる最低限の期間である二ヶ月とし、自身の収入の減少を最小限に抑えた。

実際に子どもが生まれる前に計画したときは、このように自分は親手当（Elterngeld）をもらえる分しか休業を選択しなかったが、今から計画し直せるなら、給付なしであっても育休（親時間 Elternzeit）をもっと取りたかったと思っている。日本と異なり、ドイツの場合は休業そのものの権利と給付の権利は切り離されており、基本の給付は夫婦合わせて一四ヶ月だが、休業自体はそれぞれ三年分あり、そのうち二年分は子どもが八歳になるまで使うことができる。ただし、そのうち最初の二年間についてはいったん申請したら変更できないため、自分は（在宅勤務ではあるが）仕事中心の生活になっている。子育てが始まってから、自分が妻と比べて十分に関われていないこと、まだ十分に自立したケア役割を果たせていないと認識し、妻からも指摘され、このような思いが生まれているという。

ところで、このようにそれぞれのキャリアを考えながら夫婦の育児休業の取り方を最適化して取得するうえで、保育所の入所可能性が大きな影響を持つ、と日本の経験からは考えられる。ベルリンという特に保育の充実に注力している州ではあるが、同時にニーズも高く、特に子どものいる共働き夫婦の多い地域では、競争が激しい。父親センター等で得た情報でも、妊娠中から保育所を調べはじめ、何十という保育所に問い合わせをするのが一般的になっているという。

GAの説明によれば、ベルリンのシステムでは、生後三ヶ月で保育所（Kita）入所のためのバウチャー（Kita Gutschein）の登録ができる。それによって入所資格が得られるが、入所の希望は各自が保育所に送る。申請のための統一システムもある。入れる保育所が見つかれば、バウチャーによって保育費用がベルリン州から支払われる。もし一歳で希望して入れなければ、それによって失われた収入が州から補填される。他の州では保育費用は有料である。フランクフルトに住むGAの親族は、フランクフルトで月二、三百ユーロほど払っているという。

ベルリンの中でも希望の保育所に入る競争の厳しさは、地域によって異なる。父親センターのあるプレンツラウワー・ベルクなど北東部は、子どものいる家族が多く保育所の需要が大きいが、GAの住んでいる南西部はましであるそうだ。そのため、八、九件希望を出して二件受け入れ可能になり、そのうち家と通勤に使うSバーンの駅から近い一つに決めたとのことである。

夫婦の平等志向

二〇一九年にベルリン父親センターでインタビューをしたGBは、三〇代後半の国家公務員（修士修了）、妻も同様に三〇代後半で、弁護士として働いている。

図の三段目に示したように、GBは子どもが七ヶ月の時に育休を開始した。妻はそれまでの七ヶ月親給付を受けながら休業をとったうえで、さらに二ヶ月GBと重複する時期に休業を取得している。妻は七ヶ月以降はそれ以外の休暇を取っている。妻が一年取らずに自分も父親月の二ヶ月でなく長く取得したのは自分の希望であった。

GB：取得の動機は、子どもと一緒に過ごすためです。それに、国の制度だけでなくて、職場からの手当もあるので、家計上もどちらかと言えば問題なかったから、私にとっては、取らないという選択肢はありませんでした。それに、私たち夫婦の関係からいって、最初からこのようなとりかたをするのははっきりしていました。

最初の七ヶ月を妻が取ったのは母乳をあげていたからです。妻にとってもあまり長く職場を空けずに早めに戻るのは問題なかったので、特に議論することもありませんでした。

筆者：どちらが言い出したんですか？

GB：どちらも、当たり前というか、良い分担のし方だと思ったんだと思います。でも、もし平等に取ろうということを私が主張したり、前のめりでなかったら、妻はもう少し長く取得することも抵抗はなかったと思います。でも、かなり円満に決まって、妻も僕が父親の役割をこういうふうに果たすことを喜んでいるんです。

GBの場合は、妻が同等の収入がある仕事に就いており、最初から対等な関係を志向していたこともあって、父親月の二ヶ月を遥かに超えた七ヶ月の期間取得し、親手当を妻と半々で受けとっている。

専業主夫の父親への給付

GCはパパ・カフェの参加者だが、育児休業ではなく、現在「専業主夫」である。妻がヨーロッパ本社勤務のやりがいのあるポジションを提示されたため、自分はアメリカでの職を辞めて一緒にドイツに移住した。当初は、自分も新たに職を探す予定だったが、半年でパンデミックになり、難しくなった。家賃などはアメリカの大都市より安く、経済的には問題なかったので、いったん職探しはやめて、ドイツ語を学ぶ期間を延ばしたという。

したがって父親の育児休業取得の事例にはならないが、母親を含むドイツ（ベルリン）における育児休業と保育の制度の活用、そしてドイツにおける父親の子育ての例として紹介したい。

そして、二〇二二年一月の終わりに子どもが生まれ、妻が産休・育休に入った。アメリカでは国の制度としては給付のある育休制度はないものの、会社独自の制度として三ヶ月の完全有給の育休があった。しかしドイツでは一人あたり一年間は親手当（Elterngeld）をもらって取得できるので、他のお母さんたちはもっと長く取るが、GCの妻は仕事がしたい方なので、子どもが八ヶ月になる九月終わりまで取得を申請した。ただ、実際に子育てが始まってみると、もう少し長く取りたくなり、インタビューしたときには会社と交渉中ということだった。

九月復帰の場合も、その後父親であるGCが子育てを担えるので、子どもが一歳になる二〇二三年二月からの保育所（Kita）への入所を希望している。GCはドイツに来てからは専業主夫なので、休業前賃金はゼロだが、その場合も月三百ユーロの親手当の給付が受けられる。二ヶ月以上の担当期間があればパートナー月の二ヶ月がプラスされるので、夫婦で一四ヶ月、妻が八ヶ月取得すると、残りの六ヶ月分、一月当たり三〇〇ユーロの給付が受けられることになる。

保育所探しは生まれて半年弱で始めたが、それでも周りから遅いと言われたという。二週間前くらいから四〇ヶ所の保育所にメッセージを送って、六、七件の返事があった。大半は受け入れ不可の返事で、一件可能との返事が来たので、そこにお願いしたが、正式の書面はまだ交わしていない。新年度のスタートである八月とズレていて入りづらい時期だったが、短い期間で決まったので幸運だったと思っている。他の人は何ヶ月もかかったらしい。行政は、まず親が保育所に直接連絡をして受け入れ先を探し、入れなかったことの証明を持って行ったら見つけるのを助けてくれるという役割だと認識している。

パパ・カフェは、グーグルでお父さん向けのイベントを探して見つけた。移住直後にパンデミックになり、人と知り合う機会があまりなく、知り合いのお父さんがひとりしかいなかった。そこで、家族センター（子育て支援施設）などのイベントに行ってみたが、たいてい自分が唯一のお父さんだった。平日日中に散歩しているとお母さんが多いが、お父さんも見かける。ただ、あまり話すことはない。

パパ・カフェでは唯一のノン・ネイティブスピーカーなので、ドイツ語の練習にもなる。パパ・カフェで他のお父さんから最初に聞かれる質問は、育児休業の期間はどのくらいか、というものだが、自分は育休中ではないので、その都度、状況を説明する必要があったという。

GCは、プレンツラウワー・ベルクから都心寄りの隣の区から週一回通っているという。八月末の訪問時は、多くの子どもたちが保育所に始まる時期で、それまでパパ・カフェに参加していた人たちがほとんどいなくなる時期だが、このような事情で彼一人が参加しており、話を聞くことができたというわけだ。

長期の育児休業取得

GDは、イタリアからベルリンに移住しており、レストランで料理人をしながら、アーティストとして作品の制作もしている。父親センターの利用者ではないが、育児休業取得者としてセンターの関係者を介して紹介してもらった。イタリアとドイツで育児休業を取得している。自宅で妻同席のもと、二時間ほどのインタビューをした。英語でインタビューをしたが、英語で伝えづらいところは妻にイタリア語と英語の間の通訳を依頼した。妻の育児休業については妻に直接聞いている。

またインタビュー修了後に、夫婦の年齢、職業、育休取得のタイミング、子どもの誕生月等、本研究にとって重要な情報についてシートにも記入をしてもらった。

GDは四〇代半ば、妻は三〇代後半で、二人の間には二人の子どもがおり、インタビュー時点で九歳と一歳一〇ヶ月であった。一人目はイタリアで生まれているが、妻は大学で学んでおり育児休業をとらなかった。GDは、その子が生まれたときにちょうどレストランの休業期間で一ヶ月休み、二歳の時に妻の研究プロジェクトにあわせてドイツに来るために六ヶ月の育児休業を取得した。二人目はベルリンに移住してから生まれた子どもで、二〇二〇年一〇月の出産時からレストランの休業と併せて二年の育休を取った。妻は出産前雇用されている仕事とフリーランスの仕事を合わせて三〇時間していた。義務である八週間の産後休暇の後、雇用されている方の仕事は二歳まで育休を取っているが、フリーランスの仕事は再開した。給付（親手当）については、妻が完全休業の基本親手当と親手当プラスを組み合わせて一四ヶ月分、夫は二ヶ月分もらっている。このような取り方にしているのは、妻の時給の方が高いからだという。このような取得の仕方を決める際には、政府が補助金を出して無償で受けられる相談サービスである社会相談所（Sozialberatungsstelle）や親手当相談所（Elterngeldberatung stelle）に相談したという。

育児休業は個人として三年間保証されているため、GDは家族との時間を作り、またドイツ語を長く習ってキャリアを考え直すために、給付が切れてからも取得している。ただし、妻のフリーランス部分の収入と親手当だけでは足らず、貧困世帯向けの手当を受けているという。

なお、父親であるGDが一人で二人目の子どもの世話をすることは、すでに一人目でも妻の方が長く働いていたため、特に心配はなかった。

グループインタビューに見る多様な育休取得パターン

インタビューの概要で説明したように、ここまでの個別インタビューとは別に、イタリア語で交流す

写真6－31　月一回土曜日にベルリン父親センターを借りて開催されているイタリア語父親グループと筆者【2022.8 撮影 360° 動画から切り出し】

る父親たちのグループの一一人の参加者に話を聞いた。子どもを遊ばせながらのグループインタビューであり全員に詳細を聞くことはできていないため、ここでは本人の育休の取得の有無と期間とタイミング、回答を得られた範囲で妻の休業との重なり方などの詳細を一覧（表6－2）に整理してポイントを紹介したい。

このグループには、妻がイタリア人であるドイツ人も一人いるが、その他はイタリアから近年移住したかイタリアに家族的背景を持つ。しかし、土曜日に集まりが開かれるため、育児休業取得が前提となっていない。こうしたことから、取得しないケースを含めドイツの制度・職場環境の中での男性の取得パターンの事例を数多く知ることができる。

同性パートナーと同居して、別に住む子どもの母親と共同養育をしているIG－02以外では、育児休業を取得したことがないのは、IG－07のみである。

その他の九人は、IG－06がイタリアでのみ一ヶ月の休業を取得しているが、その他の八人はドイツでの育児休業取得を経験している。この八人のドイツでの取得期間を見ると、パートナー月にあたる二ヶ月未満の取得がないことが分かる。表で網掛けをしているところがパートナー月にあたる二ヶ月である。IG－11は、出産直後の一ヶ月とその後の一ヶ月に分けており、ドイツの父親の典型的なパターンといわれる取り方をしている。しかし、IG－11は最初の取得が六ヶ月頃で、さらに一歳近くに一ヶ月を取得、IG－04は出産直後は新たな仕事を始めたばかりであったことから親手当の権利はなく無給の休業を二週間取り、七、八ヶ月の時点でパートナー月の二ヶ月を取得している。

その他の父親たちの取得期間は二ヶ月を超えており、育児休業期間終了後にパートナーシップボーナスを活用して夫婦両方がパートタイムで復帰しているIG－03や、双方がフリーランスでパートタイムで働きながら夫婦両方が親手当プラスとして一二ヶ月分給付を受けているIG－05のようなパターンもある。

こうしてパートナー月の二ヶ月という期間は、それより短いと給付を受ける権利を放棄するしくみになっていることで、育児休業の取得を考える際に、期間の最低限の目安となっているのがうかがえる。その一方で、パートタイム就労（実際には就業日数を減らす）を組み合わせる親手当プラスやパートナーシップボーナスという複雑な仕組みは、実際に夫婦が家事と仕事の分担をできるだけ対等にする働き方に活用されていることも分かる。

育児休業制度とは直接関連しないが、取得していない期間でも、夕方に子どもを保育所（Kita）に迎えに行くなど（IG－11）、在宅勤務を活用して、柔軟に、子どもの世話をする時間を確保していることもうかがえる。

表 6—2

ID	子ども1			子ども2		
	年齢	育休期間(月)	詳細	年齢	育休期間(月)	詳細
IG-01	9m	3(現在2ヶ月残り1ヶ月)	同時取得のみ。1日2-3時間は一人で子どもを連れて公園に遊びに行く。妻が一緒にいると指示されてしまうので、自分一人の時のほうが楽。一人で取る期間がほしかった。ただすでに自分と子どもの間につながりができているので、自分が仕事に戻るときに子どもにストレスを与えないか心配。			
IG-02	2.5歳	0	男性パートナーと暮らしており、子どもの母親はパートナーではない。共同養育をしているが、育児休業は取得していない			
IG-03	4.5歳	6	同時に3ヶ月、1人で3ヶ月に分けて取り、復帰後にパートナーシップボーナスを活用してパートタイムで働いた。			
IG-04	11ヶ月	2週+2ヶ月	夫婦ともフリーランスで、同じ時期に12ヶ月をそれぞれパートタイムで取ったが、半分ずつ完全な休業にした方がよかったと思っている。			
IG-05	2歳	12	出生時は新しい仕事を始めたばかりでElternzeitの権利がなかったため最初の2週間は、無給の休暇。7、8ヶ月になったときの二ヶ月はElternzeit。妻が12ヶ月取得。ただし、育休中でない時も在宅勤務。妻がいると「ママ、ママ」になるので、いない時の方が対応しやすい。			
IG-06	5歳	1(イタリアで)	イタリアでは夫婦で合計6ヶ月の休業の権利があったため、妻が5ヶ月、自分が1ヶ月取得した。			
IG-07	8ヶ月	0	妻が1年休業して、自分は取っていない。			
IG-08	3.5歳	2		1.5歳	2	
IG-09	3.5歳	4		1歳	3	12月から1月に1ヶ 7月に1ヶ月の予定
IG-10	4.5歳	0	無職だった	2ヶ月	2	息子10ヶ月から2ヶ月単独
IG-11	22ヶ月	1m(出産直後)+1m(7ヶ月)	妻は在宅勤務で、自分は今は週1回オフィスにいってそれ以外は在宅勤務。妻が夕方まで在宅勤務をしているため、Kitaの迎えは自分が仕事を15時に切り上げて行っている。			

ドイツの父親の育休取得にみる制度や社会的サービスの意味

ドイツの父親のインタビューからは、育児休業取得の多様なパターンと、それに対して制度や社会的なサービスの果たす役割が、次のようにみえてきた。

まず、日本のパパ・ママ育休プラスがモデルとしたパートナー月の二ヶ月の制度の果たす意味である。ここでのインタビューからは、一五人ほどの少人数であっても、雇用形態や労働時間、夫婦の収入の組み合わせなどに関して、非常に多様なパターンが示された。一方で、どのような組み合わせであっても、最低二ヶ月の取得というのは共通の標準になっていることが分かった。日本のパパ・ママ育休プラスは、ドイツのパートナー月と比較した場合、夫婦が取得することで、出産後一年間の給付が一歳二ヶ月まで延びるという点だけは共通しているが、内容が大きく異なる。この延長部分は、両親ともが最低二ヶ月休業していて初めて給付される。そのため、これより短い休業を取るという選択肢は実質上、意味を持たないことになる。インタビュー対象者の中でドイツで育児休業を取得した父親のすべてが二ヶ月以上取得していることからも、最低この期間を取得する強いインセンティブが働いていることがうかがえる。

次に、日本の場合、保育所に入所できない場合など、母親だけでも二歳まで（二〇一七年から。それまでは一歳六ヶ月まで）育児休業を延長でき育児休業給付を受けられるが、ドイツでは母親が一年以上の基本親手当の受給を伸ばすことはできない。パートタイムで働いて給付額を下げた場合のみ二年まで延ばせる親手当プラスの仕組みがあるのみだ。このことによって、母親の一年以下での職場復帰がうながされる。一年を超えて休業している母親が一人もいなかったことは、そのような仕組みの影響がうかがえる。

さらにいうと、日本では一年間の休業給付は個人の権利であるが、ドイツでは家族としての権利であるため、父親が二ヶ月を超えて給付を受ける場合、母親の給付期間はその分減少する。そのため、同時に休業する期間は二ヶ月に収めないと、無給の休業期間が増えることになる。この仕組みは、夫の所得が妻よりも大きく上回る場合、夫の二ヶ月以上の育休取得を踏みとどまらせることになる一方、夫婦の所得が対等な場合など、平等な取得に努めた場合、妻のキャリアの中断を少なくすることになる。

日本と比較した場合のドイツの制度の特徴は休業の権利（親時間 Elternzeit）と休業給付（親手当 Elterngeld）の分離である。満額の親手当（基本親手当）の給付期間は一人あたり最大一年にとどまる一方で、休業は三年間取得でき、三回の期間に分けることができる。このうち二四ヶ月分は子どもが八歳になるまで使うことができる。したがって、GDのように、無給であることを受け入れれば、上に見たような親手当の給付の制約からはずれた取得の仕方も可能となっている。また保育所に仮には入れなかった場合も、職を失う心配はないことになる。そのことが夫婦のキャリア選択の自由度を高めているということが、インタビュー対象の夫婦の取得パターンからうかがえる。

ドイツの制度の複雑さをに拍車をかけているパートナーシップボーナスであるが、GAと妻の取得パターンやグループインタビューの中のIG－01の例から、この制度が、両親の職場復帰後に双方が同じく労働時間（日数）を減らすことで、対等に子育てに関わることをうながす仕組みであることが理解できる。

保育所の状況についてはドイツ国内の地域差が大きく、ベルリンでの経験を一般化することはできない。しかし、ベルリンという大都市に住む親たちの経験から、育児休業制度と保育制度の適切な組み合わせによって、父親の休業取得を含め夫婦のワークライフバランスやキャリア設計を最優先に考えることが可能になっている。入所できる保育所の確保はベルリンでもやはり難しく、早くからの準備が必要になるが、そのために早くに認可外保育所に預けて復帰するというような判断をしている様子はうかがえなかった。むしろ夫婦のキャリアや家族との時間を自分たちにとって最適にするための育休取得計画を立てたうえで、それに併せて保育所の入所タイミングを考えていたのが印象的であった。

親手当は母親の一年間の休業取得の後に二ヶ月のパートナー月を単独取得することで、子どもを家庭で最大限見ることができる仕組みになっている。しかし、実際には出産後の一ヶ月に使ったり、妻の休業中に使ったりすることもあり、すべてが単独で使われているわけではないということが分かった。その一方で、上に見てきたような仕組み全体によって、多くの父親が単独で取得する経験を持っていることも分かる。一方で、そのように単独で取得することのなかった父親は、同時取得中、妻の指示を受けながら子育てをすることになり、自分が自立した担い手になれていないことの後悔や不満を示していた。単独取得が周りに増えることで、同時取得の課題を認識する可能性が高まっているのではないだろうか。

ドイツの育児休業制度は日本の制度と比較してもかなり複雑なものになっている。それに対して、行政や企業、父親センターのような非営利組織が、さまざまな形でアドバイスを行っており、その中で父親の取得をうながす取り組みがなされていることが、父親たちのインタビューからうかがえた。また、例えば平日の公園や親子にはまだ母親が多く、一人で子どもを連れて歩く父親は若干の居心地の悪さを感じるようだが、父親センターの存在を知って、パパ・カフェやカウンセリングを通じて、父親の子育てやパートナーとの関係について情報交換の機会を持つことができ、そこから自分の行動へのヒントを得ることができていた。もちろん、一つのセンターだけでこのニーズをカバーできるわけではないが、地域にこのような場所があることの意義を父親の経験から把握できたことの意義は大きい。

7　男性の育休取得が当たり前の社会とはどのようなものか

本章では、男性の育児休業取得が当たり前になった社会がどのようなものなのか、その社会で男性育児の休業を支えるうえでどのような仕組みが作られているのか、について詳しく見てきた。スウェーデンでは父親の九割ほどが取得し、休業給付の受給期間でみる育児休業期間の割合は女性の半分ほどとなっている。このような社会での街の様子を見ると父親が一人で子どもの世話をしたりカフェで子どもと一緒に時間を過ごす様子、ショッピングセンターの遊具スペースに父親が集まっている様子などが容易に目についた。また専門家のインタビューからも、父親であっても母親であっても長時間の孤独な子育てに陥りにくい環境があることがうかがえた。

二〇〇七年の育児休業制度改革によって、父親の育児休業取得率と期間を延ばしたドイツでは、観察と併せて、父親センターおよび子育てのサポートをさまざまな会社に提供する民間企業でのインタビューと、父親個人のインタビューを通して、育児休業制度と保育制度がどのように活用され、それを支える仕組みがどのように活かされているのかを確認した。

ストックホルムでの平日日中の観察と比較すると、ベルリンとハンブルクでの観察では父親単独での子育ての様子よりも夫婦がともに子どもといる様子が目立つ印象であったが、父親の子育てが可視化されている度合いは高かった。

このような社会への変化をもたらす上で大きく貢献したと考えられている育児休業制度の利用のされ方を確認すると、典型的な取り方を特定できないほど、多様なパターンがあることが分かった。一方で、取得する場合に最低二ヶ月取得することが制度によってうながされていることも明らかになった。また一歳からの保育の保障と、給付と切り離された長期の育児休業の権利による安心感によって、夫婦の仕事と子育てのバランスの取り方の理想を優先した育児休業取得パターンの選択が可能になっている様子も知ることができた。

さらに、夫婦の仕事と生活の平等を目指すには、時短勤務を含む復帰後の働き方が重要であり、そのことまでを考えた育児休業制度設計がされていることが、パートナーシップボーナスの具体的な活用例を知ることで明らかになったことも重要な発見である。

そして、このような制度を活用し父親が子育てに主体的に関わるための社会的なサポートが、専門的な知識を持った非営利法人や民間企業によって恒常的に運営されていることも、父親センターとpmeの調査から知ることができた。「父親センター」という常設の「場」を設ける取り組みについては、父親の育児休業取得が進み始めた日本にとっても示唆的ではないだろうか。

第7章 日本の育児休業制度の成立・変遷と父親の取得率向上への取り組み

日本では、母親の就業や育児休業取得の有無にかかわらず、父親に一年間の給付付きの休業を認める育児休業制度が整備されており、また、そのうち半年間の給付水準は休業前賃金の六七パーセントとなっていることから、「OECDの中で最も手厚い父親限定の有償休業の権利」と評されている(OECD 2017)。これは、一九九二年に初めて実施されて以来、日本の育児休業制度が繰り返し改正されてきた結果である。しかし、その手厚さにもかかわらず、日本の男性の育児休業取得率は低く、この評価の段階で対象となる父親全体の三パーセント程度にとどまっていた。本章では、日本の育児休業制度の特徴を説明し、教師、看護師、保育士など特定の職種に就く公務員の母親のみを対象とする育児休業制度が一九七六年に導入されて以来、特に二〇一四年の休業給付の増額の段階に至るまでの期間を中心に、その発展の過程を詳細に辿っていく。

分析の中では、制度改正のさまざまな段階における政治的プロセスと、国内外のさまざまなアクターの関与についても検証する。特に、政策論争におけるアクターの立場、共通の、あるいは相反する目標や利害、そしてそれらがどのように制度の変更に影響を与えてきたのかに注目する。また、制度がどのようにして発展してきたかを説明することに加えて、その発展にもかかわらず、日本で父親の育休取得がいまだに稀である理由を考察する。そのうえで最後に、現在の制度が母親と父親の育児休業の平等な取得を促進するためにどのような可能性を持っているのか、そしてその可能性を実現するためにはどのような条件が必要なのかについて考察したい。

データとして、国会、労働政策審議会（公益、労働者、使用者の代表者で構成され、厚生労働大臣に労働政策に関する助言を行う機関）、厚生労働省（二〇〇〇年以前は厚生省と労働省）の関連研究会の議事録など、議論や交渉の記録を中心に分析する。さらに、新聞記事や、一九九〇年代初頭に政策立案の主要関係者が発表した二つの出版物も参照する。後者は日本社会党の糸久八重子氏が育児休業法成立前の政治プロセスを詳細にまとめた著書（糸久 1990）と、一九九一年の育児休業法成立の実務を担った労働省の女性福祉課長である藤井龍子氏の論文（藤井 1991）である。議事録については、公開されている議事録データベースなどから、育児休業という言葉を含む回の議事録および資料全体を質的データ分析プログラムであるNVivoに取込み、内容、発言者の役割や所属政党、発言が行われた時期にコーディングした上で、その内容を整理・分析した。

1　育児休業導入の背景と前史

主婦化のピークと少子化の進行

戦後の有配偶女性の就業状況の変化の第一段階は「女性の主婦化」であった（落合 2019）。二五歳から三四歳までの女性の労働力率は、一九五五年から一九七五年にかけて低下した（図7－1）。これは、最終学校の卒業後に雇用労働に就く女性が増える一方で、結婚や妊娠を機に仕事をやめる人が増えたためである。その後、二〇代後半の女性の労働力率は急速に上昇したが、三〇代前半の女性の労働力率は低いままで、わずかな上昇にとどまった（図7－2）。このように、男性が外で働き、女性は家事育児に専念するという男性稼ぎ手モデルが普及したのは、高度経済成長の時期と重なる。育児休業の導入が検討されはじめながら進行しなかった時期には、このようなモデルが優勢であったことになる。

女性の労働力率の低下が一九七〇年代半ばにピークに達したとき、もう一つの変化が起こりはじめた。それがこの後、一九九〇年代に関心を集める出生率の低下（いわゆる「少子化」）である。戦後すぐのベビーブームから急激に低下した後、合計特殊出生率は一五年間、人口置換水準である2に近い水準で安定していた（図7－3）。その後、一九七三年以降は再び減少に転じ、短期的な変動を繰り返しながら減少を続けた。この少子化は、国会や一九八〇年代後半からの労働政策審議会などにおける、年金や休暇など社会福祉・社会保障に関する議論の中でしばしば取り上げられた。

産前・産後休業と特定職種育児休業

法定の産前・産後休業、いわゆる「産休」は、一九四七年に初めて導入された。一九八五年には、出産後六週間から八週間に延長され、義務の期間は五週間から六週間に、多胎妊娠の場合は出産前六週間から一〇週間に延長された。さらに一九九八年には多胎妊娠の場合は出産前一〇週間から一四週間に延長された。健康保険制度を財源とする出産手当金は、法定産前・産後休業よりかなり前の一九二二年から支給されていた（野城 2017）。産後六週間と産前四週間は母親の平均収入の六〇パーセントが支給されていたが、新たに導入された制度に合わせて一九四七年に期間が延長され（野城 2017）、二〇〇七年には平均収入の三分の二に引き上げられた。

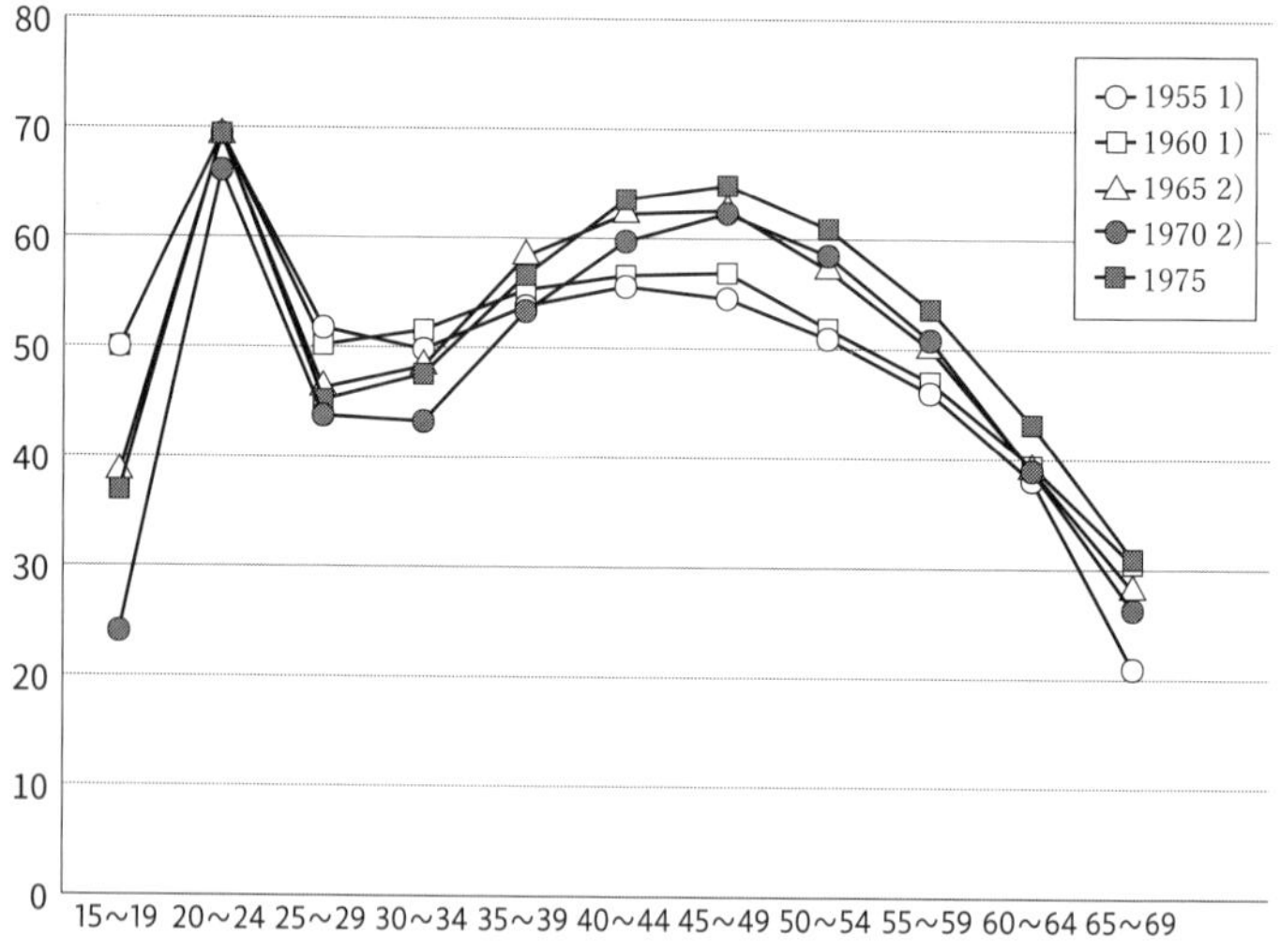

図７－１　女性の年齢別労働力率（1955-1975 年）

出典：国勢調査時系列データ　1) 1% 抽出　2) 20% 抽出

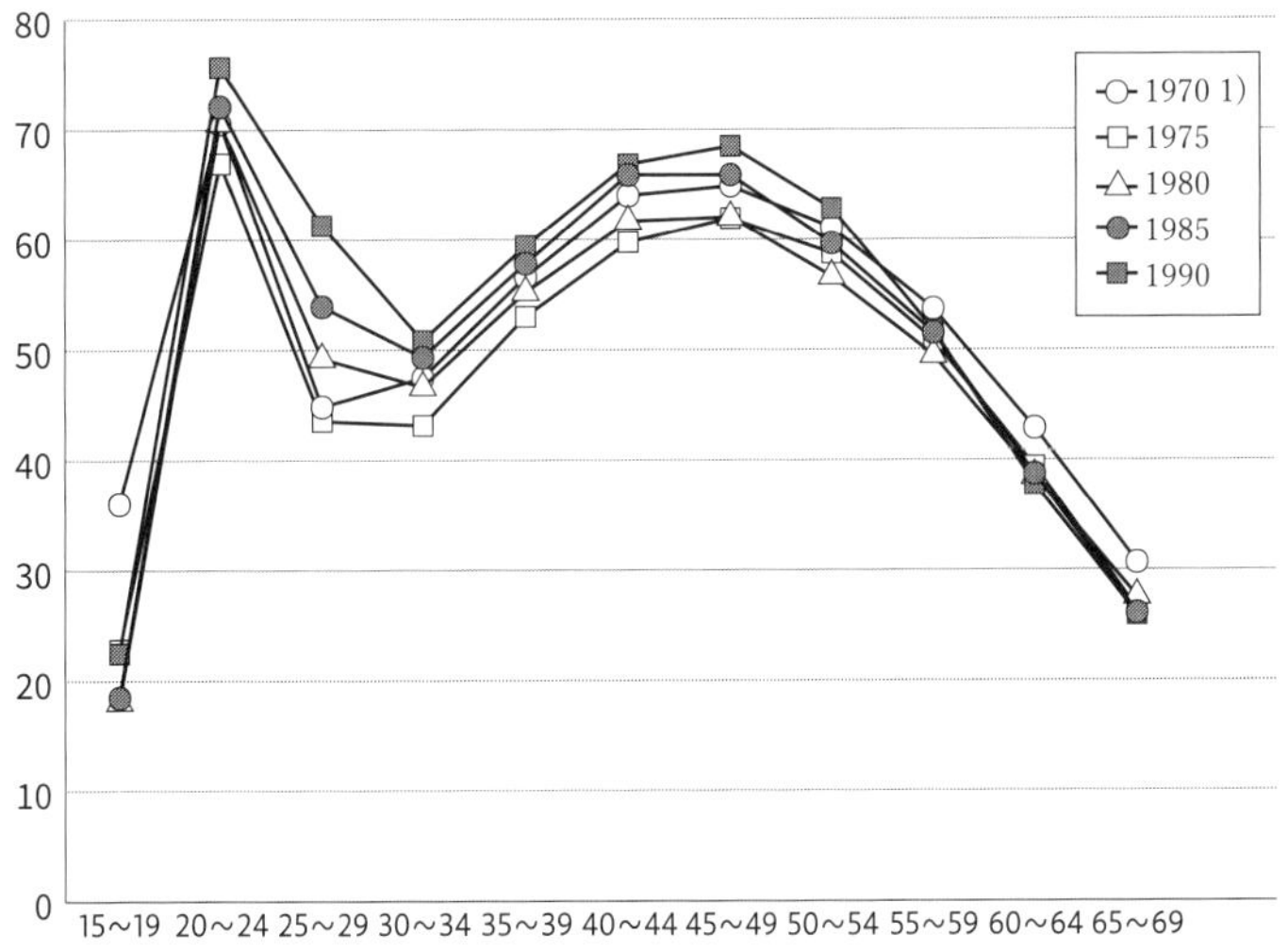

図７－２　女性の年齢別労働力率（1970 － 1990 年）

出典 : 国勢調査時系列データ　1) 20% 抽出

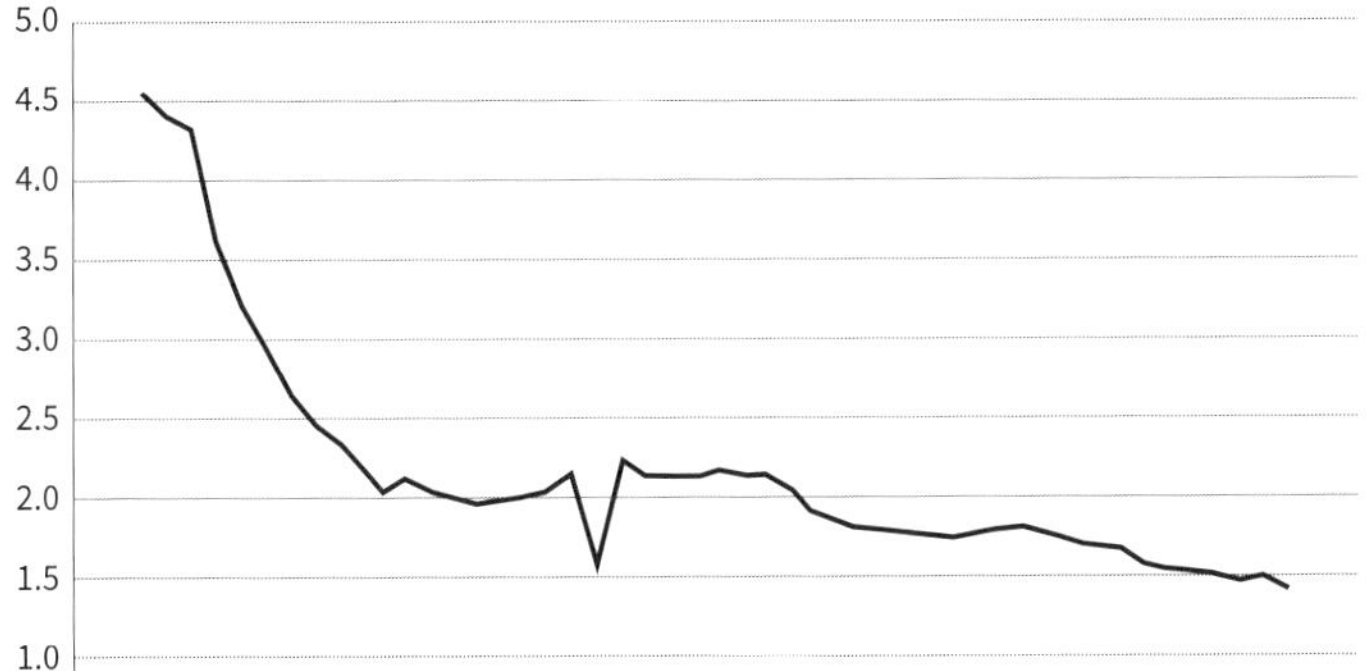

図７－３　戦後の合計特殊出生率の推移（1947 － 1995 年）

出典：厚生労働省大臣官房統計情報部「人口動態統計」

産休後の期間に適用される育児休業制度は、一九七五年七月に成立した「義務教育諸学校等の女子教育職員及び医療施設、社会福祉施設等の看護婦、保母の育児休業に関する法律」によって初めて法定の制度として導入（一九七六年四月に施行）されたが、教師、看護師、保育士など特定の職種の公務員である女性に対象が限られていた（糸久 1990: 58-63）。

2　現行育児休業制度の導入

野党の育児休業法案の提出と廃案

第二次世界大戦後の日本の政治は、「一九五五年から一九九三年までの三八年間、自民党単独で政権を担う一九五五年体制」のもとにあった（Boling 2015: 107）。参議院と衆議院の両方で自民党が過半数を占めていたこの状況では、一九八二年から一九八四年にかけて日本社会党が提出した、官公庁と民間企業の男女労働者に育児休業を導入するためのいくつかの法案が法律として成立しなかったのは当然のことではあった。

ただし、育児休業についての規定を含むＩＬＯの家族的責任条約と勧告が採択された一九八一年には、厚生大臣、労働大臣を歴任した自民党早川崇議員からヨーロッパの実情視察を踏まえた提起がなされ、「育児休業制度を全職種へ適用拡大する」制度改正が検討されたが、経営者団体の強い反対で実現しなかった（糸久 1990: 82-84）。このような経緯もあるため、自民党の中でもその必要性については認識されていたといえるだろう。

その後、一九八二年二月には社会党が男女全労働者を対象とする「育児休業法案」を初めて参議院に提出（第九六回通常国会・参法第七号）したが廃案となり、その後一九八三年三月、一九八四年三月にも提出したがいずれも廃案となっている。

一九八七年、日本社会党、公明党、民社党、社会民主連合（社民連）の各野党は、労働団体の要請を受けて、「育児休業法案」を共同で参議院に提出した。共同法案で提示された育児休業制度は、子どもが一歳になる前まで父母のいずれか一方が休業できることを保証するものであるが、さらに注目すべきは賃金の六割相当額の育児休業給付を労・使・国の「三折半」という費用負担によって導入するという具体的内容が盛り込まれたことである（糸久 1990: 103-104）。この法案は、一九八八年五月にようやく衆議院社会労働委員会で審議された。しかし、売上税・消費税などの重要法案や贈収賄事件をめぐる攻防などの影響で、育児休業法案は実質的な審議を経ることなく、一九八九年の参議院選挙前の最後の国会で廃案となった。

「マドンナ旋風」と国会審議に向けた与野党の動き

この選挙で自民党は多くの議席を失い、二五二議席のうち一〇九議席にとどまり、長期にわたる安定多数に終止符を打った。日本社会党は四六議席を獲得し、参議院では六六議席となった。この選挙で特筆すべきは、「マドンナ旋風」と呼ばれた、史上最多の女性当選者数である。日本の政党で初の女性党首となった土井たか子氏が率いる日本社会党は、女性が獲得した新議席の半数を占めた。

一九八九年一一月、四党による育児休業法案が参議院に再提出された。参議院社会労働委員会に「育児休業問題に関する小委員会」設置（与党五人、野党八人）、社会労働委員会に付託された後、日本社会党の糸久八重子が提案の理由を説明した。糸久は、結婚して働く女性が増え、小さな子どもを持つ母親の就労が期待される一方で、職場を離れたり、復職が困難になったりする女性が多いことを説明し、この問題に対処するためには、育児休業制度や柔軟な保育サービスを確立する必要があると訴えた。また、育児休業が国連やＩＬＯが推進している国際的に認められた制度であり、女性労働者にも男性労働者にもその権利が与えられるべきだと主張した。同日、二大労働組合は、五〇〇万人近くが署名した法案支持の請願書を国会に提出した。このとき、与党である自民党も「育児休業問題党検討小委員会」を設置していた（糸久 1990）。一九九〇年一月の衆議院解散により法案は廃案となったが、自民党は小委員会の報告書や選挙のマニフェストで、育児休業制度に協力的な姿勢を示したのである。

自民党が衆議院で再び安定多数を確保した後も、海部俊樹首相は所信表明演説で、「育児休業制度の確立などに向けて積極的に努力をしてまいります」と積極的異な姿勢を示していた（糸久 1990: 158）。このような政治状況の中で、野党四党による育児休業法案の三回目の提案がなされ、さらに育児休業給付金支給の継続検討を求める附帯決議を提案する法案も提出された。

五月には衆議院社会労働委員会に「育児休業制度検討小委員会」が設置され、自民党議員は経済団体からの否定的な意見にもかかわらず、育児休業法の制定に前向きな姿勢を示した（糸久 1990）。さらに、日本共産党は、イタリアやオーストラリアの例を参考にして、育児休業補償額を収入の三〇パーセントとする独自の法案を提出した（糸久 1990: 166）。

このような状況の中、日本経営者団体連盟（日経連）は一九九〇年六月に「育児休業問題に関する見解」を発表した。その中で、次のように休業給付に関する法律の制定と父親への休業の拡大には反対している。

(2) 労働の提供のない不就労期間に対し形式・程度の如何を問わず、代替要員との人件費の二重負担を行うかどうかは個別企業の判断によるべきであり、一律に法で強制することは妥当でない。また、社会保険方式等の手段による場合も既存の児童手当等社会保障負担との整合が先決である。

(3) 子どもの人格形成期における母親の役割については論をまたないところであるが、適用範囲を父親にまで拡大することは、社会慣行など現実面に照らして慎重な検討を加える必要がある。とりわけ、代替要員の確保が困難な中小規模事業場等にとって業務の停滞となりかねないことは十分考慮すべきである。

（糸久 1990: 398-399）

婦人少年問題審議会と国会審議

一九九〇年一二月、小委員会は政府が法案を作成することに合意し、労働省は経済団体、労働組合、公益法人の代表者で構成される「婦人少年問題審議会」に育児休業制度の法制化を検討するよう要請した。審議会は、一九九一年三月に労働大臣に「育児休業制度の確立に向けての法的整備のあり方について」の建議を提出した（藤井 1991）。建議は、育児休業制度の導入を提言し、支給額を従前の収入の六〇パーセントとするべきだとの意見があることに言及した。しかし、休業給付の法制化については、多様な意見があることから、さらなる検討が必要であると結論づけた。

同省はこれらの提言をもとに法律案要綱を作成して審議会に諮問した。審議会では、労働者側からは「労務の提供が行われないにもかかわらず賃金若しくは類似の支給を企業に義務づけること、使用者側「休業期間中の経済的援助について……できるだけ早急に検討し生活保障措置を講ずること」、あるいは雇用関係が存続し、また、任意性のある育児休業に対して保険ないしこれに準じた制度を設けることは、必要がない」などの意見が付されたうえで承認された（婦人少年問題審議会 1991）。審議会の承認を経て、一九九一年三月二九日、労働省は法案を国会に提出し、衆参両院で審議された。

参議院の社会労働委員会では、すべての野党委員が所得保障が法案に含まれていないことの批判とその必要性を繰り返し主張した。例えば、日本社会党の糸久八重子は「私たちの立場では、［労働大臣が］育児休業の権利、これは育児休業は権利であるということを前におっしゃったわけですから、その権利を実効あるものとするために育児休業期間中の所得保障としては賃金の六割を育児休業手当として支給すべきである、そのように考えております。四党共同法案でもそのようにして提出をいたしました（第一二〇回国会　参議院社会労働委員会　第八号四月一八日）」と発言している。これに対して大臣は、理解を示しつつも、様々な意見があることから現段階では法案に入れるのは難しいと主張した。

今先生が御指摘になってお尋ねいただいておるところは、率直に言いまして、私どもも深い関心を持ちまして検討いたしました事項の一つでございます。そしてまた、心情的には十分政治の問題としてもおもんぱかって検討する問題だなと、そういう切実な気持ちで対応をいたしましたことだけはひとつはっきり申し上げ、そしてまた、御理解をいただきたい点でございます。ただ、残念ながらと申し上げますか、もう率直に申し上げまして、先ほども申し上げましたように、国会におきまする論議を見ましても、あるいはまた、婦人少年問題審議会等を中心にしたもろもろの関係筋の話を聞きましても、その問題については直接的に意見が相対する形で出てまいっておりまして、非常に私ども行政判断としても苦慮をいたした次第でございます。（一九九一年四月一八日、参議院社会労働委員会　小里貞利 労働大臣）。

審議の結果、三〇パーセント支給を継続して主張する日本共産党を除く野党と自民党による六会派共同提案で、法施行後に支給問題を検討して必要な措置を講じることを条文に追加した修正案が提出された。この改正法案が参議院の社会労働委員会を経て本会議で可決されると、すぐに衆議院でも可決され、一九九一年五月一五日に育児休業法が公布された。

新たに導入された育児休業制度は、両親は産後八週間の産休を含む一年間の休業を申請する権利があるが、雇用主は労使協定に基づき、配偶者が就業していないまたは休業中の従業員からの休業申請を、出産直後の八週間（つまり産休期間）を除いて拒否することが認められていた。また休業の取得は連続した期間に限られるため、父親が最初の八週間にすでに休業を取得していた場合、配偶者が育児休業後に職場に復帰しても休業を取得することはできない。この法律は一九九二年四月に施行されたが、従業員数三〇人以下の雇用主は三年間適用を猶予された。さらに一九九五年に同法が改正され、病気やけがをした子どもの世話をするための一定期間の休業である介護休業が法定化され、「育児休業、介護休業等育児又は家族介護を行う労働者の福祉に関する法律」と改称され、一九九七年に施行された。

3　制度改正と目的の変化

休業給付の導入

育児休業制度の最初の改正点は、休業給付の導入だった。前述のように、野党は育児休業法成立時から育児休業中の給付金の必要性を主張していたが、当初の法案にはそれがなかった。しかし、この問題は、同法が施行される頃から、雇用保険制度に関する労働大臣の諮問機関である中央職業安定審議会や婦人少年問題審議会で議論されるようになった。婦人少年問題審議会の建議によれば、労働者側委員から、新たな基金制度の創設で賃金の六割を保障すべきだという提案があったというが、財政事情などを考慮して、失業給付を出している雇用保険制度の枠内で措置することが、当面現実的で適当だ、と提案している（「朝日新聞」一九九三年九月二八日）。

この提言を受けて、中央職業安定審議会は、休業手当を収入の二五パーセントとし、雇用保険制度を利用して支給することを提案した。この提案に基づいて、一九九四年に雇用保険法の改正が審議され、国会で可決された。羽田内閣の鳩山邦夫労働大臣は、この改正の目的は、親が休業中に収入がないことで取得しづらいために子どもを産まないという問題に対処するためであると説明した（参議院労働委員会）。この時期、一九九二年からしばらくの間は細川内閣（日本新党他）、羽田内閣（新生党他）、村山内閣（自社さ）など連立政権が続き、自民党が単独で政権を取れずにいたことは注目してよいだろう。

父親の取得率向上が目的に

休業給付導入の議論の中で、制度の目的として父親の育児休業取得率の向上に言及しているものはなかなか見当たらない。二〇〇〇年に雇用保険法が改正され、休業手当が二五パーセントから四〇パーセントに引き上げられたときも同様であった。しかし、一九九九年に成立した男女共同参画社会基本法の策定に大きな役割を果たした東京大学社会科学研究所教授（当時）の大沢真理は、二〇〇〇年四月の参議院労働・社会政策委員会の参考人として、父親の育児休業取得率の低さを指摘し、父親が育児休業を取得した場合の給付率を上げるなどの積極的な対応の必要性を指摘している。

状況が変わったのは二〇〇〇年の改正後すぐである。二〇〇一年には、育児休業制度のさらなる改正に関する発言のほとんどが、父親の取得率の低さと、その向上の必要性に言及していた。例えば、民主党の山花郁夫氏は、二〇〇一年一〇月三一日の衆議院厚生労働委員会において、直近に作成された三種類の文書に言及しながら、厚生労働省の担当者に父親の育児休業取得率の低さについての分析について質問している。三つの文書とは二〇〇〇年から二〇〇一年にかけて提出された「男女雇用機会均等対策方針」（二〇〇〇年七月一四日）、女性少年問題審議会の建議（二〇〇〇年一二月二二日）、男女共同参画会議「仕事と子育ての両立支援策に関する専門調査会」報告（二〇〇一年六月一九日）である。いずれも、父親の育児休業取得促進の必要性に言及している。

衆議院での審議を受けて、民主党の川橋幸子氏が「男性の育児休業取得促進についての調査研究」について質問した。

男性の育児休業の取得率は〇・〇四でしたか、失礼しました、そんな低くないですね。といいましても〇・四二パーセントですから、お連れ合いの女性が出産したときに育児休業をとる方の場合は一〇〇〇人のうち四人という、こういう割合になっているわけでございます。男性の育児休業の取得促進といいますか休暇取得の促進、これが家庭と職業との調和、あるいは親子関係のきずなを深めるというようなことからも必要だと言われているわけでございますけれども、この男性の取得促進について、これは衆議院でも大変御議論のあったところでございまして、附帯決議の中では「男性の育児休業取得促進について調査研究を行い、有効な措置を講ずること。」と、このように書いてあるわけでございます。どのような調査研究を行っていただけるのでしょうか。その結果、有効な措置というのはいつごろとっていただけるのでしょうか、伺います。（二〇〇一年一一月八日、参議院厚生労働委員会、民主党・川橋幸子議員）

それに対する厚生労働省の担当者の回答は以下のようなものであった。

先生御指摘のように、育児休業者に占める男性の割合というのは大変小さいものでございます。平成一一年度で二・四パーセントという、休業取得者の中に占める男性の割合でございますが、二・四パーセントという数字でございましたので、これをどういう形で高めていくかというのは大事な課題であるというふうに思っております。私どもも、育児休業を進めるための政府のポスターに、大きく二・四パーセントということをポスターの真ん中に書きまして、そういうことで問題提起をした年もございました。（中略）今回の改正法案が成立いたしましたら、国も率先いたしまして男性の育児休業の取得が進みますように、特に意識啓発の面ではすぐに取りかかってまいりたいというふうに思っております。また、先生が今引用なさいました衆議院の附帯決議についてでございますけれども、（中略）まだ決議をいただいたばかりでございますので、どういう調査研究をどういうスケジュールで実施していくか、またその結果どういう措置を講じているかということはこれからのことでございますけれども、（中略）諸外国の例ですとか、我が国の中にも先進的な企業で男性の育児休業の取得が進んでいるところもございますから、そういう例も勉強しながら男性の取得促進のために何が有効な措置であるかということについて研究を進めてまいりたいと思います。

（二〇〇一年一一月八日、参議院厚生労働委員会、岩田公江 厚生労働省 雇用均等・児童家庭局局長）

父親の取得率の計算方法は異なるが、どちらも取得率の低さを強調していた。この後、育児休業制度の見直しを検討する際には、父親の育児休業取得率が、父親の取得状況の主な指標となっていく。このように、二〇〇〇年頃から父親の育休取得に焦点が当てられるようになったのは、一九九九年に成立し施行された男女共同参画社会基本法によって、女性政策から男女共同参画政策への転換が図られたことを反映したものであると理解できる。同法では、男性が家庭や地域での活動に参加することの必要性が強調されたのである。

この時期の政治家（特に野党）の質問や政府関係者の答弁は、父親の育休取得率、休業給付の水準、パパ・クオータの存在に関して、スウェーデンとノルウェーに頻繁に言及している。

例えばスウェーデンのように、男性、父親に対して強制的な割当ての育児休暇取得制度を作る、いわゆるパパ・クオータの制度でありますが、こういったいわゆる制度の改革ということは厚生労働省は考えておられないのでしょうか。

（二〇〇四年六月一四日、参議院厚生労働委員会　民主党・大脇雅子）

ただし、政府は新しい制度の導入には消極的であった。

先ほど申し上げましたように、まず、非常にまだ企業の中の雰囲気、こういう制度に対する理解というのが非常に不十分なところがありますから、まずはそこを改革をして、意識革命を進めていくということを通じてこの制度の周知を図っていきたいというのが基本でございまして、いきなり北欧諸国のような制度を導入するのが我が国の実態に合っているのかどうか、これについてはもう少し推移を見て考えていくべきことではなかろうかというふうに思っております。

（二〇〇四年六月一四日、参議院厚生労働委員会　伍藤忠春 厚生労働省雇用均等・児童家庭局長）

待機児童対策としての休業期間の延長

二〇〇四年に育児休業に関する重要な変更が合意された。二〇〇五年一月からは、以下のような事情が生じた場合、子どもが一八ヶ月になるまでの間、再度の育児休業取得ができるようになった。その期間、休業給付も通常通り受けられる。

・保育所に入所を希望しているが、入所できない場合
・一歳以降子の養育をする予定であった配偶者が、死亡、負傷、疾病等の事情により子を養育することが困難になった場合

一つ目の項目は、保育所に入れないときに、自宅で子どもの世話をするために育休の延長を可能にす

るもので、いわゆる「待機児童」対策として導入された。この延長は、子どもが一歳になるまで取得していた母親にも適用可能であり、働く母親を職場からさらに長く遠ざけてしまうことになるが、「多くの保育所が入所する三月末まで」「小学校三年生（八歳）まで」など、さらなる延長を求める声もあった。

是非、一歳六ヶ月まででではなくて、育児休暇は小学校三年生まで取得時期を引き上げてほしい、これが働く女性の望みであります。（二〇〇四年六月一四日、参議院厚生労働委員会　民主党・大脇雅子）

働く皆さんの集まりである労働組合の連合さんも含めてですけれども、我々民主党も、育児休業期間の延長、こういったことについては、もちろん一年六ヶ月ということもさることながら、事実、現時点では、例えば入所しようにも、年度年度で入所していくわけですね、こういった施設は。ですから、一年入れなければまた次の年度という話になってくる部分がありまして、一年六ヶ月まで認めていただいても、空白の期間というのがどうしてもできる、途中で入所できない施設がたくさんありますから。そういう意味で、例えば、こういった施設に入所できない方々については、特例として年度末まで育児休業を認める、そういう方向も、厚生労働省としてはこれを目指しているというふうに考えてよろしいわけですか。（二〇〇四年六月一四日、参議院厚生労働委員会　民主党・泉健太）

4 パパ・ママ育休プラス――日本版パパ・クオータになりえたか？

育児休業取得除外規定の見直しとパパ・ママ育休プラスの導入

二〇〇七年には、いくつかの重要な取り組みが行われた。四月には、産前・産後休業については従前の収入の三分の二に、育児休業については五〇パーセントに休業給付が増額された。出産手当金の増額は、障害給付金の増額に合わせたものであったが、育児休業給付金の増額は、父親の受給率向上を目的としていた。また、二〇〇七年一二月一八日、関係閣僚、経済界・労働界・地方公共団体の代表等からなる「官民トップ会議」において、「仕事と生活の調和（ワーク・ライフ・バランス）憲章」「仕事と生活の調和推進のための行動指針」が策定された。行動指針では、二〇一七年までに男性の育児休業取得率を一〇パーセントにするなど、さまざまな数値目標が設定されている。

二〇〇七年九月、厚生労働省に「今後の仕事と家庭の両立支援に関する研究会」が設置され、子どもや高齢者、障がいのある家族を介護する共働き家庭への支援の充実について調査・検討が行われた。法学、経済学、社会学、経営学の五人の学者、新聞記者、労働組合関係者、人事担当者で構成され、二〇〇八年までに一二回の会合を開き、研究成果やメンバーおよび招待された有識者等からの意見を聴取した。二〇〇八年七月、研究会は「子育てしながら働くことが普通にできる社会の実現に向けて」という報告書をまとめた。「はじめに」で、父親の育児休業取得率の数値目標の設定などさまざまな取り組みに言及したうえで、育児休業制度を改正するための提言を行っている。育児休業の改正についての提言の具体的な内容は以下の通りである。

まず、労使協定による配偶者が専業主婦（夫）等の労働者の育児休業取得除外規定の見直しである。このことによって、育児休業がそれぞれの親個人の権利となり、母親の状況にかかわらず父親が育児休業を取得できるようにすることになった。次に出産後八週間の父親の育児休業の取得促進である。父親が産後八週間の間にすでに休業を取得していても、二回目の育児休業を取得できるようにすることなどが挙げられている（ただし、経営者団体からは、休業を分割して取得されると労務管理が困難になるとの意見もあった）。さらに、産後八週間の時期に取得した育児休業を「パパ休暇」と呼んで、その時期の重要さを強調し、その後の休暇とは別に取得を促進することを提案した。

また、「パパ・ママ育休プラス」という仕組みも提案された。それまでは産休を含めて産後一二ヶ月間しか権利がなかったが、この制度では、両親がともに休業を取得した場合、休業を延長できるもので、その期間は「ドイツ、スウェーデンの例を踏まえ」て、子どもが一歳二ヶ月になるまでという案が考えられるとしている。さらに、一歳二ヶ月まででではなく保育所に入所できない場合等の特例措置の上限に合わせて一歳六ヶ月までというような意見があったことも付記されている。

「パパ休暇」を除くほとんどの提案は、二〇〇八年八月二七日から一二月二五日まで一一回にわたって開催された労働政策審議会の議論でも支持され、厚生労働省が国会での審議に向けて準備中の改正法案に盛り込むための提言にも盛り込まれた。この育児休業制度の改正案は、二〇〇九年六月に衆参両院で審議された。

国会の委員会においても、「パパ・ママ育休プラス」を導入する議論の中で、パパ・クオータを導入することで父親の取得率を高めることに成功したという文脈で、ドイツをはじめ、スウェーデンやノルウェーへの言及がなされており、同省の担当者は次のように国会の委員会でドイツのモデルを参考にしたと明言している。

このうち、パパ・ママ育休プラスでございますけれども、ドイツなどのパパ・クオータ制を参考としたもので、父母共に育児休業を取得した場合に、育児休業の取得可能期間を子が一歳二ヶ月に達するまで延長することができると、こういう制度でございます。

（二〇〇九年六月二三日、参議院厚生労働委員会　北村彰 雇用均等・児童家庭局長）

また厚生労働大臣は、法案の趣旨説明の中で、スウェーデン、ノルウェー、ドイツに言及した。

北欧、スウェーデンとかノルウェーは、これはもう本当に九割近い、七割、八割、それからドイツなんかもこのパパ・クオータ制を入れてからかなり増えているわけです。ですから、今回のこの法改正を第一歩として今後やっていかないといけない。なかなか社会的な雰囲気を変えていかないといけないので、率先して、我々はこういう仕事ですからなかなかそういうわけにはいきませんけれども、社会全体でこれを進めることをやりたいというように思っております。

（二〇〇九年六月二三日、参議院厚生労働委員会　舛添要一厚生労働大臣）

私なんかは、やはり早くヨーロッパ並みにしたいなと。ヨーロッパが長かったですから。私は、日本に帰ってきて豊かさの実感というのを感じないのはこういうところにもあるというように思っています。ただ、父の月という形で、たしかドイツ、スウェーデン、これもとりあえず二ヶ月と決めていたような気がしますので、西村さんの高い理想には一〇〇パーセント参加しますが、まずは一歩からという形でこういう期間の設定をさせていただいたということでございます。

（二〇〇九年六月一二日、衆議院厚生労働委員会　舛添要一厚生労働大臣）

このように、北欧諸国や、北欧を参考にしたドイツの制度を参考に父親の取得率を高めるために新しい制度を導入しようとする政府（厚生労働省）の積極的な姿勢がうかがえる。

衆議院の厚生労働委員会では、民主党と社民党からボーナス月を二ヶ月から六ヶ月に変更することや、日本共産党から給付額を従前の収入の五〇パーセントから六〇パーセントに変更することなどが提案されたが、改正案は野党からも概ね歓迎された。すなわち、労働政策審議会で提案された、育児休業中の親に二ヶ月のボーナス月を与える仕組みや、もう一方の親が働いていなくても休業を取得する権利を与えることなどの主な提案は、政府の法案にそのまま反映され、野党からも支持されて国会で承認され、二〇一〇年六月三〇日に施行されたのである。

父親のインセンティブを高める半年のみの増額

「パパ・ママ育休プラス」が導入された後も、父親の育児休業取得率は対象者の約二パーセントと非常に低い状態が続いていた。父親の取得を促進するために、二〇一四年にも改正が行われ、育児休業の最初の一八〇日は休業前賃金の六七パーセント、残りの期間は五〇パーセントの休業給付が支給されることになった。当時厚生労働省雇用保険課長であった吉永和生氏に二〇一七年六月二七日に筆者が行ったインタビューによると、この案は、研究会や労働政策審議会などの審議会で事前に議論されたものではなく、二〇一四年三月七日の国会で厚生労働大臣が初めて提案したものであった。田村大臣は、大臣就任前から少子化対策としても、男性取得率の向上方策としても、休業給付を増額することが必要だと考えており、就任後、大臣の指示に従って省内で考えた案が六ヶ月だけ上昇させるこのような案であったという。六七パーセントという率は出産手当金に合わせているが、制度変更で注目されていたドイツの率も意識にあった。また、キャリアを継続したい女性に対しては、できるだけ早く復帰できる枠組みが必要と考えている。六ヶ月という期間（産休と合わせて八ヶ月）がそのきっかけになれば、という思いを持っている、とも吉永氏は話していた。

実際、衆議院厚生労働委員会での「給付率の引き上げ期間は半年に限る」についての質問に対し、大臣は制度改正の意図を次のように説明している。

一子目が誕生された後、男性が育児に協力している、そういうような家庭は二子目をまた出産して子育てされる、そういう率が高いわけであります。一方で、日本は、いろいろな統計を見ましても、男性の育児参加という時間、これが非常に少ないということが言われておるわけでありまして、男性にぜひともさらに育児に協力をいただきたい。そういう意味で、今回の育児休業給付、割り増して六七パーセントにするという今回の案なんですけれども、これを半年にしておりますのは、一つは、お父さん、お母さんが例えば半年ずつとっていただければ、一年間を通じて夫婦の賃金に対する六七パーセント、このような対応ができるということでございます。やはり経済的事由というのが育児休業をとらない理由としても言われているわけでございますので、男性にも六七パーセントが出る、こういう意味で取得をしやすくしていただけるんじゃないか、こういうような思いがある中において、半年間というようなことを、今回、我々として提案をさせていただいておる次第であります。

（二〇一四年三月一二日、衆議院厚生労働委員会　田村憲久厚生労働大臣）

父親の育児休業取得率を高めることが目的とされているが、大臣の説明によると、この政策変更の背景には、出生率を高めるという目的もあったようだ。なお、六七パーセントは、一九八七年に野党が共同法案を提出した際に要求していた六〇パーセントの補償率よりも高く、これまで政府が提案したことはなかった。一方で、「スウェーデンのように八〇パーセントに引き上げる考えはあったのか」との質問に対し、職業安定局長は、以下のように、スウェーデンなどで支給されている給付金と同等の補償率になると説明している。

先生御指摘のように、スウェーデンの場合は八〇パーセントでございますが、我が国の場合、育児休業給付については非課税になっております。それから、育児休業期間中は社会保険料の免除にもなっている。そうしますと、実質的には八割ぐらいの所得が保障できるということでありますので、スウェーデン等と比べましても遜色がない制度になっているというふうに理解しております。

（二〇一四年三月一二日、衆議院厚生労働委員会　岡崎淳一職業安定局長）

5　育休制度の導入と改正はどこへ向かったか

本章では、二〇一四年の改正までの日本における育児休業制度の導入と発展の経緯を見てきた。自民党政権下の一九九一年に初めて成立するまでは、欧州諸国についての調査や国際機関の勧告を参考にしたり、労働組合が重要な役割を果たすなどして、法制化に向けた努力が繰り返された。その後、婦人少年問題審議会、中央職業安定審議会、労働政策審議会の提言をもとに、政府が合意し、官僚が設計した改正案がほとんどであった。一九八〇年代に野党が提出した六〇パーセントの休業給付の提案は、二〇一四年に最終的に受け入れられた。これは、二〇〇〇年代に入ってから始まった父親の育児への関与の低さへの懸念の高まりを背景になされた数度の改正の結果である。

しかし、このような状況にもかかわらず、父親の取得率は低いままにとどまっていた。二〇一四年に導入された給付金の上限を両親それぞれの最初の六ヶ月間に限定することが、父親の育休取得を促進するインセンティブとして働く可能性があり、二〇一四年以降に取得率上昇の速度が速まったのは、この新しい施策と関係があるかもしれない。しかし、日本の父親の育児休業取得を阻害する職場環境を考えると、取得率を大幅に向上させるためには、さらなる強力なインセンティブやその他の施策が必要であった。

改正の過程を振り返ると、もう一つの大きな問題が明らかになった。育児休業の発展は、関連の制度にまたがって体系的に設計されたものではなく、矛盾した力が働いていた。例えば、二〇一〇年に実施された「パパ・ママ育休プラス」という父親の育休取得が家族にとって二ヶ月分の期間延長をもたらす制度の意味は、子どもが保育所に入れない場合の六ヶ月間の特別な延長を先に導入していたことで弱まった可能性がある。二〇一七年に合意され実施された更なる改正では、同じように保育所に入れないという理由で、子どもが二歳になるまで休業を延長することができるようになった。労働政策審議会のメンバーの中には、このさらなる延長を、これまで休業を取ったことのない親に限定すべきだと主張する人もいたが、この考えは審議会の最終提言にも政府の法案にも盛り込まれなかった。なぜこのような問題が解消されなかったのか、二〇一四年以降、二〇二一年の改正に至る過程を、次章で確認していこう。

第8章　男性育休促進のポリティクス
――課題はなぜ解消されないのか？

前章でみたように、二〇〇〇年代に入ってからの育児休業制度の改正に際しては、父親の育児休業取得率を高めることが重要な目標とされてきた。その結果、父親にとっては期間・給付ともに世界的に見ても手厚い制度であるにもかかわらず、職場の雰囲気が育児休業の取得を困難にしているという批判が繰り返されてきた。その一方で、本書第5章でみたように、育児休業制度と保育制度を組み合わせた制度設計が北欧諸国やドイツのように総合的に設計されておらず、父親の育児休業取得を十分に促す制度になっていないという問題もある。本章では、日本の育児休業制度が北欧諸国やドイツと比較して十分に機能しにくいままにとどまっている理由を、二〇一四年の改正後の育児休業制度の改正過程を分析することで考察する。その際、制度の改正に関わった様々なアクターの言説と行動を詳細に検証する。

1　日本の社会政策決定のプロセス

五五年体制での法制化の試み

日本は、父親のありかたの変化に関する国際的な議論の中で関心の的になってきた（Rush 2015a）。社会政策の決定過程を分析した文献は国内外にわたってかなりの数に上り（西岡 2021; Estévez-Abe 2008; Lambert 2007; Seeleib-Kaiser・Toivonen 2011; Tan 2016; Boling 2015; Brinton & Mun 2016）、その中でも育児休業制度の発展は大きな焦点の一つとなっている。これらの研究は、育児休業制度の導入と改正が行われた期間において、社会政策の決定プロセスに様々な変化があることを示唆している。

一九五五年に自由党と民主党が統合して自由民主党が誕生して以来、自民党はほとんどの期間、国会で最大の議席を確保し、その結果、長期単独政権を実現してきた（齋藤 2010; Boling 2015）。しかし、議席数には変動もあり、それが有権者の要求に対する自民党政権の反応に影響を与えていた（Lambert 2007）。一九七〇年代、自民党の議席が過半数を割っていた頃、自民党の議員たちは育児休業制度導入のための法案作成を支持していた。しかし、自民党が国会で多数を占めるようになり、四大経営者団体が育児休業の法制化に反対する共同声明を出したことを受けて、自民党は育児休業の法制化を直ちに断念し、その後、野党が提出した育児休業法案は、一九九一年に再び取り上げられるまで、すべて延期または否決された（本書第7章；Lambert 2007: 22-23）。

政策決定プロセスの複雑化

一九八九年に自民党が参議院で安定多数を失ったことは、日本の育児休業制度の歴史にとって重要な転換点と見られている（Estévez-Abe 2008: Location No.3761）。この年の出生率が、丙午《ひのえうま》の年であった一九六六年の一・五八を下回ったという「1・57ショック」も相まって、育児休業が再び国会での議論の俎上《そじょう》に上ったのである（Lambert 2007）。

また、一九八九年の参議院選挙までの間に、自民党に対抗できる複数の政党が出現し、また中選挙区制が維持された結果、この時期の日本の福祉政治（welfare politics）は北欧のそれに類似してきたことも、指摘されている。自民党以外の政党が議会で有効な反対勢力となったことで、福祉を重視する官僚に新たな立法の可能性をもたらしたというのである（Estévez-Abe 2008: Location No. 3761）。

ボウリング（Boling 2015）は、日本の政治システムに関する既存の研究と、厚生労働省の官僚、政治家、元厚生労働省官僚の研究者へのインタビューをもとに、「新しい政策を実現するための確立された手続き（Boling 2015: 108）」が存在していた一九九〇年以前の自民党一強体制から、「より煩雑で、非合理的で、困難な（Boling 2015: 138）」プロセスへと変化したと指摘する。以前のシステムで確立されていた方法は、「審議会や国会で潜在的な利害関係者や拒否権を持つ人たちに対して必要な根回しをすることや、エリートのキャリア官僚と政治家の間でのやりとりを中心に回っていた」（Boling 2015: 137）。元厚労官僚の大学教授のインタビューによると、新しいステージでは、官僚はもはや誰の意見にも耳を傾ける必要がないかのように振る舞ったり、すでに彼らが決定した政策にお墨付きを与える存在として審議会を利用したりすることはできなくなり、よりオープンで敏感に、さまざまな種類の政治的支援を開拓し、さまざまな政治的圧力に対応しなければならなくなったという（Boling 2015）。ボウリングは、育児休業制度については、既存の研究（Estévez-Abe 2008; Boling 2015）を参照しながら、自民党が経営者団体を支援し、コンプライアンスを守らない雇用主への制裁に消極的だったと述べている。

父親の育休取得という共通目標

第7章で詳細に分析した、二〇一四年までの育児休業制度の導入とその後の改正の政治的プロセスをみると、休業給付の六七パーセントへの引き上げに関する改正案については、審議会で事前に議論されず、国会で厚生労働大臣が最初に提案しており、この段階になると、ボウリングが指摘するような新しいステージとはやや異なり、政策決定プロセスはそれほど複雑ではないように見える。これは、二〇〇〇年代の政策議論において、父親の育休取得率の低さとそれを高める必要性が共通の関心事や目標となり、児童手当などの他の社会政策に比べて立場が対立的ではなくなったことに起因しているのかもしれない。

二〇〇〇年代以降の行政構造の変化でもう一つ注目すべきは、内閣総理大臣のリーダーシップを強化するための機関として位置づけられている内閣官房と内閣府の組織と機能の拡大である。これは、二〇一二年に自民党と公明党が連立し安倍晋三を擁して政権に復帰してから顕著になった（宮﨑 2016）。

2　育児休業制度の改正プロセスの分析枠組み

データと方法

前章までに、育児休業制度の二〇一四年までの策定過程の変化と父親の休業取得率の低迷に関わる制度的な課題について確認してきた。これらを踏まえて、本章では、二〇一四年に施行された育児・介護休業法と雇用保険法のさらなる改正の後、二〇二一年に国会で新たな改正法が成立するまでの過程で、これらの原因を解消する試みがなされたかどうかを検証していきたい。

本研究では、主に国会、労働政策審議会（公益、労働者、使用者の代表者で構成され、労働政策について厚生労働大臣に助言を行う機関）、厚生労働省の関連研究会などにおける議論や交渉の記録、およびこれらの議論で参考にされた文書を主な資料とする。さらに、上記のような正式な政策立案プロセス以外に、改正に影響を与えるアクションに関連するウェブ記事や書籍も参照している。これらの資料を、質的データ分析ソフトであるNVivoに取り込み、トピック、発言者の役割、所属（政党を含む）、発言が行われた機会などについて、ソフトの検索機能（クエリ）を活用しながらコーディングを行い、内容を時期別に整理した。

分析の視角

改正法案の審議手順の骨格は次の通りである。まず、政府が法律案を衆参両院に提出する。その後、法案は各議院の厚生労働委員会に付託され、議論と採決が行われる（ただし、説明や質疑のために本会議が開かれることもある）。その後、結果が本会議に報告されて採決され、法案が成立する。多くの場合、法案はまず衆議院で可決されてから参議院に送られるが、逆の場合もある。

政府が提出する育児休業関連の改正法案は、原則として、労働政策審議会の分科会（二〇一七年六月までは雇用均等分科会、二〇一七年九月からは雇用環境・均等分科会）での審議を経て、提言された内容が法案に反映される。ただし、これらの審議会での育児休業に関する審議の出発点は、厚生労働省の担当事務局から提示されている。そのため、その論点に影響を与える報告書等があれば、その報告書等にまで分析を広げて、その成立過程を確認していく。

分析にあたっては、本書のこれまでの議論で課題として指摘してきた、パパ・ママ育休プラスの二ヶ月というパパ・クオータに当たる期間と保育所に入所できなかった場合の延長との不整合の問題について、各アクターがどのような見解を示し、最終法案にどのように反映されたかに特に注目したい。

日本の育児休業制度は育児・介護休業法と雇用保険法という二つの法律によって組み立てられている。前者が休業そのものの仕組みを定め、雇用保険法が休業給付について定めている。そのため国会では、このいずれかの法律の改正をめぐる審議の中で育児休業制度についての意見が交換されることになる。

そこで、ここでは二〇一七年および二〇二一年に成立した雇用保険法等の一部改正に関する法律案（育児休業法等を含む）の国会審議に着目し、それぞれの国会における法案の提案内容と審議の論点と整理した法案の内容を確認する。そのうえで、公式に国会提出される法案の内容を方向づける労働政策審議会の雇用均等分科会での議論、さらに遡って、審議会に提出される提案を検討している厚生労働省の研究会の議論を確認する。

また、国会及び審議会での発言などから、その法案の内容に影響を及ぼしていると判断される組織についても、その活動や構成員の発言やメディアでの発信内容を確認する。このような方法によって、旧来の政策立案手続きである審議会の提案をもとにした官僚による法案の起草に何らかの変化があったのかを分析する。また、そのような変化が見られた場合、ジェンダー平等な育児休業の仕組みを形成するうえで、それがどのような意味を持つのかについても論じていく。

分析対象期間中の政治的状況

以下で取り上げる期間は、二〇〇九年から二〇一二年にかけて民主党が短期間政権を取った後、戦後日本の大半の期間政権の座にいた自民党が二〇〇〇年代のように公明党との連立で政権に復帰した後の期間である。安倍晋三首相の下で長期政権が形成されたことで、首相官邸、内閣官房、内閣府の役割と権限が特に大きくなり、二〇二〇年九月に安倍首相が退陣したあとは、安倍内閣の官房長官だった菅義偉氏が首相となりその体制が引き継がれた。

二大政党制の一翼を担うことが期待されつつ、政権の座を失った民主党は、分裂や合流を繰り返した。まず民進党が結党されて多くの議員が参加し、二〇一七年からはその時点で最大野党となる立憲民主党などに引き継がれている。しかし、立憲民主党の国会での議席数は自民党の半数以下にとどまり、衆議院（二〇二一年八月一一日現在）では議員総数四六五人のうち、自民党系会派が二七六人に対して、立憲民主党系会派が一一三人、参議院（二〇二一年九月一七日現在）では二四五人のうち、自民党系会派が一一一人、立憲民主・社会民主党の会派が四五人である。

3　二〇一七年改正のプロセスとアクター

国会での審議の様子

二〇一七年三月に第一九三回国会で審議が始まり同月末に成立・公布、一〇月一日に施行された法律による改正の中心は、それまで一歳時点で保育所に入所できなかった場合に認められていた一歳六ヶ月までの延長に対して、給付を含めさらに六ヶ月の延長を可能にすることであった。そのほかに雇用主の努力義務として、労働者の妊娠・出産を知った場合に制度について知らせること、未就学児を持つ労働者が育児に関する目的で取得できる休暇を設けることが定められた。

休業の制度および給付の仕組みについての修正は最初の点だけであるが、これに対してどのような議論がなされているのだろうか。

野党第一党である民進党の議員たちは、二歳までの延長が女性が長期に職場を離れることにつながるとして、延長部分はそれまで取得していない親に交代する仕組みにできないかと問いかけている。

例えば、民進党の郡和子は二歳までの延長とパパ・ママ育休プラスの関連について、衆議院の厚生労働委員会において次のような意見を述べている。


審議会でも、このパパ・ママ育休プラスについても周知が必要だというふうに言われてきたわけですけれども、もう施行してから七年、八年と経過しております。周知と同時に、制度の内容の改善というのを求めたいというふうに思うわけです。

現行制度は、既に、保育園に入れない場合、一歳六ヶ月までの育児休業の延長ができるということになっているんですけれども、これがさらにこの育休プラスの利用状況を押し下げているんじゃないだろうかとも思えますし、二〇二〇年までに一三パーセント、先ほど三〇パーセントと大変戦略的な数字も出てまいりましたけれども、育児休業取得率を上げていくために、私は、ぜひパパ・クオータ制を導入すべきだというふうに思っております。

あるいは、現行パパ・ママ育休プラスの育休延長期間を、法改正が行われる、保育園に入れない場合の育児休業の延長期間に合わせるなどすべきではないかというふうに思うのですが、いかがでしょう。

（平成二九年三月一〇日、衆議院厚生労働委員会　民進党・郡和子）

また、この委員会の中で同じ党の山尾志桜里議員も副大臣に対して「もし仮に緊急避難的に延長しようという選択をとるのだったらば、延長分は父親がとる、あるいはその一年半とった人とは別の性別の親がとる、パパ・ママ育休プラスの延長の形で今回もう少し、制度設計を今からでも考える余地があると思うがどう思うか」と質問をしているが、政府側（副大臣）は明確な答えを示していない。

委員会に招致された参考人である天野妙（「希望するみんなが保育園に入れる社会をめざす会」代表（当時））氏からも二歳までの延長について同様の懸念が示されているが、結局、この法案の内容はそのまま修正されることなく可決されている。

連立ではあるが与党が安定多数を得ている状況では、国会質疑の結果によって大きく法案が変わる可能性が低いため、提出される法案の決定過程が重要になるといえるだろう。

法案提出に至るまでの経緯

二〇一七年の国会に出されたこの法案は、二〇一六年一二月に出された労働政策審議会（雇用均等分科会で議論）の建議を受けて厚生労働省が作成した法律要綱案を審議会に諮問し、了承を得たものである。「経済対策を踏まえた仕事と育児の両立支援について（建議）」の内容の骨子は以下のようなものであった。

「未来への投資を実現する経済対策」（平成二八年八月二日閣議決定）を踏まえ、「雇用の継続に特に必要と認められる場合の育児休業期間の延長等を含めた両立支援策」について議論することとなった。国として、育児休業を取得した労働者が安心して職場復帰できるよう、保育所等の整備を一層進めることが必要ということであり、四月に限らず育児休業から復帰を希望する時期に子どもを預けられる環境の整備及び保育の質の確保があわせて望まれる。このような状況の下、保育所等に入所できず離職せざるを得ない労働者（主として女性労働者）も少ない割合であるが一定数存在することを踏まえ、緊急的なセーフティネットの一つとして、継続就業に資するような策にする必要があることから、延長の期間としては、最長二歳までで、この制度は、継続就業のために本当に必要な期間として利用されることが望ましい。

さらに、その他の意見として、次のような内容が付記されている。

今回の議論の過程で、一歳六ヶ月以降の延長分の一部をこれまで育児休業を取得していなかった方の親（多くの場合、男性労働者）とすべきとの意見も出た一方、育児休業は希望すれば取得できる労働者の権利であるにもかかわらず、もう一方の性にいわば強制的に取らせるような形となってしまうのはいかがなものかという意見もあった。また、男性の育児休業取得を促進するメッセージを発することも必要ではないかとの発言もあった。

この内容は、審議会に育児休業のさらなる延長の制度化の検討が要請された経緯と、その後の審議会での議論が反映されている。この延長案は、すでに二〇一七年一月施行の育児介護休業法の改正が成立したあとに閣議決定された政府の「未来への投資を実現する経済対策」にある次のような記述に基づいて、審議会に対して要請があり、審議された。その記述とは、「男女とも仕事と育児の両立に資するよう、保育所の整備を進めつつ、雇用の継続のために特に必要と認められる場合の育児休業期間の延長等を含めた両立支援策について、必要な検討を経て、成案を得、平成二九年度（二〇一七年度）において実現する」というものである。この経済対策は、内閣府の経済財政運営担当が準備を進めて、閣議決定されたもので、複数の省庁にわたる事業の進捗管理も内閣府がしている。

このような事態に対して、委員から批判的な意見が出された。それは、改正法がまだ施行もされていない段階で、政府がこのような形でこれまでの議論の論点にもなっていなかった育児休業期間の延長という新たな改正の方針を示すことに関して、ここまでの公労使の議論をないがしろにしているのではないか、というものである。

また、延長案そのものに対しても、女性のキャリアの中断期間が長くなる懸念が大半の委員から示され、延長するのであれば、これまで取得していいほうの親に限定するべきではないかとの意見も多く出された。ただ、これに関しては、経営者代表である委員の一人から、特定の性の人への義務にするようなものであり、それはすべきではないとの意見が出される。

環境整備ということはわかります。でも、先ほど来松岡委員がおっしゃっていることについては、その延長する分の一部はもう一方の性の方にとらせるという話だと、もう一方の性に関して言えば、義務にするというのと同じ意味にとれるのです。どちらでも好きなほうがとれるのであれば今も同じであって、あえてこの議論をする必要がなく、今、労側委員がおっしゃっていることは一歩踏み込んでいます。どちらでもとれるというものについての一部については、もう片方のとってない方にとらせるというのは、そのもう片方、とってない方について言えば、労働者そのものに権利ではなく義務を課すというようにどうしても聞こえるので、そうでない仕組みというのは逆にどうなのか教えていただきたいです。

これはまさに、本書第5章で見た北欧等でのパパ・クオータの拡大をめぐる駆け引きと重なるやりとりである。このこともあり、建議には両論が併記されることになる。

以上のように、保育所に入所できない場合の一歳六ヶ月を超えた延長案は、政府からトップダウン（内閣府の経済財政運営担当が中心となって作成して閣議決定）の形で審議会での検討を要請された。そして、懸念や延長部分の男性の取得を促す案も出されながら、最終的に単純に二歳まで再延長を可能にする法案として国会に提出された。そこでも野党議員等から懸念が示されたが、ほぼ当初案の形で成立したことになる。ただし、これらの過程で示された懸念や意見については、衆参両議院で今後の検討事項として附帯決議が提出され可決されている。

上記の改正案の成立ののち、今後の育児休業制度の改正について検討する場として、二〇一七年六月一日に厚生労働省雇用環境・均等局によって「仕事と育児の両立支援に係る総合的研究会」が立ち上げられる。

4　二〇二一年改正のプロセスとアクター

仕事と子育ての両立支援に関する総合研究会

「仕事と育児の両立支援に係る総合的研究会」は、安倍首相を座長とする「働き方実現会議」の決定における「働き方改革実行計画」を踏まえて育児休業制度の見直しの議論する場として、厚生労働省雇用環境・均等局によって設けられた。委員は、大学所属の研究者二名、厚生労働省所管の研究機関である独立行政法人労働政策研究・研修機構（JILPT）の研究員二名、企業のダイバーシティ推進関連部署のマネージャー、病児保育等を提供するNPOの代表からなる。

二〇一七年六月一日に開催された第一回の会議では、二〇一七年の改正法に関する附帯決議の内容が資料として提示されている。この附帯決議の主な内容は、次のようなものである。

・労働者が職場復帰を希望する時期に安心して子を預けることができる保育環境の整備を行うこと。
・男性の育児休業取得率が依然として低いことに鑑み、利用率の低いパパ・ママ育休プラス制度の活用促進に向けた改善措置を講ずるとともに、父親に一定期間の育児休業を割り当てるパパ・クオータ制の導入に向けて検討すること。

・本法の施行後二年を目途として、育児休業制度の対象となる労働者等への事業主からの個別周知の有無を調査すること。

ここには、二〇一七年の改正に関する議論の中で、審議会委員、野党議員、国会での参考人によって提示された、二歳までの育児休業延長が女性への子育ての偏りを継続させることへの懸念が反映されている。

一方、「働き方改革実行計画」の中の育児休業に関連する部分は、まず、子育てを理由に仕事を辞めずに済むよう、保育所が見つからない場合などは、育休給付の支給期間を最大二歳まで延長する、というすでに改正が可決された内容である。その他に、男性の育児参加を徹底的に促進するためあらゆる政策を動員するとして、今後の検討事項として次の内容を提示している。

(1) 育児休業の取得時期・期間や取得しづらい職場の雰囲気の改善など、ニーズを踏まえた育児休業制度について、総合的な見直しの検討に直ちに着手し、実行していくこと。

(2) 制度があっても実際には育児休業等を取得しづらい雰囲気を変えるため、育児休業の対象者に対して事業主が個別に取得を勧奨する仕組みや、育児目的休暇の仕組みを育児・介護休業法に導入する。

しかし、育児休業制度のあり方についての具体的な提案は含まれていない。

第一回の会合ではそれぞれの委員の問題意識が提示されるが、ＪＩＬＰＴの池田心豪氏、座長である法政大学キャリアデザイン学部教授武石恵美子氏は、母親だけで二歳まで取得できる制度設計の問題を強調している。一方、病児保育を提供するＮＰＯの代表であり、後に見る「イクメンプロジェクト」座長でもある駒崎弘樹氏は、「男性産休」と。男性産育休を取らない企業へのペナルティーを提案している

委員以外の識者の報告や当事者へのヒアリングを含み、計九回の会合が開かれ、その結果が二〇一八年三月三〇日に報告書としてまとめられた。そこには、男性産休、対象となる労働者への育児休業制度の周知の徹底の他、制度上の課題やパパ・クオータに相当する内容の提案も中長期的な対応策として書き込まれている。

この報告書は、より直接的に育児休業に関する法案について諮問されることになる労働政策審議会（雇用環境・均等分科会）では、どのように扱われたのだろうか。二〇一八年八月二七日に開催された、第四回雇用環境・均等分科会で今後の検討事項案とともに報告書が資料として配布され、事務局から説明がなされている。個人の取得期間を変えずに、育児休業の取得可能年齢を引き上げてはどうかといった制度の検討については、中長期的な目標として報告されており、当面の課題としては男性産休、分割取得、働きかけがこの時点で中心になっている。ただし、この段階では、審議会の「今後の検討事項」として育児・介護休業法が挙がっているわけではなく、上記の研究会の終了後始めて開かれた分科会であることから配布されたものとみられる。

労働政策審議会と分科会

審議会で次の育児・介護休業法改正について議論がはじまるのは、「男性の育児休業取得促進等について」という検討事項が入る、二〇二〇年九月二九日の第三〇回雇用環境・均等分科会からであった。その時に事務局から提示された検討項目は以下のものである。

男性の育児休業取得促進等に関する検討項目（案）

1　男性の育児休業取得促進策について

(1)　子の出生直後の休業の取得を促進する枠組み

○対象期間、取得可能日数○権利義務の構成○要件・手続き

(2)　妊娠・出産（本人又は配偶者）の申出をした労働者に対する個別周知及び環境整備

(3)　育児休業の分割取得○分割を認める場合、その要件及び回数

(4)　育児休業取得率の公表の促進等

2　その他

○有期契約労働者の育児・介護休業取得促進について

また、事務局は、少子化社会対策大綱（二〇二〇年五月二九日）、経済財政運営と改革の基本方針（いわゆる骨太方針）２０２０や成長戦略フォローアップ（二〇二〇年七月一七日）など、閣議決定された政府の

計画の中に、前記の項目について検討することが定められている、という点についても言及している（第三〇回労働政策審議会雇用環境・均等分科会議事録）。

先に見た総合的研究会での議論の結果の概要はこの時期の審議会でも毎回資料として配布され、第三一回会合の議論の中で研究会の座長でもある武石恵美子委員から、制度上の本質的な課題について次のような言及があった。

いろいろな御意見をお聞きしながら考えていましたが、まず今回の議論が男性の育児休業の到達点というよりは、一歩進めるためのものだというように捉えています。検討の目的も、［女性の］雇用継続の観点から男性の家事・育児への参加を促進するということで、今回はこの範囲でいいと思うのですが、本来であれば、やはり女性の雇用継続という部分では不十分で、男性が家事・育児に参加するだけではなくて、女性がきちんとキャリアの継続ができて、今、男性の育児休業がすごく少ないことによって、女性にものすごく制度利用が偏在していることが、女性のキャリア形成を阻害している。

そういうことまでを含めて考えなくてはならない問題なのですが、今回は、まずは七パーセントから上げるということで当面の対処と位置付けた議論かなと思っています。なので、本来の男性の育児休業の取得促進ということを考える上では、もっと本質的な議論が必要だろうということを申し上げたいと思います。

先ほど、パパ・ママ育休プラスの話が出ていましたが、あの制度も結局保育園に入れなかった場合に育児休業が延長できてということで、無理にあの制度を使わなくても、保育園に入れないという条件がありますが、女性だけで最長二年まで取りきれるという日本の制度になっていて、お父さんの出番を作らなくても、結局お母さんだけで取りきれるというのが、海外と違う制度になっていますので、そういうことも含めて、男性の育児休業ということを、将来は男女半々というスウェーデンのような目標を作るのであれば、今の仕組みをかなり目的にてらして考え直さなければいけないのだろうなということを感じています。
（武石恵美子　第二一回労働政策審議会雇用環境・均等分科会議事録）

しかし、このような制度の根本的な変更については、直近の法改正についての審議会の検討項目としては提示されていない。そのため、最後に出される建議は、あくまでも検討項目として提示された点についての詳細な議論の結果を示すものとなっている。

そこで、二〇二一年の制度改正を方向づけたものとして、二〇二〇年九月の第三〇回審議会において検討項目として提示された論点の出所について見ていくことが、重要であろう。明示的には、閣議決定された政府の諸計画であるが、その内容に影響を与えたと思われるアクターの動きについて次に見ていく。

審議会と厚生労働省の研究会以外のアクターの動き

「仕事と子育ての両立支援に関する総合研究会」が二〇一八年三月三〇日にまとめた報告書においても、男性産休の創設、分割取得の導入や該当する労働者への周知の義務化が当面の方策として提示されていた。しかし審議会が「男性の育児休業取得促進等について」という議題で、育児休業制度の改正について検討を始める数ヶ月前の二〇二〇年の三月三一日、自由民主党の育休のあり方検討プロジェクトチーム（PT）が「中間提言まとめ」を発表している。そこでは、父親産休、分割取得や該当する労働者への周知の義務化について、二〇二一年改正案に盛り込まれる内容と重なる内容がかなり具体的に盛り込まれている。

この流れのきっかけを作った民間団体として「男性育休義務化プロジェクトチーム」がある（小室・天野 2020: 189）。

二〇一〇年に発足した厚生労働省のイクメンプロジェクトの推進委員会委員でもある小室淑恵氏、駒崎弘樹氏の二人、そして天野妙氏らが、二〇一九年、男性育休取得を進めるためにこのプロジェクトを開始し、国会議員とも議論を重ねた（小室・天野 2020:7）。小室氏は、企業や自治体の働き方改革に関するコンサルティングを手がける株式会社ワーク・ライフバランス社長、駒崎氏は、病児保育サービスを提供するNPO法人フローレンス代表であり、厚労省の研究会の委員でもある。天野氏は「みらい子育て全国ネットワーク」の代表である。こうした議論の結果、与党である自民党に二〇一九年六月に「男性の育休「義務化」を目指す議員連盟」が結成され、彼らが民間アドバイザーとして参画した。その後、先に書いたように、自民党育休のあり方検討PT（プロジェクトチーム）が「中間提言まとめ」として具体的な政策提案を示し、政府の「骨太方針２０２０」に取り入れられた（小室・天野 2020: 142）。

このような経緯から、審議会での改正に関する議論を方向付けたものとして、この民間のアクターによる「男性育休義務化プロジェクトチーム」の存在は非常に大きいといえるだろう。

二〇二〇年九月二九日の審議会において育児休業制度の改正について議論が始まると、「『父親産休』厚労省で議論スタート。育休義務化には労使双方から異論続出」といった新聞などの報道がなされた。それに呼応して、先の三人がそれぞれ代表となっている組織の他、早くから日本の父親の育児参加を促す草の根活動を続けてきたファザーリングジャパンなど、同プロジェクトチームに参加する団体が、それぞれのウェブサイト等で「緊急‼　男性育休義務化に関する提言『男性の育休義務化』に賛成します」というプレスリリースを発表した。

そのプレスリリースに書かれた提言の内容は、自民育休義務化PTの中間まとめとほぼ重なっている。彼らは積極的にSNSやウェブサイトを通じて、情報を発信することもあり、既存のメディアにも男性育休をめぐる発言が取り上げられ、男性の育児休業取得についての社会の関心を高めることにも大きく貢献しているといえる。

こうして設定された論点の中で審議会が検討を進め、いわゆる男性産休（出生児育児休業）の分割の回数や、それ以降の育児休業の分割の仕方を盛り込んだ建議が出され、それにもとづいて厚生労働省が作成した法案を審議会が了承した。同法案は、二〇二一年四月に国会に提出され四月中に参議院で可決、六月に衆議院で可決され成立している。二〇二一年成立の改正では、二〇一七年改正の附帯決議にはあったパパ・クオータの表現がなくなり、抜本的な制度改革への可能性は低下したようにも見える。

5　政策決定プロセスの複雑化と中長期的な視点の喪失

パパ・クオータに相当するドイツの二ヶ月のボーナス月をモデルとした「パパ・ママ育休プラス」が意図した通りに機能していない、政策のつぎはぎ的な状況は、これまでの章で確認してきた。しかし、二〇一七年の改正では、母親だけでも子どもが二歳になるまで休業を延長できるようになり、この状況が解消されることはなかった。二〇二一年の改正では、分割回数や分割時期を柔軟にすることで、母親が復職したときに父親が子育ての主たる担い手として引き継ぐ可能性が高まってはいる。しかし、メディアなどで強調されているのは、ヨーロッパの多くの国ですでに制度化されている父親休業にあたる「産後パパ育休」であり、女性が復職した後に男性が育児をするという交代のモデルではない。

国会での議論では、制度上の基本的な問題について野党から質問が出されたが、法案は修正されることなく可決され、議論の内容は二〇一七改正にあたって附帯決議に反映されただけであった。さらにこうした附帯決議の内容のすべてが、その後の修正プロセスで必ずしも取り上げられたわけではない。衆参両院で政権与党が圧倒的多数を占める状況では、国会に提出される法案の作成過程が非常に重要であることは明らかだ。

図8－1と図8－2は、それぞれ二〇一七年と二〇二一年の改正法案提出のプロセスをまとめたものである。改正法案提出までのプロセスを概観すると、法案作成のプロセスは厚生労働省内にとどまらず、

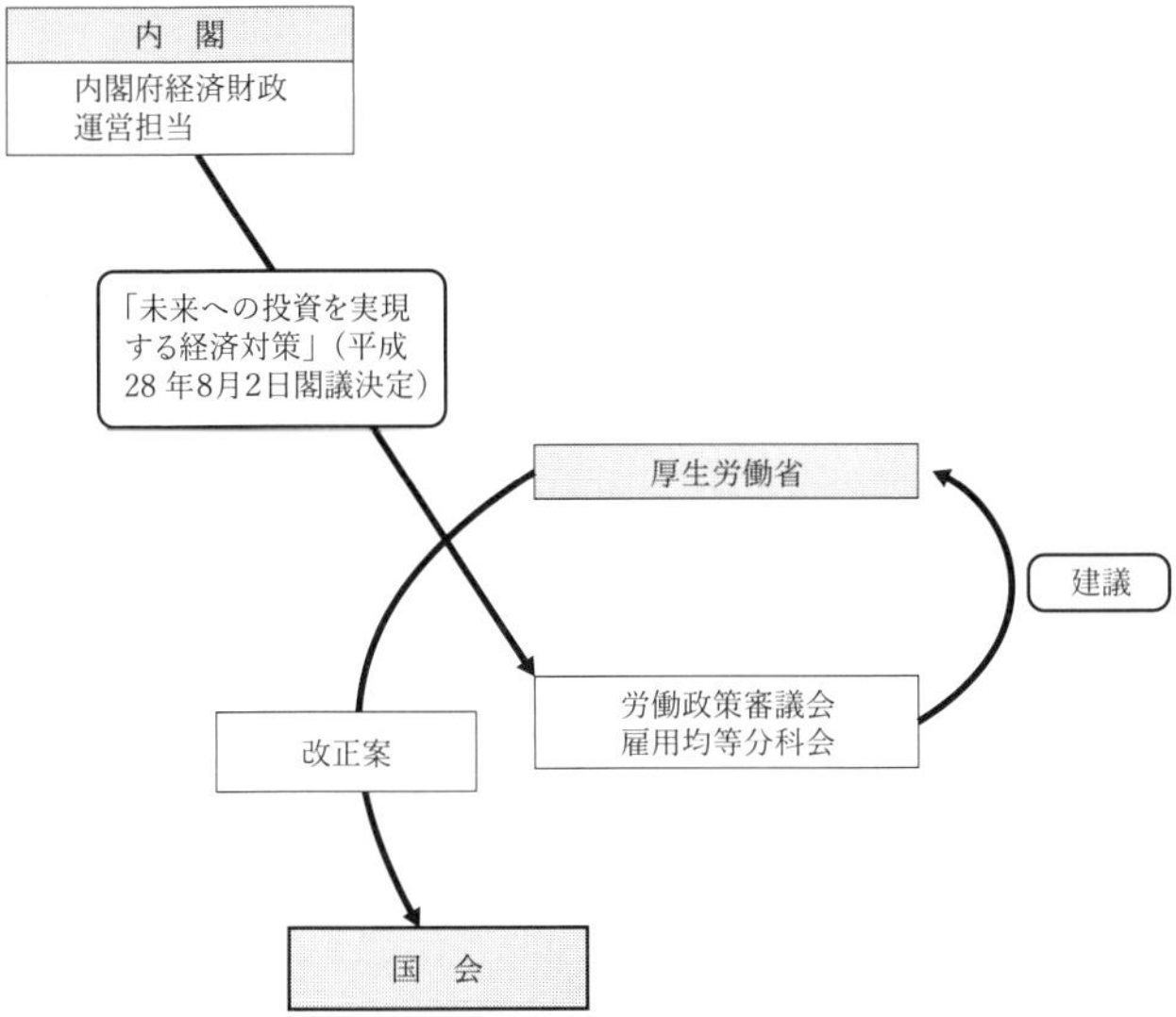

図８－１　2017年改正のプロセスとアクター

内閣府や与党のプロジェクトチーム、ワークライフバランス施策を推進する民間団体の活動に大きく影響されており、二〇二一年改正ではそのプロセスがより複雑になっていることがわかる。

厚労省の研究会や審議会では、根本的な制度上の問題に言及しているが、審議会の建議は、閣議決定等に基づいて最初に提示された枠組みの中に収まるように構成されており、一歳六ヶ月以降の延長の一部を、過去に育児休業を取得したことのない親の取得に限定するなどの提案は、使用者を代表する委員の反対により最終案には採用されていない。

父親の育児休業の取得促進への関心は急速に高まっているが、この関心の高まりの結果は、短期的な課題に対応するための対症療法的な改正にとどまり、日本の育児休業制度は、当初参考にした北欧やドイツの制度とは大き

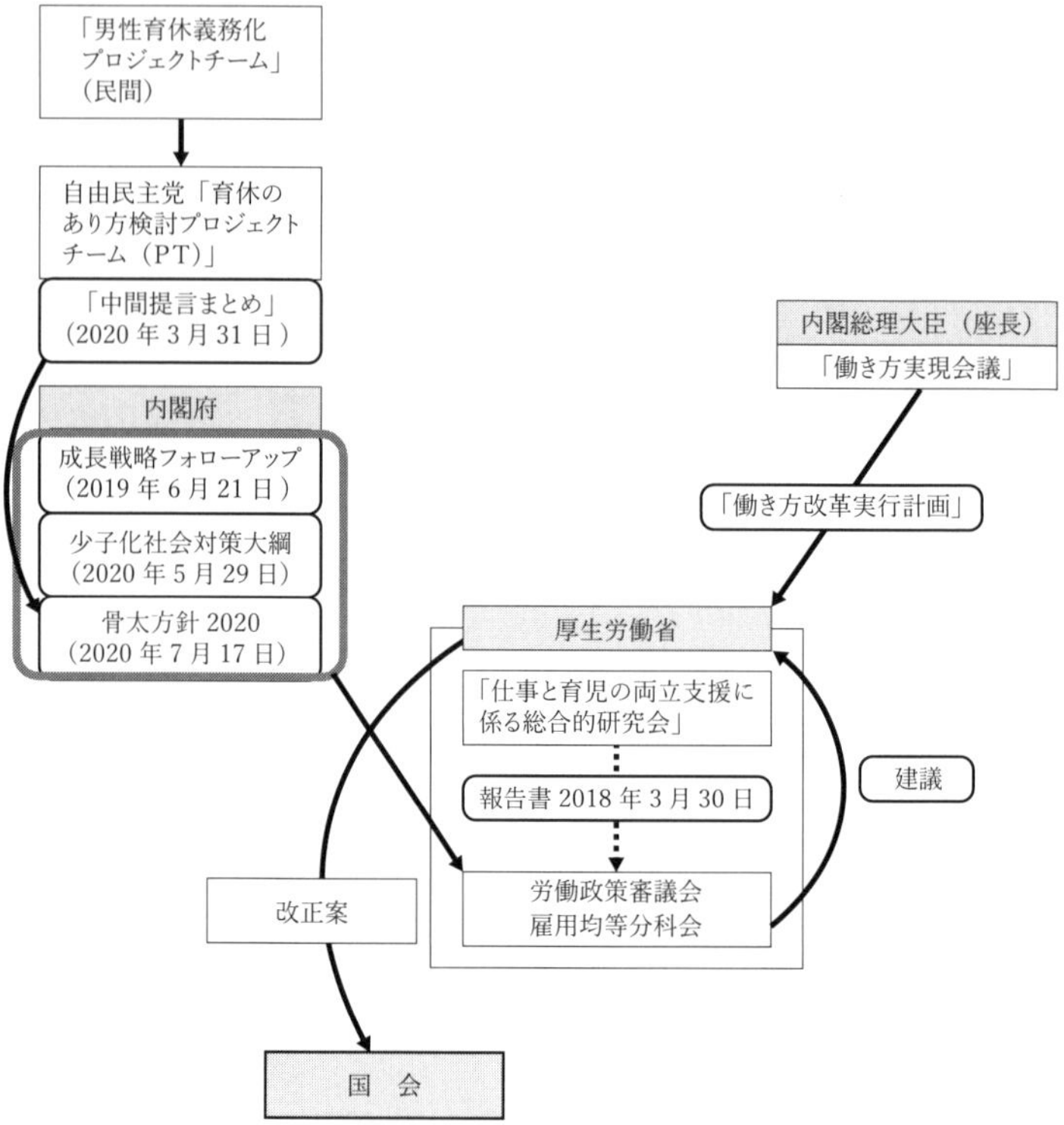

図８－２　2021 年改正のプロセスとアクター

く乖離してしまった。近年の日本における男性の育児休業の推進には、民間の組織も重要な役割を果たしており、今回の改革により、育児休業を取得する父親の数が増えることは期待できるだろう。

しかし、最終的に北欧やドイツの制度改革が目指しているように、父親が育児休業を単独で取得する期間を長くすることで、母親の復職後に父親が代わりに子育ての主たる担い手としての役割を果たすような方向に移行するためには、より根本的な制度変更が必要になるのではないだろうか。

第9章
男性育休の構造転換をめざして

本書の全体を通じてどのようなことが見えてきただろうか。本書は、「男性育休」すなわち父親である男性の育児休業取得の促進が、社会におけるジェンダー構造の転換、より端的に言えばジェンダー平等の推進、さらにはワーク・ライフ・バランスの向上や個人の多様な生き方の選択につながる可能性を持っている、という問題関心から出発した。そして、男性の子育てと育児休業とその変化を、文化・政策・実践の三つの側面から、詳しく分析してきた。関心の中心は日本の状況であるが、それを相対化し、課題と向かうべき方向を考える参照点として、ノルウェー・スウェーデン・ドイツとの比較を織り交ぜてきた。

二〇〇〇年までの男性の育児をめぐる文化・政策・実践

男性の育児をめぐる文化の変化を、育児書や白書の言説を通して確認したのが第2章の第1節である。育児書にみられる専門家の言説において、一九八〇年代には特に母親が働いている場合に父親の育児や家事への参加を推奨するようになっていたことを示した。母親と父親の役割の違いを強調し、子どもが三歳になるまで母親が家にいて育児をすることを推奨する対抗的な言説もあったが、一九九〇年代後半の厚生白書では、ジェンダー中立的な育児観を支持する姿勢が示されるようになった。

政策に関しては、同じく第2章の第2節で、一九八〇年代後半から、男女雇用機会均等法や育児休業法などジェンダー平等を実現するためのさまざまな法律が制定・改正されてきていることをみた。育児休業については、第7章の前半で示したように、一九八〇年代からの与野党、労使のせめぎ合いの中で一九九〇年代に入って男女両方に開かれた形で制度が成立したが、二〇〇〇年代に入るまでは、父親の取得促進に向けた工夫はなされていなかった。

このような中で、ジェンダー文化、父親役割文化、および政策の変化は、二〇世紀の間は、「男は仕事、女は家庭」という性別役割分業や子育て期の女性の就業中断を当然とする意識を変化させるところにとどまり、出産した女性の就業継続や男性の家事・育児時間、男性の育児休業取得のような実践面での変化は、数値に明確に表れる規模では起こっていなかった（第2章第3節）。

実践の変化――女性の出産後の就業継続の増加

これに対して、一九九〇年代末から二〇〇〇年代最初の一〇年間は、父親が育児や家事に費やす時間の増加と、出産後も就業する母親の割合のわずかな増加が同時に起こっていた。意識レベルでの変化に加えて、二〇〇五年から事業主に子育て支援策の策定を義務付ける「次世代育成支援対策推進法」が施行されたことで、多少のタイムラグはあるものの、二〇一〇年代以降、母親の継続就業率が上昇する傾向に拍車がかかったと思われる（第2章第3節）。

第3章で二〇一〇年以降に第一子を出産した女性の出産後三年までの就業状況の移行を分析した結果、妊娠判明時に正規雇用であった女性たちは、出産を経ても七割が就業を継続していることが明らかになった。三年後を見ても、パートに移行する人たちは一部いるものの、過半数は正社員・正規職員としての就業を継続していた。

一方で、妊娠時点での正規雇用と非正規雇用、嘱託・契約・派遣社員とパートの間のその後の就業継続の違いや、そのような雇用形態の間の移行パターンも明らかになった。育児休業を初めとする両立支援策の拡充は、妊娠時に正社員・正規職員である人たちの就業継続の可能性は高めたものの、一九九〇年代に女性の中での割合が高まった非正規雇用の場合、特にパート雇用の場合には、就業継続の可能性を大きく高めるものではなかった。第3章で言及した母親のインタビュー調査からは、女性が出産後に就業継続するうえでのハードルとして、夫の家事参加への働きかけの意義とその難しさが明らかになっている。

確かに、日本における育児休業制度の導入と拡大は、女性の育児休業取得と保育所入所後の職場復帰の可能性を高め、短期的には出産前後の女性の就業継続可能性を高めてきた。しかし、妊娠時にすでに非正規雇用になっている女性が多く、その場合は、仮に育児休業が取得できたとしてもその後の就業継続は難しい。さらに、正社員であっても復帰後の両立の負担が大きいことから、どこかで壁に突き当たり、退職を選ばざるをえない現実がある。女性が長期的なキャリア継続を可能にするためには、なによりも、母親だけが子育ての中心的な責任を担う状況が変わらなければならないだろう。そこで重要になるのが、男性の実践の変化である。

実践の変化――男性による育休の単独取得はいかにして可能になるのか

では、男性の実践はどのように変わっているのか。第2章で見たように、二〇一〇年代に入り、幼い子どものいる男性の家事・育児時間は延び、労働関連時間は減少してきている。この点では、女性のフルタイム就労の増加が男性の家事・育児の増加をもたらすという遅延適応の理論に沿った変化の兆候ともいえる。しかし二〇二一年の調査結果でも、父親と母親の差は大きく、夫の家事関連時間の一日平均は休日を含んでも二時間に満たない。やはりグレゴリーとミルナーがフランスについて指摘したように、文化や制度の影響によって、この変化が阻害されている可能性は否定できない。

このような状況の変革の鍵として本書がテーマとしたのが、父親の育児休業の取得であり、特に妻が職場に復帰し、ある程度長期に単独で休業を取得することで子育ての完全な担い手となることである。

第3章の後半で見た複数の大規模調査においても、長期取得者は稀で、職場や家庭の状況など様々な条件を満たす必要があることがうかがえた。また、取得率に加えて、その期間に社会的な関心は向けられるようになっては来たが、単独での取得というところに特別な関心が払われることは少なく、その実態も十分に把握されていない。

そこで第4章では、日本においては現段階でも非常に稀である、単独で（つまり妻が職場復帰した状態で）育児休業を長期に取得した父親たちに注目し、そのような取得に至った背景やその経験の内実や意義を考察した。さらに、対象となった育児休業の取得時期の違いによる変化をみることで、一部の特別な状況や意識を持つ男性の経験から、本人あるいは女性のまわりの環境から公平な役割分担のために自然となされた選択としての経験へと移行している様子も垣間《かいま》見えた。

一方で、やはり男性の職場の育休への理解や、夫と対等の収入とキャリア、さらにそれを継続するための夫への働きかけ、などの条件がそろうことが必要なことも示された。また、まだ少数派であるがゆえに感じる孤独など、現段階での男性の育児休業経験の困難さも見えてきた。

父親の単独での育児休業取得が、このような、さまざまな条件がそろった場合の特別な経験ではなく、母親にとってと同様に当たり前の経験になるためには、意識の大きな転換とそれを誘導する政策の変化が必要である。

文化と政策の変化の方向は妥当なのか

専門家の言説や性別分業に関する意識調査への回答から、父親役割やジェンダーに関する文化は、男女共同参画、特に父親の育児参加に有利な方向に着実に変化していることがうかがえた。一九九〇年代に入ってからの育児休業制度の導入や男女共同参画社会基本法の制定、二〇〇〇年代における次世代育成支援対策推進法の制定や育児休業制度の改正などの制度的な変化も重ねられてきた。このように言説・意識の変化や制度の変化が実践よりも先に進んだことを見てきたが、その変化は十分なものなのだろうか。

第5章および第6章では、北欧やドイツについて、育児休業の制度と、育児休業の取得期間や実際の取得のパターンを確認した。スウェーデンについては、男性の取得が当たり前になり、その日数も女性の半分程度に近づき、父親が平日に一人で子どもの世話をしている状況が可視化されていることが示された。そして、パパ・クオータの導入・拡充と保育制度との組み合わせが、そのような単独育休を促すことになっていることがうかがえた。パパ・クオータ導入前の父親の取得率との対比から、母親による子育てを当然視する文化が政策によって変化することもうかがえた。

ドイツについては、当事者へのインタビューも交えて、より詳しく実情を確認した。そこでもやはり、制度としての二ヶ月のパートナー月の存在によって、父親が二ヶ月の育児休業を取得することが当たり前になりつつある状況がうかがえた。また、パートナーシップ・ボーナスの仕組みによって、育休からの復帰後も父親と母親の双方が時短勤務をして夫婦のワーク・ライフ・バランスの取り方を平等にする方向付けもなされていた。一方でスウェーデンと違い、夫婦同時に給付を受けられる期間に制約がないこと、さらに期間も二ヶ月と短いこともあり、単独での育児休業期間があまりないケースもあり、子育ての完全な担い手になりきれない悩みを抱えている父親たちの声も聴くことができた。ただし、ここでも子育ての担い手としての父親の存在は可視化されてきており、父親センターなどそれを支える仕組みの重要性がうかがえた。

翻《ひるがえ》って日本の状況に目を向けると、母親だけで給付を受けながらの長期の取得が可能な現在の育児休業制度，父親の取得がむしろ保育所入所可能性を下げてしまうような保育所入所条件など、父親が単独で取得し子育ての完全な担い手になることを促す制度や社会の体制になっていないことが示された。

第4章のインタビューの結果を見ると、休業給付の上昇は確かに休業取得自体の経済的なハードルを下げていることがうかがえるが、単独での休業を促す方向に働いた様子はない。また、本人の意識が取得に前向きであり、女性は取得できる職場でも、男性の取得に対して、強い反対を受けるケースがあった。そこには、母親がいるのだから父親はとる必要はないだろう、という根強い意識が垣間見られる。このように、夫または妻の先駆的な意識の変容やそれを可能にする環境や経験があってはじめて、実践の変容が可能になっているのが日本の現状である。

第7章および第8章でみたように、制度変更の行政的・政治的プロセスにおいてこうした根本的な課題は議論されてはいるものの、結果としてはより目につきやすい父親の育児休業取得率の向上のみが注目されている。直近の改正で取り入れられた、職場での意向確認の義務化や「産後パパ育休」は、取得率を高める効果は期待され、産後の早い段階で、子育ての全体像を感じ取る経験につなげられれば、大いに意義があるであろう。しかし、よりジェンダー平等な子育てと仕事のありかたを実現するために必要な根本的な制度変更に向けての動きは、まだ十分になされているとはいえない。

望まれる制度改正の方向性

ノルウェーやスウェーデンの育児休業制度は、パパ・クオータに象徴される男性の取得をうながす仕組みを取り込みながら発達した。それは、その背後にあるジェンダー平等やワーク・ライフ・バランスについての根本的な考え方を踏まえて、保育制度などと調和する形で設計されている。そして、母親の職場復帰と交代に、男性が単独で取得することを促す設計になっている。また、ドイツでも、まだ課題はあるものの、その方向に向かって急速な変化が進んでいる。

確かに日本においても、女性の出産後の就業継続率や男性の育児休業取得率の上昇など、実践も数値的には着実に変化しているように見える。しかし、こうしたジェンダー平等の達成を見据えた根本的な制度設計の変革を行わない限り、子育ての完全な担い手としての父親が当たり前になるまでの道のりは遠いのではないだろうか。

現在の育児休業制度については、次のような改正が考えられるだろう。パパ・クオータが機能している国では、給付を得られる休業期間のうちどちらかの親に割当られた部分は他の親が選択できない、という意味で個人の選択の権利を制限していることになる。しかし育児休業自体は、個人の権利としてスウェーデンでは出生後原則一八ヶ月、ドイツでは三年間保証されている。そして、取得できる年齢の上限はさらに高い。

日本においても休業の権利はそれぞれの親に対して現行の延長部分を含む二年間、あるいはそれ以上保証した上で、保育所に入所できないような場合でも、それぞれの親が給付を受けられる期間を例えば一年（スウェーデンやノルウェーにならうのであれば、それ以下）に限定し、交代で取得する方が明らかに得をする制度にする（ただしひとり親の場合は、両親分に相当する権利を持つなどの仕組みは必要）。そのことによって、これまで多くの母親たちが経験してきたように保育所の入所ができなかった場合に退職せざるを得なくなるリスクを軽減しつつ、家計についての損得計算から父親の取得をうながすことになるのではないだろうか。

さらにいえば、企業にとっても、雇用保険による休業給付を運営する政府にとっても、現在の、父母ともに個人が最大二年間給付を受けられる仕組みの中では、男性の長期取得は、働き手の不足と支出の増加を意味することになる。この点でも、それぞれの親の給付期間を現在よりも短くすることはメリットがあるだろう。

育児休業制度と保育制度の整合性の観点からは、次のような保育制度あるいは運用の変更が考えられる。「待機児童問題」のある、すなわち保育所への希望通りの入所が困難な地域では、復職を希望しているタイミングで保育所に入所できるかどうかが、夫婦の子育ての分担の平等化より優先事項にならざるを得ない。そして、現在の利用調整基準などの仕組みでは、むしろ父親に交代せず、早めに認可外保育所に預けて仕事に戻る方が保育所に入れる確率が高くなるようになっている。また、空きがあれば一歳前でも入所が可能であり、逆に二歳までに入所が十分に保証されていない。そのために、スウェーデンやドイツのように両親を合わせて休業期間を最大化するよりも、入所できる最短のタイミングで保育所に預けるほうが、職場復帰のためのリスクを低くすることになる。この点でも父親の取得を促す力が働きづらいのだ。

したがって入所の優先順位を決める自治体のルールが、父親の取得を促す、あるいは少なくとも阻害しないように、仕組みを改変する必要があるだろう。すでに保育所の定員不足が緩和する傾向にあることで、この点の問題は軽減する可能性はあるが、育児休業制度によって父親の単独での取得を促すためには、保育制度との整合性が鍵となることは忘れてはならないだろう。

もう一点、ドイツのパートナーシップ・ボーナスの仕組みからうかがえたのは、育児休業復帰後のワーク・ライフ・バランスの夫婦間の平等を促すしくみの必要性である。時短勤務がもっぱら母親によって使われる状況を変えるには、父親の時短勤務が家計の得になる仕組みなどについても、今後の検討が待たれる。

意識の変革の方向性

「男は仕事、女は家庭」という意識から、母親も就業を継続し、男性が子育てに関わる、という意識への変革は進んできた。しかし、父親が長期に育児休業を取得すること、ましてそれを単独で行うことはまだ当たり前にはなっていない。短期的には交代で取得した方が得だと分かっていても、将来への影響を考えて、父親自身が取得をためらったり、母親が夫にそのような働きかけをしなかったりということがあるだろう。しかし、そのような意識を乗り越えることで、男性も女性も新たなキャリアのチャンスをつかむ可能性があることは、本書のインタビューの対象となった日本やドイツの父親たちの話からうかがえる。

われわれが第1章で見たワーク・ライフ・バランスの枠組みで示されたように、父親が仕事以外の領域から資源を得ることは、父親自身のウェルビーイング（幸福）の向上につながると同時に、妻の家庭から仕事領域への資源を増やすことによって妻のワーク・ライフ・バランスとウェルビーイングを高めるという、相互の関連がある。このような変化は、長期的には企業にとってもメリットを生むのではないだろうか。

単独での育児休業経験によって、「母親でなければ」という思いこみが大きく覆されたという父親たちの言葉を多くの人が実感をもって捉えられるようになれば、社会は大きく変わるだろう。

男性育休の構造転換からその先へ

子育てとキャリアについてのジェンダー平等に向かって人々の実践が変化するためには、母親の就業継続が広がるだけでは十分に達成できず、父親が自立し、子育ての完全な担い手になるという実践の変化が求められる。それを媒介する文化は、意識の変化という形で変容可能である。しかし、それを促す制度の存在が重要であるということが、本書の分析から明らかになった。

さまざまなアクターの活躍によって、父親の育児休業取得を促す意識や制度の改革は大きく進展してきた。この先は、父親の単独での育児休業取得を促し、男性が子育ての完全な担い手になるような制度設計に向けた政策の進展が必要になるだろう。もちろん、制度の変化を待つまでもなく、子どもをもった個人、身近な人たち、職場の人たち、子育て支援に関わる人たちが、「男性育休」の社会的な意味を理解して、自らの意識と実践を変えていくことは可能であり、また必要であろう。

確かに、男性育休というのは、子どものいる男性が、子どもがごく小さいときにだけ経験する可能性のあることがらに過ぎないかもしれない。しかし、私自身は本書全体で見たような検討を経て、改めてこのテーマはジェンダー構造の、さらには社会全体の価値観の転換に関わるテーマだと感じている。

単独で育休を取得することを通じて男性が子育ての完全な担い手となるのが当たり前になることは、母親でなければできないと考えられてきたことがらを、その思いこみから解き放つことである。スウェーデンですら、パパ・クオータという政策誘導によって割当てられた期間を超えて取得する父親が少ないことから分かるように、子育ての主たる担い手が女性であるという思いこみは、この社会の中でも最も強固なものの一つである。そこから逃れられる仕組みを作り実践を変化させていくことはジェンダー構造の転換の大きな力になる。

それはまた、子どもを持つ男性にとどまらない、社会全体での働き方の仕組みの転換への鍵となる可能性も持っている。男性の単独育休によって可能になる夫婦間のキャリアの平等は、例えば、長時間労働はいうまでもなく、週四〇時間という法定労働時間や休暇取得の柔軟性の低さへの疑問を呼び起こすだろう。

本書は夫婦の関係を前提に「男性」が育児休業を取得することに焦点を当ててきたが、現行の育児休業制度そのものから抜け落ちる人たちについても、光を当てる必要がある。非正規雇用の親たちについては、制度の改正によって少しずつ適用可能な範囲が広がってきているが、自営、フリーランスで働く親たちの取得を可能にする方策については、日本では議論が進んでいない。一方、スウェーデンにおいてもドイツにおいても、自営業者や就労していない親も一定の給付を受けることができる。スウェーデンのパパ・クオータも男性の育休取得の促進策として始まったが、現在ではひとり親や同性カップル、また出産直後の一時金については祖父母など親以外の近親者が、子どもの養育のために休業した場合に不利にならないような配慮が制度に組み込まれるようになっている（Duvander & Löfgren 2019: 459-468）。

このように「男性育休」というテーマは、単に「男性育休」の問題を超えて、個人の多様な選択を可能にする社会というテーマにつながっていくのである。

おわりに

ようやく本文の完成が視野に入ったところで、この「おわりに」を書いている。「はじめに」で書いたように、私が男性の育児休業に研究テーマとしての関心を持ってからまだ一〇年と少ししか経っていない。そして、私自身、育児休業を取得していない。ところが、本書でも紹介したように、その頃にはすでに日本の中で男性の育休取得を促進する取り組みや関連する研究が進められていた。そういった意味では、遅れて重要性に気づいた私が「男性育休」の重要性について書いた本を出版することに、いったいどれだけ説得力があるのか。今もためらいは残ったままである。

だが一方で、子育て期のワーク・ライフ・バランスと夫婦の間の平等な関係については、私は、自分の子育てが始まった一九九八年から、自身の生活の中での課題であり、研究テーマとして取り組んできたという強い思いがある。

特に長男の時は、車で職場まで一五分ほどという職住近接であったため、大学の授業と会議のない時間は極力在宅にして、母乳を出す以外のことは何でもするくらいのつもりで、子育てに取り組んだ。妻が日中の疲労から先に就寝した後、子どもの目がらんらんと輝いて寝てくれない状況や、二、三時間おきの夜中の授乳後の寝かしつけのときの記憶が今も鮮明に残っている。やっと眠ったと思って布団に置こうとすると（そう考えただけで）目を覚まして泣き出すので、そこから百を数えてから置くという方法（?）を編み出したりもした。

しかし、あるとき、それまで明るく弱音を吐くことのなかった妻が、「自分には家とスーパーの往復しかない」と涙を流したことがあった。私は、自分の研究関心もあって、母親の育児ストレスについてはさまざまな本を読んでいたにも関わらず、自分の妻をそのような状況に追いこんでしまったことにとてもショックを受けた。

私と結婚する段階で妻は仕事を辞めており、その後、私の留学という出来事が挟まるなどしたために、出産段階でも妻は専業主婦だった。さらに、子どもが生まれる直前に初めて私が就いた職場は、お互いの実家から離れており、知り合いのまったく居ない土地だった。生後一ヶ月の子どもを連れての引っ越し後、子どもが少し大きくなったところで季節が夏になったこともあり、暑すぎて外で子どもを遊ばせているママ友もなかなか見つからない。そのような状況で、私が車で職場に行っている間、妻は借りていたマンションと近所の大型スーパーを、ベビーカーを押しながら途中通りづらい踏切のある道を通って往復する日々だったのだ。

インターネットなどで仕事や参加できる活動を探してみたら？　と、無責任に勧めたりもしたが、当時のパソコンは起動に時間がかかり、インターネットも電話回線を使いモデムを介してようやくつながるもので、私が不在でクーラーの効いていない部屋にあるパソコンの前に辿り着くだけでも、一苦労だったはずである。そもそも慣れない子育てに追われていて、そんな心境になるはずもなかったのかもしれない。

かくいう自分自身も、初めて就職した大学での仕事に追われて、子どもが生まれてからは飲み会に参加することもやめ、趣味の音楽からもすっかり遠のいてしまい、疲労とストレスが溜まるばかりという状況が、子どもが一歳半くらいになるまで続いた。

次男が生まれたころは、職場を移ることが決まって引っ越しをして、今度は遠距離通勤が始まった。しかし、専業主婦である妻が常に家にいるという前提で生活のサイクルが動いているために、妻が病気になったときなどの想定ができておらず、そういったときに自分が仕事を休むかどうかをめぐって、妻との関係が険悪になったこともあった。

三男のときは、一日交替で夜中のミルク当番をしたりしていたが、家に居ても夜まで論文書きや授業準備が続き、家族と生活サイクルがうまく合わせられず、妻からワーク・ライフ・バランスがとれていないことを指摘されたことも多々ある。また、子どもが学校に行くようになり、子どもの勉強や生活をめぐって思うように行かない問題が頻発し、それと同時に妻がパートなどの仕事をするようになり、夫婦の間でも家事や子育ての分担をめぐる衝突が増えた。こういった経験の中で、男性のワーク・ライフ・バランスと夫婦の平等のあり方は、自分にとって大切なパートナーとの関係の中で、常に切実に問われる問題であった。

その後、私は、在外研究のために赴任したオーストラリアでの生活の中で、平日の夕方に子どもとゆっくり時間を過ごす多くの父親たちや、子どもが生まれて勤務日数を減らす多くの父親たちを目にすることとなった。そして、「はじめに」で書いたような経緯で、「男性の育児休業」の重要性に私はようやく気づいたのである。

インタビューの中で単独の育児休業を取得したお父さんたちから話を聞いていくと、自分が「子育ての完全な担い手」になりきれていなかったことを痛感した。振り返ってみると、妻の大変さを自分事として捉えることはできていなかっただろうし、平等なキャリアを築く環境を自分が整えられていたとは、とてもいえない。私のように遅れて気づく人が少しでも減るように、本書を通して、父親が子育てを自分事として捉えられるようになる経験と、そのための仕組み作りの重要性が伝わることを願っている。

本書は、育児休業研究の国際研究ネットワークへの参加が出発点になり執筆することができた論文や編書における担当章と、それ以前に「ワーク・ライフ・バランス」をテーマにして執筆した論考を加えたものを土台に、新たな調査を加えて、大きく構成し直したものである。それぞれの執筆の機会を与えていただいた編者の皆さんに改めてお礼を申し上げたい。

大学院に入って社会学の研究を始めてからすでに三〇年を超えてしまったが、これが私の初めての単著である。多くの世代や若い世代の研究者が次々に単著を出していくなか、焦る気持ちはありながらも、少しずつ書き溜めてきた自分の論文を一冊にまとめる踏ん切りがなかなかつかないまま、時間が経った。その間、私は、近代日本の家族史研究から歴史人口学、さらにワーク・ライフ・バランスから育児休業へと、研究の中心を移してきた。

このような長いキャリアを経ての初めての単著なので、ここまでさまざまな研究領域でご指導いただいた諸先生・諸先輩・同僚の方々など、本当にたくさんの方の名前を挙げて感謝を申し上げなければならない。

まず、京都大学でのゼミや論文指導を通じて研究の基礎を教えてくださった中久郎先生、宝月誠先生、筒井清忠先生、坪内良博先生、新睦人先生、先生方には大学院を修了してからも、公私にわたりさまざまなお心遣いをいただいた。厚かましくも国際日本文化研究センターに押しかけた私に、世界につながる研究がどのようなものであるかを示してくださった速水融先生。先生方にご指導いただいたことが、間違いなく私の研究者としての基礎を作っている。まず感謝申し上げたい。

私が院生時代、非常勤講師として講義に来られ、自らの問題として家族を研究テーマにすることの可能性に目を開かせてくださった落合恵美子先生には、私の研究の変遷のさまざまな場面で行き先を提示していただき、本書のテーマである育児休業政策について執筆する機会も与えてくださった。落合先生が京都大学で主宰されているジェンダー研究会での報告に際しては、伊藤公雄先生や橘木俊詔先生から政策分析について貴重な示唆をいただいた。また、院生時代に家族社会学者とのつながりを求めて参加した関西家族社会学研究会を主宰していた野々山久也先生からは、その後、職場の先輩としても家族社会学の世界と理論構築の重要性をご教示いただいた。熊沢誠先生からは労働研究について多くを学んだ。先生方の学恩に感謝したい。

大学院、関西家族社会学研究会、歴史人口学のユーラシアプロジェクト、甲南大学人間科学研究所の研究会、そして日本家族社会学会をはじめとするさまざまな学会を通じて、研究内容や研究姿勢について、助言や刺激を与えていただいた先輩・友人・若い世代の研究者たちの名前もすべて挙げることはできないが、お礼を申し上げたい。

また、教育に熱心に取り組みながら、研究にも活発に取り組む空気を作ってくれている社会学科、文学部、そして甲南大学全体の同僚たちや職員の方々にも深く感謝したい。本書の出版助成をめぐってもさまざまな学内関係者からサポートを得た。

本書のテーマに関しては、何よりも育児休業研究の国際ネットワーク（International Network on Leave Policies and Research）で得られた経験が大きく影響しており、メンバーからさまざまな支援を得た。ドイツでの調査のセッティングでは、本文でも登場するエバハート・シェーファー氏に多大な協力をいただいた。また、私のこの分野での研究に目をとめてくださり、独立行政法人労働政策研究・研修機構の研究プロジェクトへの参加や厚生労働省の研究会等で日本の育児休業制度の課題について報告するきっかけを作ってくださった同機構の池田心豪さんにも、私がこの研究を進める上で多くを負うている。記して感謝の意を表したい。

自治体や企業でのセミナー・研修講師として出会った、あるいは本書に収録されていないインタビューを通して話を伺ったお母さんやお父さんたち、そのような機会を与えてくれた企画者の方々からは、子育て期のワーク・ライフ・バランスを常に現在進行形の問題として捉える刺激をいただいた。

そして何よりも、本書の研究の中で取り上げたインタビューに協力してくださった、日本とドイツのお父さんたち、支援に関わる組織の担当の皆さんのお力なしでは、この研究はなし得なかった。心からの感謝の言葉を捧げたい。

このように、次々と研究関心が変化して、研究成果をなかなか本にまとめることができない私が、何とかこの「おわりに」を書くところまで辿り着くことができたのは、さいはて社の代表であり編集者でもある大隅直人さんの力によるところが大きい。男性の育児休業が社会的な関心を集めるタイミングで、ぜひ最初の単著を出したいと思い、どの出版社に企画を持ち込むかを考えて出した答えが、大学の社会学研究室の同期であり、一人で出版社を立ち上げて思いのこもった丁寧な本作りをしていた彼のところであった。彼がこの本の出版の価値を認めてくれたことは、自分にとって大きな励みになった。草稿を書き上げると約束した期日の直前ギリギリまで新しい調査に出かけるなど、私のわがままを受け容れてくれて、原稿を忍耐強く待ち、折に触れて率直でかつ元気づけられるアドバイスを投げかけてくれる。そして、彼との対話によって、自分のこころの底にあった思いを引き出され、バラバラのピースがようやく一本の筋としてつながったと感じている。彼の伴走がなければ、ここまで辿り着くことはできなかっただろう。われわれの打ち合わせをいつも温かく見守ってくださり、未来へとつながる本書刊行の意義について自信を授けてくださった正岡加代子さんにも、深くお礼を申し上げたい。また、デザイナーの早川宏美さんには、本書の深層にあるメッセージを感じ取っていただき、それを具現化するような装画と装幀によって、本に命を吹き込んでいただいた。組版と図表作成を担当していただいたTSスタジオの田中聡さんには、厳しいスケジュールのなか、驚くべきスピードと正確さと美しさで、本を見事に完成に導いていただいた。この素晴らしいチームへの感謝は尽きない。

最後に、やはり家族への感謝を述べたい。妻は、子どもが小さかった頃には専業主婦の苦悩を感じ取るきっかけを与えてくれただけでなく、現在では自分の生きがいとなる仕事に出会い、なんと本まで出版してしまった。昼夜を問わず生き生きと楽しげに仕事をしてくれているおかげで、私も料理の腕を磨く機会が大いに増えたことにも感謝している。なにより、もたもたしていた私が本書の出版の企画をさいはて社に持ち込んだのは、こうした妻の活躍ぶりから受けた刺激によるところが大きいと思う。そして、三者三様の成長をしてきた子どもたちには、親として、家族社会学の研究者として、本当に得がたい経験をさせてもらっている。さらに、私が大学院に進んで研究することを応援してくれた両親は、主婦化のピークの時代に、姉と私に共働きのモデルを見せてくれた。そのことが私の研究テーマの選択に影響していることは、間違いないだろう。二人が元気なうちに単著を出せることに、とてもほっとしている。

1-11 (223-233).

Richter, Robert and Eberhard Schäfer, 2013, *Das Papa-Handbuch: Alles, was Sie wissen müssen zu Schwangerschaft, Geburt und dem ersten Jahr zu dritt*, München: Gräfe und Unzer Verlag.

———, 2020, *Das Papa-Handbuch: Alles, was Sie wissen müssen zu Schwangerschaft, Geburt und dem ersten Jahr mit Baby*, München: Gräfe und Unzer Verlag.

Rush, Michael, 2015, *Between Two Worlds of Father Politics USA or Sweden?*: Manchester University Press.

———, 2015, "Theorising Fatherhood, Welfare and the Decline of Patriarchy in Japan," *International Review of Sociology*, 25(3): 403-414.

Schaefer, Eberhard, 2016, "Supporting Fathers: An Issue for Gender Equality, Work-Life Balance and Child Wellbeing Policies," *Japanese Journal of Family Sociology*, 28(2): 169-179.

Seeleib-Kaiser, Martin and Tuukka Toivonen, 2011, "Between Reforms and Birth Rates: Germany, Japan, and Family Policy Discourse," *Social Politics: International Studies in Gender, State & Society*, 18(3): 331-360.

Tan, Tingting, 2016, "Literature Review on Shifting Fatherhood," *Masculinities: A Journal of Identity and Culture*, 6: 53-78.

Voydanoff, Patricia, 2007, *Work, Family, and Community : Exploring Interconnections*, Mahwah, N.J.: Lawrence Erlbaum Associates.

———, 2008, "A Conceptual Modelof the Work-Family Interface: Research, Theory, and Best Practices," Karen Korabik, Donna S. Leo and Denise L. Whitehead eds., *Handbook of Work-family Integration*: Academic Press.

Wall, Karin, 2014, "Fathers on Leave Alone: Does It Make a Difference to Their Lives?," *Fathering: A Journal of Theory, Research, and Practice about Men as Fathers*, 12(2): 196-210.

Lambert, Priscilla A., 2007, "The Political Economy of Postwar Family Policy in Japan: Economic Imperatives and Electoral Incentives," *Journal of Japanese Studies*, 33(1): 1-28.

LaRossa, Ralph, 2004, "The Culture of Fatherhood in the Fifties: A Closer Look," *Journal of Family History*, 29(1): 47-70.

Lewis, Suzan and Cary L. Cooper, 2005, *Work-Life Integration : Case Studies of Organisational Change*: John Wiley & Sons Inc.

Nakazato, Hideki, 2017, "Fathers on Leave Alone in Japan: The Lived Experiences of the Pioneers," M. O'Brien and K. Wall eds., *Comparative Perspectives on Work-Life Balance and Gender Equality: Fathers on Leave Alone*: Springer International Publishing, 231-255.

Nakazato, Hideki, Junko Nishimura and Junko Takezawa, 2022, "Japan Country Note," Alison Koslowski, Sonja Blum, Ivana Dobrotić, Gayle Kaufman and Peter Moss eds., *International Review of Leave Policies and Related Research 2022*: Available at: http://www.leavenetwork.org/lp_and_r_reports/, 309-318.

Nordenmark, Mikael, 2016, "Gender Regime, Attitudes Towards Childcare and Actural Involvement in Childcare among Fathers," G.B. Eydal and T. Rostgaard eds., *Fatherhood in the Nordic Welfare States: Comparing Care Policies and Practice*: Policy Press, 163-184.

O'Brien, M. and K. Wall, 2017, *Comparative Perspectives on Work-Life Balance and Gender Equality: Fathers on Leave Alone*: Springer International Publishing.

Parsons, Talcott and Robert Freed Bales, 1956, *Family : Socialization and Interaction Process*, London: Routledge & Kegan Paul.

Pfau-Effinger, Birgit, 1998, "Gender Cultures and the Gender Arrangement: a Theoretical Framework for Cross-National Gender Research," *Innovation: The European Journal of Social Sciences*, 11(2): 147-166.

Rapoport, Rhona, 2002, *Beyond Work-Family Balance : Advancing Gender Equity and Workplace Performance*, San Francisco, CA ; [Great Britain]: Jossey-Bass.

Reimer, Thordis, Daniel Erler, Pia Schober and Sonja Blum, 2019, "Germany Country Note," Alison Koslowski, Sonja Blum, Ivana Dobrotić, Alexandra Macht and Peter Moss eds., *International Review of Leave Policies and Related Research 2019*: Available at: http://www.leavenetwork.org/lp_and_r_reports/,

Policies and Related Research 2022: Available at: http://www.leavenetwork.org/lp_and_r_reports/, 483-491.

Erler, Daniel, 2011, "Germany: Taking a Nordic Turn?," Sheila B. Kamerman and Peter Moss eds., *The Politics of Parental Leave Policies : Children, Parenting, Gender and the Labour Market*: Policy Press, 119-134.

Estévez-Abe, Margarita, 2008, *Welfare and Capitalism in Postwar Japan*: Cambridge University Press.

Gershuny, Jonathan, Michael Godwin and Sally Jones, 1994, "The Domestic Labour Revolution: A Process of Lagged Adaptation," Michael Anderson, Frank Bechhofer and Jonathan Gershuny eds., *The Social and Political Economy of the Household*: Oxford University Press, 151-197.

Gregory, Abigail and Susan Milner, 2008, "Fatherhood Regimes and Father Involvement in France and the Uk," *Community, Work & Family*, 11(1): 61-84.

Hayashi, Hiroko, 2005, "Work and Family in Japan," Joanne Conaghan and Kerry Rittich eds., *Labour Law, Work and Family : Critical and Comparative Perspectives*: Oxford Univ Pr, 315-336.

Hobson, Barbara and David Morgan, 2002, "Introduction: Making Men into Fathers," Barbara Hobson ed., *Making Men into Fathers : Men, Masculinities and the Social Politics of Fatherhood*. Cambridge, UK: Cambridge University Press, 1-21.

Ishii-Kuntz, Masako, 2013, "Work Environment and Japanese Fathers' Involvement in Child Care," *Journal of Family Issues*, 34(2): 250-269.

Juncke, David, Jan Braukmann, Lisa Krämer and Evelyn Stoll, 2021, *Väterreport. Update 2021*.

Koslowski, Alison, Sonja Blum, Ivana Dobrotić, Gayle Kaufman and Peter Moss, 2022, *International Review of Leave Policies and Related Research 2022*: Available at: http://www.leavenetwork.org/lp_and_r_reports/.

Kvande, Elin and Berit Brandth, 2017, "Fathers on Leave Alone in Norway: Changes and Continuities," Margaret O'Brien and Karin Wall eds., *Comparative Perspectives on Work-Life Balance and Gender Equality: Fathers on Leave Alone*: Springer International Publishing, 29-44.

———, 2011, “Norway: The Making of the Father's Quota,” Sheila B. Kamerman and Peter Moss eds., *The Politics of Parental Leave Policies : Children, Parenting, Gender and the Labour Market*: Policy Press, 191-206.

———, 2018, "Norway Country Note," Sonja Blum, Alison Koslowski and Peter Moss eds., *International Review of Leave Policies and Related Research 2018*: Available at: http://www.leavenetwork.org/lp_and_r_reports/, 313-322.

———, 2019, "Norway Country Note," Alison Koslowski, Sonja Blum, Ivana Dobrotić, Alexandra Macht and Peter Moss eds., *International Review of Leave Policies and Related Research 2019*: Available at: http://www.leavenetwork.org/lp_and_r_reports/, 365-374.

Brinton, Mary C. and Eunmi Mun, 2016, “Between State and Family: Managers' Implementation and Evaluation of Parental Leave Policies in Japan,” *Socio-Economic Review*, 14(2): 257-281.

Chronhlom, Anders, 2011, “Sweden: Individualisation or Free Choice in Parental Leave,” Sheila B. Kamerman and Peter Moss eds., *The Politics of Parental Leave Policies : Children, Parenting, Gender and the Labour Market*: Policy Press, 227-241.

Chzhen, Yekaterina, Gwyther Rees and Anna Gromada, 2019, *Are the World's Richest Countries Family Friendly? Policy in the Oecd and Eu*. Innocenti Research Report.

Duvander, Ann-Zofie and Linda Haas, 2018, "Sweden Country Note," Sonja Blum, Alison Koslowski and Peter Moss eds., *International Review of Leave Policies and Related Research 2018*: Available at: http://www.leavenetwork.org/lp_and_r_reports/, 401-410.

Duvander, Ann-Zofie and Mats Johansson, 2016, "Parental Leave Use for Different Fathers: A Study of the Impact of Three Swedish Parental Leave Reforms," G.B. Eydal and T. Rostgaard eds., *Fatherhood in the Nordic Welfare States: Comparing Care Policies and Practice*. Bristol, UK: Policy Press, 347-369.

Duvander, Ann-Zofie and Niklas Löfgren, 2019, "Sweden Country Note," Alison Koslowski, Sonja Blum, Ivana Dobrotić, Alexandra Macht and Peter Moss eds., *International Review of Leave Policies and Related Research 2019*: Available at: http://www.leavenetwork.org/lp_and_r_reports/, 1-10 (459-468).

———, 2022, "Sweden Country Note," Alison Koslowski, Sonja Blum, Ivana Dobrotić, Gayle Kaufman and Peter Moss eds., *International Review of Leave*

学研究費補助金（基盤研究 (C)(1)）研究成果報告書）』58-69.

宮﨑一徳，2016,「内閣官房、内閣府の拡大と議員立法の役割」『公共政策志林』4: 59-74.

森田美佐，2008,「父親は育児休業をとりたいのか？」，大和礼子・斧出節子・木脇奈智子編，『男の育児・女の育児――家族社会学からのアプローチ』昭和堂 : 181-205.

森田雅也，2011,「男性の育児休業と人的資源管理上の意義」『関西大学社会学部紀要』43(1): 147-63.

湯元健治・佐藤吉宗，2010,『スウェーデン・パラドックス――高福祉、高競争力経済の真実』日本経済新聞出版社.

労働政策研究・研修機構，2017,『育児・介護と職業キャリア――女性活躍と男性の家庭生活（労働政策研究報告書 No.192）』労働政策研究・研修機構.

――――, 2021,『仕事と子どもの育成をめぐる格差問題（労働政策研究報告書 No.208）』労働政策研究・研修機構.

欧文献

Blum, Sonja and Daniel Erler, 2014, "Germany Country Note," Peter Moss ed., *International Review of Leave Policies and Research 2014*: Available at: http://www.leavenetwork.org/lp_and_r_reports/, 137-144.

Blum, Sonja, Thordis Reimer and Pia Schober, 2022, “Germany Country Note,” Alison Koslowski, Sonja Blum, Ivana Dobrotić, Gayle Kaufman and Peter Moss eds., *International Review of Leave Policies and Related Research 2022*: Available at: http://www.leavenetwork.org/lp_and_reports/, 248-258.

Boling, Patricia, 2015, *The Politics of Work-Family Policies: Comparing Japan, France, Germany, and the United States*, Cambridge: Cambridge University Press.

Brandth, Berit and Elin Kvande, 2006, "Norway Country Note," Peter Moss and Margaret O’Brien eds., *International Review of Leave Policies and Related Research 2006*: Available at: http://www.leavenetwork.org/lp_and_r_reports/, 172-179.

野城尚代，2017,「社会保険制度にみる「子育て支援」機能」『東洋大学人間科学総合研究所紀要』19: 199-211.

羽田共一，2021,『男も育休って、あり？』雷鳥社.

林　道義，1996,『父性の復権』中公新書.

────，1998,『主婦の復権』講談社.

ファザーリング・ジャパン，2013,『新しいパパの教科書』学研教育出版.

────，2018,『家族を笑顔にする　パパ入門ガイド──プレパパ－3歳児パパ』池田書店.

藤井龍子，1991,「育児と仕事の両立への新しい1歩（〈特集〉育児休業法)」『婦人労働』16: 24-32.

藤野敦子，2006,「男性の育児休業についての課題──自由記述アンケートと男性育児休業取得者へのインタビュー調査から」『京都産業大学論集　社会科学系列』23: 161-178.

婦人少年問題審議会，1991,『「育児休業等に関する法律案（仮称）要綱」について（答申)』.

舩橋恵子，2006,『育児のジェンダー・ポリティクス』勁草書房.

ブリントン，メアリー・C，2022,『縛られる日本人──人口減少をもたらす「規範」を打ち破れるか』（池村千秋訳）中央公論新社.

前田正子，2017,『保育園問題──待機児童、保育士不足、建設反対運動』中央公論新社.

前田正子・中里英樹，2022,「出産後の女性のキャリア継続の諸要因──女性の就労環境、「保活」、夫の家事育児に注目して」『心の危機と臨床の知』23: 23-46.

松田道雄，1967,『育児の百科』岩波書店.

────，1980,『育児の百科』岩波書店.

松田茂樹，2012,「それでも男性の育児休業が増えない理由」『Life Design Report』201: 32-34.

宮坂靖子・森田美佐，2003,「妻のライフコースと夫の育児休業」，木脇奈智子編，『育児をめぐるジェンダー関係とネットワークに関する実証研究（平成13-14年度科

59: 4-6.

高橋　均，2004,「戦略としてのヴォイスとその可能性――父親の育児参加をめぐって」，天童睦子編,『育児戦略の社会学――育児雑誌の変容と再生産』世界思想社 : 176-200.

高橋美恵子編，2021,『ワーク・ファミリー・バランス――これからの家族と共働き社会を考える』慶應義塾大学出版会.

武石恵美子，2011,『父親の育児に関する調査研究――育児休業取得について（研究報告書)』こども未来財団.

巽真理子，2018,『イクメンじゃない「父親の子育て」――現代日本における父親の男らしさと「ケアとしての子育て」』晃洋書房.

――――，2013,「雑誌における「『男』の子育て」」『女性学研究　大阪府立大学女性学研究センター論集』20: 140-161.

天童睦子・高橋　均・加藤美帆，2016,『育児言説の社会学――家族・ジェンダー・再生産』世界思想社.

中川まり，2010,「子育て期における妻の家庭責任意識と夫の育児・家事参加」『家族社会学研究』22(2): 201-12.

中里英樹，2019,「International Network on Leave Policies and Research を通してみる育児休業研究の動向と国際共同研究のありかた」『家族社会学研究』31(1): 78-85.

――――, 2021,「育児休業制度の発展と母親の就業継続可能性の変化―― 雇用形態の違いに注目して」，労働政策研究・研修機構編 ,『仕事と子どもの育成をめぐる格差問題（労働政策研究報告書 No.208)』労働政策研究・研修機構 : 44-51.

――――，2023,「日本における「近代家族論」の展開と社会へのインパクト――新聞の子育て言説を中心に」，平井晶子・中島満大・中里英樹・森本一彦・落合恵美子編,『〈わたし〉から始まる社会学――家族とジェンダーから歴史、そして世界へ』有斐閣 : 60-78.

西岡　晋，2021,『日本型福祉国家再編の言説政治と官僚制――家族政策の「少子化対策」化』ナカニシヤ出版.

西岡八郎・山内昌和・小山泰代，2010,「現代日本の家族変動――第 4 回全国家庭動向調査（2008 年）の結果より」『人口問題研究』66(2): 48-75.

男も女も育児時間を！連絡会編，1995，『育児で会社を休むような男たち』ユック舎.

久徳重盛，1979，『母原病――母親が原因でふえる子どもの異常』サンマーク出版.

工藤保則・西川知亨・山田　容編，2016，『〈オトコの育児〉の社会学――家族をめぐる喜びととまどい』ミネルヴァ書房.

厚 生 省，1998，『少子社会を考える――子どもを産み育てることに「夢」を持てる社会を』ぎょうせい.

厚生労働省，2012，「第 1 回 21 世紀出生児縦断調査（平成 22 年出生児）の概況」(http://www.mhlw.go.jp/toukei/saikin/hw/shusshoujib/01/dl/01-2.pdf, 2014/12/1).

国立社会保障・人口問題研究所，2017，『2015 年　社会保障・人口問題基本調査（結婚と出産に関する全国調査）現代日本の結婚と出産――第 15 回出生動向基本調査（独身者調査ならびに夫婦調査）報告書』国立社会保障・人口問題研究所.

小室淑恵・天野　妙，2020，『男性の育休――家族・企業・経済はこう変わる』PHP 研究所.

齋藤　淳，2010，『自民党長期政権の政治経済学――利益誘導政治の自己矛盾』勁草書房.

齋藤早苗，2020，『男性育休の困難――取得を阻む「職場の雰囲気」』青弓社.

佐藤博樹・武石恵美子，2004，『男性の育児休業――社員のニーズ、会社のメリット』中央公論新社.

三具淳子，2015，「初職継続の隘路」，岩田正美・大沢真知子・日本女子大学現代女性キャリア研究所編，『なぜ女性は仕事を辞めるのか―― 5155 人の軌跡から読み解く』青弓社 : 51-89.

品田知美，2004，『「子育て法」革命――親の主体性をとりもどす』中央公論新社.

鈴木陽子，2015，「非正規女性たちのキャリアのゆくえ」，岩田正美・大沢真知子・日本女子大学現代女性キャリア研究所編『なぜ女性は仕事を辞めるのか―― 5155 人の軌跡から読み解く』青弓社 : 121-48.

スポック，ベンジャミン，1966，『スポック博士の育児書』(暮しの手帖翻訳グループ訳）暮しの手帖社.

――――，1979，『スポック博士の父親学』（池上千寿子訳）ごま書房.

多賀　太，2017，「ドイツにおける父親支援活動」『関西大学人権問題研究室室報』

文　献

和文献

朝日新聞社, 2000,『「育休父さん」の成長日誌――育児休業を取った6人の男たち』朝日新聞社.

池田大志, 2014,『男が育休を取ってわかったこと』セブン & アイ出版.

石井クンツ昌子, 2010,「ノルウェーとスウェーデンの育児休業制度」, 牧野カツコ・渡邊秀樹・舩橋恵子・中野洋恵編,『国際比較にみる世界の家族と子育て』ミネルヴァ書房 : 193-7.

――――, 2013,『「育メン」現象の社会学――育児・子育て参加への希望を叶えるために』ミネルヴァ書房.

石井クンツ昌子・林　葉子・高山純子・尾曲美香・林田香織, 2016,『男性の育児参加を促進する要因――育児休業取得者へのヒアリングから見えてくること』一般財団法人第一生命財団.

石黒真理子, 2004,「「子ども中心主義」のパラドックス――「共感型」育児雑誌の興隆」, 天童睦子編,『育児戦略の社会学――育児雑誌の変容と再生産』世界思想社 : 105-33.

伊藤公雄, 2022,「男性ジェンダー政策の視点と方法」, 伊藤公雄・多賀　太・大東貢生・大山治彦編『男性危機？――国際社会の男性政策に学ぶ』晃洋書房 : 160-193.

糸久八重子, 1990,『育児休業法――四党共同法案と欧州諸国の法制』労働教育センター.

今田幸子・池田心豪, 2006,「出産女性の雇用継続における育児休業制度の効果と両立支援の課題（特集　少子化と企業）」『日本労働研究雑誌』48(8): 34-44.

魚返洋平, 2019,『男コピーライター、育休をとる。』大和書房.

太田　睦, 1992,『男も育児休職』新評論.

落合恵美子, 2019,『21世紀家族へ――家族の戦後体制の見かた・超えかた［第4版］』有斐閣.

第 8 章

“Has ‘Nordic Turn’ in Japan crystalized?: politics of promoting parental leave take-up among fathers and the divergence from the Nordic system,” *Journal of Family Studies*:1-16, 2023.　Available at: https://doi.org/10.1080/13229400.2023.2179533

＊構成を修正し日本語で再執筆

第 9 章

書き下ろし

働政策研究報告書 No.192)』労働政策研究・研修機構, 169-82, 2017 年
＊それぞれの一部を元に改稿

第 4 章

“Fathers on Leave Alone in Japan: The Lived Experiences of the Pioneers,” M. O'Brien and K. Wall eds., *Comparative Perspectives on Work-Life Balance and Gender Equality: Fathers on Leave Alone*: Springer International Publishing. 231-255, 2017.

＊調査を追加して日本語で大幅に改稿

第 5 章

「育児休業――男性の取得をうながす制度の国際比較を中心に」, 落合恵美子編『どうする日本の家族政策』ミネルヴァ書房, 208-224, 2021 年.

「ノルウェーとスウェーデンにおける「パパ・クオータ」の意義――日本との比較を踏まえて（特集　イクメンプロから 10 年　イクメンの効果と意義)」『DIO　連合総研レポート』32(3): 13-16, 2019 年.

＊それぞれの一部を元に改稿

第 6 章

書き下ろし

第 7 章

“Japan: Leave policy and attempts to increase fathers' take-up,” P. Moss, A.-Z. Duvander and A. Koslowski eds., *Parental leave and beyond: recent developments, current issues, future directions*: Policy Press. 91-109, 2019.

＊構成を修正し日本語で再執筆

初出一覧

第 1 章

第 1 節　書き下ろし

第 2 節　“Culture, Policies and Practices on Fathers’ Work and Childcare in Japan: A New Departure from Old Persistence?,” R. Musumeci and A. Santero eds., *Fathers, Childcare and Work*. Bingley, United Kingdom: Emerald Publishing.235-255, 2018.

＊一部を元に日本語で再執筆

第 3 節　「「ワーク・ライフ・バランス」を超えて――仕事と生活の統合モデルからみる子育ての課題と戦略」, 高石恭子編『子別れのための子育て』平凡社 : 126-155, 2012 年.

＊一部を元に改稿

第 2 章

“Culture, Policies and Practices on Fathers’ Work and Childcare in Japan: A New Departure from Old Persistence?,” R. Musumeci and A. Santero eds., *Fathers, Childcare and Work*. Bingley, United Kingdom: Emerald Publishing. 235-255., 2018.

＊一部を元に日本語で再執筆

第 3 章

「育児休業制度の発展と母親の就業継続可能性の変化――男性の取得をうながす制度の国際比較を中心に――雇用形態の違いに注目して」, 労働政策研究・研修機構編『仕事と子どもの育成をめぐる格差問題（労働政策研究報告書 No.208）』労働政策研究・研修機構 , 44-51, 2021 年.

「父親の育児休業取得の条件と意義――取得期間別の特徴に注目して」, 労働政策研究・研修機構編『育児・介護と職業キャリア――女性活躍と男性の家庭生活（労

著者紹介

中里 英樹 （なかざと ひでき）

1967 年埼玉県生まれ。

京都大学文学部卒業、京都大学大学院文学研究科博士後期課程研究指導認定退学。

甲南大学文学部社会学科教授。専門は家族社会学。

著書に『論点ハンドブック　家族社会学』（共著、世界思想社）、『育てることの困難』（共著、人文書院）、『〈わたし〉からはじまる社会学――家族とジェンダーから歴史、そして世界へ』（共編著、有斐閣）、訳書に『親の仕事と子どものホンネ』（共訳、岩波書店）などがある。

男性育休の社会学

2023年2月28日　第一刷発行

著　者　中里英樹

発行者　大隅直人

発行所　さいはて社
住所　滋賀県草津市新浜町8-13（〒525-0067）
電話　050-3561-7453
ファックス　050-3588-7453
ホームページ　https://saihatesha.com
メールアドレス info@saihatesha.com

組　版　田中　聡

装　幀　早川宏美

印　刷　共同印刷工業

製　本　新生製本

ISBN 978-4-9912486-1-0